高职高专旅游与酒店管理专业系列教材

旅游服务礼仪

（第 2 版）

吴新红　董洪莲　主　编
　　　　王迎新　副主编

清华大学出版社
北京

内 容 简 介

本书结合旅游服务行业对职场礼仪的需要，采用项目模块编写体例，简要介绍了旅游服务礼仪基本理论和基础知识；详细阐述了旅游服务人员在形象塑造、行业沟通、会议会务、涉外接待等方面的共性化礼仪规范与要求；结合不同旅游企业的特点，具体讲解了旅游饭店、旅行社等的个性化礼仪规范、服务程序等，同时配有大量图片、图解。全书共9个项目，每个项目设置参考案例、知识储备、特别提示、实战演练等环节，侧重旅游类工作岗位的实际操作性，更侧重训练学生的实际技能和综合能力。

本书适合高职高专院校旅游服务类专业的师生使用，也可作为应用型本科院校旅游服务类专业的教材，还可供旅游行业从业人员培训时参考。

本书封面贴有清华大学出版社防伪标签，无标签者不得销售。
版权所有，侵权必究。举报：010-62782989，beiqinquan@tup.tsinghua.edu.cn。

图书在版编目(CIP)数据

旅游服务礼仪 / 吴新红，董洪莲主编. —2版. —北京：清华大学出版社，2021.1（2023.7重印）
高职高专旅游与酒店管理专业系列教材
ISBN 978-7-302-57108-7

Ⅰ.①旅… Ⅱ.①吴… Ⅲ.①旅游服务－礼仪－高等职业教育－教材 Ⅳ.① F590.63

中国版本图书馆 CIP 数据核字 (2020) 第 251153 号

责任编辑：施 猛
封面设计：常雪影
版式设计：方加青
责任校对：马遥遥
责任印制：杨 艳

出版发行：清华大学出版社
网　　址：http://www.tup.com.cn，http://www.wqbook.com
地　　址：北京清华大学学研大厦A座　　邮　编：100084
社 总 机：010-83470000　　邮　购：010-62786544
投稿与读者服务：010-62776969，c-service@tup.tsinghua.edu.cn
质 量 反 馈：010-62772015，zhiliang@tup.tsinghua.edu.cn

印 装 者：三河市君旺印务有限公司
经　　销：全国新华书店
开　　本：185mm×260mm　　印　张：16.25　　字　数：372千字
版　　次：2013年8月第1版　2021年1月第2版　　印　次：2023年7月第5次印刷
定　　价：49.00元

产品编号：086489-01

第2版前言

为深入贯彻党的二十大精神，落实习近平总书记在党的二十大报告中关于"实施科教兴国战略，强化现代化建设人才支撑""深化教育领域综合改革，加强教材建设与管理"的要求，结合教育部印发的《高等学校课程思政建设指导纲要》，把立德树人作为根本任务，本书在原版的基础上，重新修订。

本次修订遵循目标、任务、实战演练等学习顺序，强调内容的应用性和可操作性，并与时俱进地更换了全书四分之三的案例，增加思想政治教学资源，融入德育目标，围绕政治认同、文化素养、道德修养等思政内容，强化素质训练。

本书主要介绍旅游行业在工作岗位、社交等不同场合应该遵循的礼仪与程序，将礼仪知识与旅游服务实际相结合，在理论够用的基础上，强化学生的服务意识，规范学生的职业礼仪。

本书具有以下4个特点。

(1) 教材编写运用模块框架下的任务驱动模式，紧紧围绕现阶段高职高专教育人才培养目标，从"培养能够与企业工作岗位对接的'制造型人才'向培养能够适应旅游产业结构升级和工作岗位变化的'创造型人才'"转型这一实际要求，采用"工学结合、任务驱动、项目导向、顶岗实习"的模式，融"理论、实务、案例、实训"于一体，全面提高学生的实际操作能力。

(2) 教材所有模块都以学习目标为导向，采用任务驱动型教学理念，以学习任务的形式，达到知识目标、技能与德育目标、实战目标，使学生明确在该学习任务中的技能要求，从而有针对性地开展学习与练习。

(3) 教材重新梳理、整合知识体系。教材中的学习任务都以实际工作岗位的案例导出。对于在实际工作中有特别要求的部分，通过"知识储备"或"特别提示"环节予以体现。各模块通过对学习任务的分析、整理，提炼学生需要掌握的技能，以岗位操作要求指导教学。

(4) 教材提供同步实战演练。在技能要求的知识点中，设置相应的同步实战演练，各个学习任务演练题目设计由浅入深、从小环节到大流程，以便学生循序渐进地进行实务分析与操作，达到理论与实践的统一，并通过实际操作有效提高职业能力。

本书中，项目1、7、8由王迎新编写，项目2、4、6、9、10由吴新红编写，项目3、5由董洪莲编写。

编者在编写本书的过程中参阅了大量著作及相关书刊资料，在此一并致谢！

由于编者水平有限，书中难免有疏漏和不妥之处，欢迎广大读者批评指正。反馈邮箱：wkservice@vip.163.com。

编　者

2023年7月3日

第1版前言

旅游业是当今世界发展最快的产业之一。自我国改革开放特别是加入WTO以来，我国旅游业取得了长足发展，丰富的旅游资源、多样的风土人情吸引着全世界的旅游者，尤其是2008年北京第29届奥林匹克运动会和2010年上海世界博览会等大型国际盛会的举办，进一步推动了我国旅游业的跨越式发展。旅游业作为一个传统而现代的服务性行业，其发展有赖于良性的经济环境、丰富的旅游资源和特色旅游产品。此外，旅游接待人员的素质、职业道德和礼仪规范等因素对旅游业声誉和发展的影响也越来越明显。因此，旅游业从业人员应加强礼仪知识的学习，重礼、知礼、学礼、用礼，实现旅游业的优质服务，提高旅游业的美誉度。

高等职业教育旅游管理专业的教学是为旅游业一线培养应用型人才的职业教育，其特点在于强调应用性和操作性。本书主要介绍了旅游业从业人员在工作岗位、社交等不同场合应该遵循的礼仪与程序，将礼仪知识与旅游服务实际相结合，在学习理论的基础上，强化学生的服务意识，规范学生的职业礼仪。

本书主要具有以下4个特点。

(1) 本书的编写运用模块框架下的任务驱动模式，紧紧围绕现阶段高职高专教育人才培养目标，从"培养能够与企业工作岗位对接的'制造型人才'向培养能够适应旅游产业结构升级和工作岗位变化的'创造型人才'转型"，采用"工学结合、任务驱动、项目导向、顶岗实习"的模式，融"理论、实务、案例、实训"于一体，全面提高学生的实际操作能力。

(2) 本书所有模块都以学习目标为导向，采用任务驱动型教学理念，以学习任务的形式，明确知识目标、技能目标、实战目标，改变了传统教材的知识传输方式，使学生明确在学习任务中的技能要求，从而能更有针对性地开展学习。

(3) 本书以学习任务为目标，重新梳理、整合知识体系。学习任务都以实际案例导出，对于在实际工作中有特别要求的部分，通过"知识储备"或"特别提示"环节予以体现，各模块通过对学习任务的分析和整理，提炼学生需要掌握的学习型工作任务，以岗位操作的要求指导教学。

(4) 本书提供同步实战演练，激发学生的学习兴趣。在技能要求的知识点中，设置相应的同步实战演练，各个学习任务的设计由浅入深，由小环节到大流程，以便学生循序渐进地进行实务分析与案例操作，达到理论与实践的统一。

本书编写具体分工：项目2、4、6由吴新红编写，项目3、5由董洪莲编写，项目1、7、8由王迎新编写，项目9、10由赵萱编写。

编者在编写本书过程中参阅了大量著作及相关资料，在此一并致谢！

由于编者水平有限，书中难免有疏漏和不妥之处，欢迎广大读者批评指正。反馈邮箱：wkservice@vip.163.com。

编　者

2013年4月

目 录

学习项目1　认识礼仪 …………………… 1
学习任务1.1　礼仪的特征和功能 ……… 1
　　1.1.1　礼仪的概念 ………………… 2
　　1.1.2　礼仪的起源与发展 ………… 3
　　1.1.3　礼仪的原则、特征和功能 … 4
　　1.1.4　中西方礼仪文化的差异 …… 7
学习任务1.2　旅游服务礼仪及功能 …… 9
　　1.2.1　旅游服务礼仪的概念 …… 10
　　1.2.2　旅游服务礼仪的特征 …… 10
　　1.2.3　旅游服务礼仪的意义 …… 11
　　1.2.4　旅游服务礼仪的功能 …… 12
　　1.2.5　旅游服务礼仪应遵循的原则 … 14
　　1.2.6　旅游服务人员的基本素质 …… 15

学习项目2　旅游服务人员形象塑造 … 18
学习任务2.1　旅游服务人员仪容礼仪 … 18
　　2.1.1　仪容的中心——头发 …… 19
　　2.1.2　仪容的重点——面部 …… 22
学习任务2.2　旅游服务人员仪表礼仪 … 29
　　2.2.1　旅游职业人员服饰要求 … 32
　　2.2.2　旅游业男士西装穿着礼仪 … 33
　　2.2.3　旅游业女士西装套裙穿着礼仪 ……………………… 37
　　2.2.4　旅游工作者饰品佩戴要求 … 37
学习任务2.3　旅游服务人员仪态礼仪 … 38
　　2.3.1　仪态概述 ………………… 39
　　2.3.2　各种仪态的基本要求 …… 40

学习项目3　旅游服务人员沟通礼仪 … 51
学习任务3.1　旅游服务人员沟通礼仪内容 ……………………… 51
　　3.1.1　称呼礼仪 ………………… 52
　　3.1.2　问候礼仪 ………………… 55
　　3.1.3　致意礼仪 ………………… 56
　　3.1.4　介绍礼仪 ………………… 57
　　3.1.5　名片礼仪 ………………… 59
　　3.1.6　握手礼仪 ………………… 60
　　3.1.7　交谈礼仪 ………………… 62
学习任务3.2　旅游服务人员语言与心理 ……………………… 67
　　3.2.1　旅游服务用语 …………… 68
　　3.2.2　电话礼仪 ………………… 77
　　3.2.3　旅游服务心理 …………… 80
　　3.2.4　沟通距离 ………………… 81

学习项目4　旅游饭店服务礼仪 ……… 84
学习任务4.1　前厅部服务礼仪 ………… 84
　　4.1.1　饭店服务人员服务原则 … 86
　　4.1.2　门厅迎送服务礼仪 ……… 87
　　4.1.3　行李服务礼仪 …………… 88
　　4.1.4　总台接待服务礼仪 ……… 89
　　4.1.5　电话总机服务礼仪 ……… 92
　　4.1.6　大堂副理服务礼仪 ……… 93
学习任务4.2　客房部服务礼仪 ………… 94
　　4.2.1　楼层接待服务礼仪 ……… 94

| 4.2.2 客房日常服务礼仪……………95
| 4.2.3 其他服务礼仪………………97
| 4.2.4 客人离店前后的服务礼仪 ……98
学习任务4.3 餐饮部服务礼仪……………98
| 4.3.1 客餐服务礼仪 ………………102
| 4.3.2 中餐宴会服务礼仪……………105
| 4.3.3 西式宴请礼仪…………………113
学习任务4.4 酒吧、茶馆礼仪……………118
| 4.4.1 酒吧招待员服务礼仪…………119
| 4.4.2 饮品服务礼仪…………………122
| 4.4.3 茶馆服务礼仪…………………124

学习项目 5 旅行社、景区接待礼仪… 127
学习任务5.1 导游接待礼仪………………127
| 5.1.1 导游接团礼仪…………………128
| 5.1.2 导游带团礼仪…………………132
| 5.1.3 导游送团礼仪…………………141
学习任务5.2 门市部业务接待礼仪………142
| 5.2.1 门市部礼仪内容………………143
| 5.2.2 门市部业务员旅游接待礼仪…145
学习任务5.3 旅行社其他环节接待
　　　　　　礼仪……………………145
| 5.3.1 旅行社特殊团队接待礼仪……146
| 5.3.2 旅行社商务接待礼仪…………147
| 5.3.3 旅游汽车司机服务礼仪………149
学习任务5.4 旅游景区接待礼仪…………150
| 5.4.1 景区员工的素质要求…………151
| 5.4.2 景区旅游服务质量的提高……152

学习项目 6 会务礼仪………………155
学习任务6.1 会议服务礼仪………………155
| 6.1.1 大型会议礼仪…………………156
| 6.1.2 签字仪式礼仪…………………162
学习任务6.2 舞会及观看演出礼仪………165
| 6.2.1 舞会礼仪………………………167
| 6.2.2 观看演出礼仪…………………169
学习任务6.3 交通礼仪……………………172

| 6.3.1 行路礼仪和乘车礼仪…………173
| 6.3.2 乘船礼仪和乘机礼仪…………175

学习项目 7 旅游涉外接待礼仪 ……… 180
学习任务7.1 涉外服务与迎送礼仪……180
| 7.1.1 涉外服务礼仪的原则…………181
| 7.1.2 外事迎送礼仪…………………185
学习任务7.2 涉外会见与会谈礼仪……188
| 7.2.1 涉外会见礼仪…………………188
| 7.2.2 涉外会谈礼仪…………………190
| 7.2.3 会见与会谈的注意事项………194
学习任务7.3 礼宾次序与国旗悬挂
　　　　　　礼仪……………………195
| 7.3.1 礼宾次序………………………196
| 7.3.2 国旗悬挂礼仪…………………198

学习项目 8 中国主要客源国和地区的
　　　　　　礼仪及习俗……………204
学习任务8.1 亚洲主要国家的礼仪
　　　　　　及习俗…………………204
| 8.1.1 日本……………………………204
| 8.1.2 韩国……………………………206
| 8.1.3 缅甸……………………………207
| 8.1.4 新加坡…………………………208
| 8.1.5 泰国……………………………209
| 8.1.6 菲律宾…………………………210
| 8.1.7 马来西亚………………………211
学习任务8.2 美洲主要国家的礼仪
　　　　　　及习俗…………………212
| 8.2.1 美国……………………………212
| 8.2.2 加拿大…………………………213
| 8.2.3 巴西……………………………214
学习任务8.3 欧洲主要国家的礼仪
　　　　　　及习俗…………………215
| 8.3.1 英国……………………………216
| 8.3.2 法国……………………………217
| 8.3.3 德国……………………………218

8.3.4 意大利……219
学习任务8.4 大洋洲主要国家的礼仪
及习俗……219
　8.4.1 澳大利亚……220
　8.4.2 新西兰……221
学习任务8.5 非洲主要国家的礼仪
及习俗……222
　8.5.1 埃及……222
　8.5.2 南非……222

学习项目9 我国主要少数民族的礼仪及习俗……225

学习任务9.1 维吾尔族……225
　9.1.1 简介……226
　9.1.2 交往礼仪……226
　9.1.3 饮食特点……226
　9.1.4 传统节日……226
　9.1.5 主要禁忌……226
学习任务9.2 藏族……227
　9.2.1 简介……227
　9.2.2 交往礼仪……227
　9.2.3 饮食特点……228
　9.2.4 传统节日……228
　9.2.5 主要禁忌……229
学习任务9.3 蒙古族……229
　9.3.1 简介……229
　9.3.2 交往礼仪……230
　9.3.3 饮食特点……230
　9.3.4 传统节日……230
　9.3.5 主要禁忌……231
学习任务9.4 其他少数民族……231
　9.4.1 满族……231
　9.4.2 朝鲜族……232
　9.4.3 回族……233
　9.4.4 壮族……235
　9.4.5 苗族……236
　9.4.6 侗族……238
　9.4.7 傣族……239
　9.4.8 彝族……241
　9.4.9 哈萨克族……242
　9.4.10 土家族……243
　9.4.11 白族……244

参考文献……247

学习项目 1
认识礼仪

知识目标

1. 了解中国古代礼仪的演变阶段；
2. 掌握礼仪的基本概念；
3. 掌握礼仪的作用与准则。

技能与德育目标

1. 认识礼仪在旅游接待中的重要性；
2. 深入了解礼仪的发展和阶段性特征；
3. 感受东西方礼仪的差异。
4. 坚持文化自信，并坚守工作中的道德底线。

实战目标

1. 让学生认识到礼仪贯穿于服务工作的始终；
2. 通过演练，提升员工服务形象和服务水平；
3. 让学生在真实的情境中感受优秀的旅游服务礼仪将会为组织赢得良好的经济效益。

学习任务1.1 礼仪的特征和功能

参考案例

汉文帝刘恒(公元前202年—公元前157年)，汉高祖刘邦第四子，母薄姬，汉惠帝刘盈之弟，西汉第五位皇帝。汉文帝在位时，存在诸侯王国势力过大及匈奴入侵中原等问题。汉文帝对待诸侯王，采取以德服人的态度。道德方面，汉文帝曾经亲自为母亲薄氏尝药，深具孝心。后元七年六月己亥，汉文帝崩于长安未央宫，葬于霸陵。在古代，有夺取天下之功的称为祖,有治理天下之德的称为宗。所以,其庙号太宗,谥曰孝文皇帝,也是《二十四孝》中亲尝汤药的主角。

(资料来源:趣历史. http://www.qulishi.com/renwu/liuheng/.)

知识储备

在西方,"礼仪"一词,最早见于法语的"Etiquette",原意为"法庭上的通行证"。为了保证法庭的特有气氛和特殊秩序,开庭之前应由书记员当庭宣读法庭纪律。这些纪律包括:不准大声喧哗,未经审判长许可不准提问,未经法庭许可不准摄影、录像,等等。当它译为英文后,就有了礼仪的含义,意即"人际交往的通行证"。西方的文明史同样在很大程度上体现了人类对礼仪的追求及其演进历史。人类为了维持与发展血缘亲情以外的各种人际关系,避免"格斗"或"战争",逐步形成了各种与"格斗""战争"有关的动态礼仪。如为了表示自己手里没有武器,让对方感觉到自己没有恶意而创造了举手礼,后来演进为握手礼;为了表示自己的友好与尊重,愿在对方面前"丢盔弃甲",于是创造了脱帽礼等。

随着时代与社会经济的飞速发展,礼仪已融入社会生活的各个领域,并且占据着越来越重要的位置。礼仪作为一种社会文化现象,从大的方面来讲,它反映了一个民族的文明程度和一个国家的国民素质,而具体到人们的社会生活,礼仪更是无处不在。无论是人际沟通与交往,还是企业的整体形象宣传;无论是企业产品品牌推介,还是员工素质高低的衡量,都离不开礼仪这个参照物。因此,我们应学习礼仪知识,研究不同的礼仪文化和礼仪现象,提高个人的道德修养,按照礼仪规范去约束个人的行为等,这都需要我们对礼仪的形成与发展追根溯源。

1.1.1 礼仪的概念

礼仪,是对礼节、仪式的统称,是指在人际交往中,自始至终以约定俗成的程序与方式来表现的律己、敬人的完整行为,是人们在社交活动中对他人表示尊重与友好的行为规范和处世准则,并为社会广大公众所普遍认可。礼是仪的本质,而仪则是礼的外在表现。

从表象来看,礼仪涉及的无非仪表、姿态、谈吐、举止等方面的小事小节,然而小节之中显精神。从个人修养的角度来看,礼仪可以说是一个人内在修养和素质的外在表现。从交际的角度来看,礼仪可以说是人际交往中适用的一种艺术,一种交际方式或交际方法,是人际交往中约定俗成的示人以尊重、友好的做法。从传播的角度来看,礼仪可以说是在人际交往中进行沟通的技巧。总之,礼仪是人们在社会交往活动中应共同遵守的行为规范和准则。能否自觉遵守礼仪,不但是衡量一个人道德修养的基本尺度,而且是衡量一个国家文明程度的重要标志。

1.1.2 礼仪的起源与发展

我国是一个文明古国，素有"礼仪之邦"的美称。我国最早的三部礼书《周礼》《仪礼》《礼记》，详细记载了秦汉以前的礼仪。

现代礼貌礼仪起源于礼，而礼的产生可追溯到远古时代。自从有了人类，有了人类与自然的关系，有了人与人的交往，礼便产生和发展起来。从理论上讲，首先，礼起源于人类协调主客矛盾的需要，人为维持"人伦秩序"而产生礼，为"止欲制乱"而制礼。被人们普遍尊崇的"圣贤"黄帝、尧、舜、禹等，不但为"止欲制乱"而制礼，而且身体力行为民众做典范，因此人们才更加遵礼尚礼。其次，礼起源于原始的宗教祭祀活动，从祭祀之礼扩展为各种礼仪。

人类的礼仪源于对自然的敬畏和祈求，他们对自然现象充满了好奇和恐惧，各种宗教、原始崇拜便由此产生，如拜物教、图腾崇拜、祖先崇拜等。为了表达这种崇拜之意，人类就有了祭祀活动，并在祭祀活动中逐渐完善了相应的规范和制度，最终成为祭祀礼仪。随着社会生产力水平的提高，人们的认识能力得以提高，对复杂的社会关系有了一定的认识，于是人们就将"万神致福"活动中的一系列行为，从内容到形式扩展为各种人际交往活动，从最初的祭祀之礼扩展到社会各个方面的礼仪。

随着人类社会的发展，人们表达敬畏的祭祀活动日益频繁，逐步形成种种固定的模式，最终成为正规的礼仪规范。从历史发展的角度看，我国古代礼仪演变可分为4个时期。

礼的起源时期——夏朝以前。原始的政治礼仪、敬神礼仪、婚姻礼仪等已有了雏形。

礼的形成时期——夏、商、西周三代。第一次形成了比较完整的国家礼仪与制度，提出了一些极为重要的礼仪概念，确立了崇古重礼的文化传统。

礼的变革时期——春秋战国时期。以孔子、孟子为代表的儒家学者系统地阐述了礼的起源、本质和功能。

礼的强化时期——秦汉到清末，其重要特点是尊神抑人、尊君抑臣、尊父抑子、尊夫抑妇。它逐渐成为妨碍人类个性自由发展、阻碍人类平等交往、束缚思想自由的精神枷锁。

辛亥革命以后，西方文化大量传入我国，传统的礼仪规范、制度逐渐被时代抛弃，科学、民主、自由、平等的观念日益深入人心，新的礼仪标准、价值观念得到推广和传播。中华人民共和国成立后，在马列主义、毛泽东思想、邓小平理论的指导下，新型人际关系、社会关系的确立，标志着中国的礼仪、礼学进入了一个新的历史时期。

从世界范围看，资产阶级登上历史舞台，在经济基础和上层建筑各个领域进行了深刻的变革，这是礼仪发展的一个重要阶段。今天国际上通行的一些外交礼仪绝大部分就是在这个时期形成并发展起来的。

> **特别提示**

鸣放礼炮起源于英国，迎送国家元首鸣放21响，迎送政府首脑鸣放19响，迎送副总理级官员鸣放17响，目前已成为国际上通用的礼仪。

1.1.3 礼仪的原则、特征和功能

1. 现代礼仪应遵循的原则

现代礼仪作为社会交往中的行为规范准则，是由人们共同完善、共同认可的。在人际交往和沟通过程中，在商务活动、旅游接待与服务工作中，人们应当自觉学习和遵守现代礼仪，照章办事，胡作非为、我行我素，都是违背现代礼仪要求的。

现代礼仪应遵循"尊重""遵守""适度""自律"等原则。

1)"尊重"原则

在各种类型的人际交往活动中，人与人之间应以相互尊重为前提，要尊重对方，不损害对方利益，同时又要保持自尊，尤其是在国际交往中，要始终注意维护国家利益和民族尊严，维护自己的人格尊严，在外国人面前不卑不亢。在社会交往中，人与人之间只有彼此尊重，才能保持和谐、愉快的关系。

2)"遵守"原则

礼仪作为行为规范、处事原则，反映了人们共同的利益。每个人都有责任、有义务去维护它、遵守它。各种类型的人际交往，都应当自觉遵守下列准则。

(1) 遵守社会公德。社会公德指公共道德。它直接反映出一个社会公民的礼节、礼貌、道德修养程度和水准，其内容包括几个方面：①爱护公物；②遵守公共秩序；③救死扶伤；④尊重老人、妇女；⑤爱护儿童；⑥在邪恶面前主持正义；⑦爱护、保护动物。

(2) 遵时守信。遵守时间、讲求信用，是建立和维持良好社会关系的基本前提。人际交往时，应遵守规定或约定的时间，对于限定时间的聚会或社交活动应按照规定的时间稍微提前或按时到达，不得违时，更不可失约。守信就是要讲信用，千万不可言而无信。

(3) 真诚友善。在人际交往中，真诚是赢得对方信任和尊重的前提。真诚坦荡、友善待人，是人际交往应当遵循的准则。

(4) 谦虚随和。在人际交往中，虚心、不摆架子、不自以为是、不固执己见，更容易被对方所接受。

3)"适度"原则

现代礼仪强调人与人之间的交流与沟通一定要把握适度性，在不同场合，对不同对象，应始终不卑不亢、落落大方，把握好一定的分寸。

4)"自律"原则

在人际交往中，在要求对方尊重自己之前，首先应当检查自己的行为是否符合礼仪规范要求。应当做到严于律己、宽以待人，这样才能赢得别人的尊重和好感。

2. 礼仪的特征

礼仪的基本特征是时代特征与社会特征的完美结合。它以科学精神、民主思想和现实生活为基础，以新颖、实用、简单、灵活的形式体现出高效率、快节奏的时代特点。一般说来，现代礼仪具有4种特性。

1) 国际性

礼仪作为一种文化现象，是全人类的共同财富。它跨越了国家和地区的界线，为世界各国人民共同拥有。尽管不同的国家、不同的民族、不同的社会制度的礼仪有一定的差异性，但在讲文明、懂礼貌、相互尊重原则基础上形成的完善的礼仪形式，已为世界各国人民所接受并共同遵守。

2) 民族性

礼仪作为约定俗成的行为规范，在拥有共性的同时，又表现出一种较为明显的民族差异性。如东方民族的含蓄、深沉；西方民族的开放、直率；东方人见面习惯于拱手、鞠躬；西方人见面习惯于接吻、拥抱。礼仪的民族差异性，在不同宗教信仰的民族行为中表现得最为明显。

3) 继承性

礼仪的形成和完善，是历史发展的产物。它经过一个又一个时代，不断地去粗取精，逐渐固定下来。礼仪一旦形成，通常会长期沿袭、经久不衰，特别是诸如尊老敬贤、父慈子孝、礼尚往来等一些反映民族传统美德的礼仪，一代一代流传至今，并将被子孙后代不断继承和发扬光大。

4) 时代性

礼仪具有时代性，随着时代的发展而发展。随着社会经济的不断发展、人际交往的日益频繁，礼仪已经融入社会生活的各个方面，表现出较为强烈的时代特色。

3. 礼仪的功能

礼仪作为人们调整和处理人际关系的手段，一经形成和固定，就成了一个民族、一个国家传统文化的重要组成部分，世代继承相传，并且融入人们日常生活的方方面面，发挥着重要的作用。礼仪具有多种功能，主要集中表现在以下几个方面。

1) 教育功能

礼仪是现代文明的集中体现。从大的方面讲，它可以衡量一个国家的文明程度和国民素质的高低。从小的方面讲，具体到个人，是否讲礼节、懂礼貌，则是衡量其综合素质高低的一个重要标准。礼仪蕴含着丰富的文化内涵，体现着社会的要求与时代的精神。让国民都来接受礼仪教育，可以从整体上提高国民的综合素质。

相关链接

日本人的整洁和秩序

日本是一个非常整洁、有秩序的国家。去日本观光的游客，大多数都会说日本非常干净，日本街道上没有垃圾桶，也没有扫马路的清洁工。

日本街道为什么这么干净？因为日本人会将垃圾带回家再丢掉。

在日本，如果学校组织郊游活动，每个同学都会带着垃圾袋，把野餐的垃圾装到垃圾袋里带回去。

那么，风吹来的垃圾和树叶到哪里去了？在城市的车道上，有扫地车在打扫。各店家门前的辅路，一般由每家店的店长带领员工打扫。如果一家店门口垃圾很多，可能很少会有客人光顾。

日本从1980年就开始实行垃圾分类回收，如今已成为世界上垃圾分类回收做得最好的国家之一。在日本，哪天该扔哪一类垃圾都是规定好的，没有人违反。

在日本，能够作为资源回收利用的垃圾，90%都会被回收利用。比如超市里盛食品的泡沫塑料盒，日本人会洗干净，去超市的时候顺便带过去，丢到超市门口的回收桶里。他们还会将报纸、书刊叠整齐，放在垃圾回收站，等待清运工人拿走。

在日本，无论在哪里，只要是需要排队的地方，哪怕只有两个人，也一定会自觉排队，电梯口会排队，公交车站会排队，地铁门口会排队，医院窗口会排队……因为日本人从小就被教育要守秩序。

驾车者开车时，只要看到人行横道的标志，都会注意有没有要过马路的行人。只要看到行人，一般会在离斑马线十几米的地方停下来，行人不过，车不走，更没有在应急车道超车的情况，也没有人按喇叭。

2) 沟通功能

人们在社会交往过程中会产生各种关系，主要有经济关系、政治关系和道德关系，这三者构成了人们的社会关系。在人际交往中，不论体现的是何种关系，维系人与人之间沟通与交往的礼仪，都起着十分重要的"润滑剂"作用。交流双方的行为只有符合"礼仪"的要求，人际交流才能正常进行，才能增进双方之间的感情。热情的问候，友善的目光，亲切的微笑，文雅的谈吐，得体的举止等，都可以唤起人们的沟通欲望，建立好感和信任，从而促成交流的成功，进而促进人们取得事业成功。

3) 协调功能

人们受教育程度不同，成长环境不同，加之个性、职业、年龄、性别等方面的差异，导致人们在人际交往中会产生不同的角色取向。在人际交往中，人们为了维护自身利益，在行为方式上往往不同程度地带有"利己排他"的倾向，这就必然会使交往双方发生不同程度的矛盾和冲突。礼仪的原则和规范，约束着人们的动机，指导着人们立身处世的行为方式。从一定意义上说，礼仪是人际关系和谐发展的调节器。人们在交往时按礼仪规范去做，有助于加强人与人之间互相尊重、友好合作的新型关系，可缓和或避免某些不必要的情感对立与障碍，从而协调人与人之间的关系、人与社会的关系。如家庭中尊老爱幼、夫妻恩爱，兄弟姐妹之间情同手足，朋友之间真诚相待，同事之间无私相助等，都能造就和谐的人际关系。而不和谐的人际关系同样可以借助礼仪来进行有效的调节。如聚会、宴会、联谊活动的开展不仅有助于改善不和谐的人际关系，还可使原本和谐的人际关系得到更健康的发展。

4) 服务功能

在现代旅游与服务行业，优质服务的标准是最大限度地满足客人的需求，尤其是满足客人的精神需求。

在客人的各种需求中，尊重的需求始终处于第一位，而礼仪的"退让以敬人"的原则，恰好满足了客人的这种需求。所以，在旅游与服务行业，礼仪服务是优质服务的主要内容。它通过服务人员良好的仪容、仪表、仪态，规范得体的礼貌服务用语，标准的服务操作程序，亲切的笑脸，诚恳的态度，细致而周到的体贴与关怀，将"客人是上帝"这一传统而又全新的服务理念演绎得淋漓尽致。

5) 塑造功能

礼仪作为规范和约束人们行为的准则，不仅潜移默化地净化和熏陶着人们的心灵，还从行为美学方面指导着人们不断地充实和完善自我。通过接受良好的礼仪训练，人们的谈吐变得越来越文雅，人们的服饰与装扮变得越来越富有个性，并符合大众的审美标准，人们的仪态变得越来越优雅，体现出时代特色和精神风貌。总之，礼仪帮助人们塑造了一个全新的自我，使人们在社交场合、在公众面前具有良好的形象，充分展示各自的风采。

6) 维护功能

礼仪既反映了整个社会文明发展的程度，又反作用于社会，对社会的精神文明产生广泛、持久和深刻的影响。社会的发展与稳定，家庭的和谐与安宁，邻里的和睦，同事之间的信任与合作，都依赖于人们共同遵守礼仪的规范与要求。社会上讲礼仪的人越多，社会便会更加和谐、稳定。在维护社会秩序方面，礼仪起着法律所起不到的作用。

1.1.4 中西方礼仪文化的差异

随着我国改革开放的步伐日益加快，跨国交际日益增多，中西方礼仪文化的差异更是愈发显露，这种差异带来的影响不容忽视。在中西方礼仪还没有完美融合之前，我们有必要了解这些礼仪的差异。

1. 交际语言的差异

日常打招呼，中国人大多使用"吃了吗""上哪呢"等语言，这体现了人与人之间的一种亲切感；可对西方人来说，这种打招呼的方式会令对方感到唐突、尴尬，甚至不快，因为西方人会把这种问话理解成为一种"盘问"，感到对方在询问他们的私生活。在西方，日常打招呼时，他们只说一声"Hello"(你好)或按时间来分，说声"早上好""下午好""晚上好"就可以了，而英国人见面会说："今天天气不错啊！"

称谓方面，在中国，一般只有彼此熟悉、亲密的人之间才可以"直呼其名"；但在西方,"直呼其名"比较常见。在西方,常用"先生"来称呼男性;对十几岁或二十几岁的女子可称呼"小姐",对已婚的女性可称"女士"或"夫人"等。在家庭成员之间,不分长幼尊卑,一般可互称姓名或昵称。在家里,孩子可以直接叫爸爸、妈妈的名字,对所有的男性长辈都可以称"叔叔",对所有的女性长辈都可以称"阿姨"。这在中国是不行的,我们必须要分清楚辈分、老幼等关系,否则就会被认为不懂礼貌。

中西方语言中有多种不同的告别语。如在和病人告别时,中国人常说"多喝点水""多穿点衣服""早点休息"之类的话,表示对病人的关心。而西方人绝不会说"多喝水"之类的话,因为这样说会被认为有指手画脚之嫌,他们会说"多保重"或"希望你早日康复"之类的话。

2. 餐饮礼仪的差异

中国有句话叫"民以食为天",由此可见,饮食在中国人心目中的地位之高。中国菜往往注重色、香、味、形、意俱全;西方人多注重食物的营养而忽略了食物的色、香、味、形、意如何。在餐饮氛围方面,中国人在吃饭的时候喜欢热闹,很多人围在一起吃吃喝喝、说说笑笑,营造一种欢快的用餐氛围。除非是在很正式的宴会上,否则中国人在餐桌上并没有什么很特别的礼仪。西方人在用餐时,喜欢幽雅、安静的环境,他们认为在餐桌上一定要注意自己的礼仪,比如,在进餐时不能发出很难听的声音。

中西方宴请礼仪也各具特色。在中国,从古至今,大多以左为尊,在宴请客人时,要将地位很尊贵的客人安排在左边的上座,然后依次安排。在西方则是以右为尊,男女间隔而坐,夫妇也分开而坐。女宾客的席位比男宾客的席位稍高,男士要替位于自己右边的女宾客拉开椅子,以示对女士的尊重。

3. 服饰礼仪的差异

西方男士在正式社交场合通常穿保守式样的西装,内穿白衬衫,打领带,穿黑色的皮鞋。西方女士在正式场合要穿礼服套装,另外女士外出有戴耳环的习惯。西方国家,尤其是美国,人们在平时喜欢穿着休闲装,如T恤和牛仔服。

当今中国人穿着打扮异彩纷呈,传统的中山装、旗袍等并不多见。在正式场合,男女着装与西方并无二致。在平时的生活中,人们穿着服饰的特点是彰显个性,美观大方。一般不同的场合,人们会选择不同的服饰。

4. 中西方礼仪融合的意义

礼仪是一种文化,是文化就有纵向的传承与发展和横向的借鉴与融合。随着全球化步伐的不断加快,在经济、文化高速碰撞融合的大背景下,西方文化大量涌进中国,中国传统礼仪正不断受到西方礼仪文化的冲击。如何保护中华民族传统礼仪,并与西方礼仪进行合理融合,成为人们思考和探讨的话题。越来越多的人认识到,中西方礼仪文化必将互相渗透,不断发展。

不可否认,当今国际通行的礼仪基本上是西方礼仪。西方人从小就接受这种礼仪的教育与熏陶，使得礼仪能够自然地表现在人的行为之中，使其礼仪文化被视为世界标准。

如今，中西方礼仪文化的融合，更多的还是借鉴西方的礼仪标准。但无论是借鉴西方的礼仪，还是我们自创一套礼仪系统，在形式上都不难，难的是我们也能有一个完整的价值体系，有对自身文化的高度认同和深刻觉悟。一方面我们要借鉴西方礼仪；另一方面，我们要树立文化自信心，形成我们的文化感染力。民族的复兴不仅是国力的复兴，更是一种文化的复兴。只有别人也认同我们的文化，才能使我们的礼仪通行于世界。

人无礼则不立，事无礼则不成，国无礼则不宁。一个缺乏礼仪的社会，是不成熟的社会；而一个礼仪标准不统一甚至互相矛盾的社会，则是一个不和谐的社会。礼仪，是整个社会文明的基础，是社会文明直接、全面的表现方式。创建和谐社会，必须先从礼仪开始。如今中国面临前所未有的挑战，无论是物质、精神还是文化各个方面，都急迫地需要一套完整而合理的价值观进行统一，而礼仪文化无疑是这种统一标准的"先行军"。将中西方礼仪文化合理地融合，有助于我们建立适合中国当代社会的礼仪文化体系，实现和谐社会的伟大构想。

相关链接

旅游服务人员的基本素质要求——"ASK"要求

A——Attitude (态度)。旅游服务人员应具有热情友好、真诚周到的服务态度，对客人一视同仁，同时也应对自己的工作持一种正确的态度。

S——Skill (业务技术)。旅游服务人员应具有良好的业务技术能力。

K——Knowledge(知识)。旅游服务人员应具有广泛的知识，熟知各国、各地区、各民族的风土人情。

学习任务1.2 旅游服务礼仪及功能

参考案例

《论语》中的礼仪

【原文】执圭，鞠躬如也，如不胜。上如揖，下如授。勃如战色，足蹜蹜，如有循。享礼，有容色。私觌(dí)，愉愉如也。

【译文】(孔子出使诸侯国)拿着圭，恭敬谨慎，像是举不起来的样子。向上举时好像在作揖，放在下面时好像是给人递东西。脸色庄重近乎战栗，步子很小，好像沿着一条直线往前走。在举行赠送礼物的仪式时，显得和颜悦色。和国君私下会见的时候，更轻松愉快了。

【评价】上述文字，集中记载了孔子在朝、在乡的言谈举止，给人留下十分深刻的印象。孔子在不同的场合，对待不同的人，往往容貌、神态、言行都不同。他在家乡时，给人的印象是谦逊、和善的老实人；他在朝廷上，则态度恭敬而有威仪，不卑不亢，敢于讲话；他在国君面前，温和恭顺，局促不安，庄重严肃又诚惶诚恐。所有这些，为人们深入研究孔子、研究中国古代礼仪，提供了具体的资料。

1.2.1 旅游服务礼仪的概念

旅游服务礼仪，是指旅游工作者在为旅客服务过程中所遵循的，对他人表示尊重与友好的行为规范和处世准则，通过语言、动作，并以约定俗成的程序与方式表现出来的规范自己、恭敬旅客的行为。旅游服务礼仪是旅游业中"人情味"最浓的因素，旅游服务人员的礼貌服务，可以使身处异国他乡的宾客仍有在家一般的亲切、温暖之感。

特别提示

旅游业是我国的"窗口"服务行业，要发挥好旅游业的"窗口"作用并提高其服务质量，必须牢固树立"宾客至上"的服务意识。以礼待客，讲究礼貌、礼节是旅游优质服务的重要组成部分，是称职员工必备的行为规范和素质条件。同时，旅游从业人员整体的礼仪水平对于改善国际交往，增进各国人民之间的了解和友谊，展示中华民族的精神风貌和维护我国的声誉，传播社会主义精神文明等，有着重要的现实意义。

1.2.2 旅游服务礼仪的特征

1. 广泛性

现代旅游包括行、吃、住、游、购、娱六大环节，是综合性强、跨度大的服务性行业，其接待与服务工作涵盖面非常广。旅游的六大环节都需要按照一定的礼仪规范做好服务与接待工作，旅游礼仪贯穿旅游活动的全过程，任何一个工作环节出现差错都会影响旅游活动的整体效果。因此只有提高全行业的礼仪素质，在每个环节都严格按照旅游礼仪规范接待宾客，并注意各行业(部门)间的协调与配合，才能满足旅游者的消费需求。

2. 针对性

旅游礼仪直接服务于旅游行业，是礼仪在旅游活动中的具体应用，具有很强的实用性和针对性。不同的旅游服务门类各有特点，接待程序、操作规范也不相同，因此相对应的岗位都有针对性很强的礼仪规范。如酒店、旅行社都有自己的一整套礼仪规范；在交通服务方面，飞机、火车、轮船和汽车的接待服务礼仪也各有区别。

3. 民族性

旅游服务礼仪作为约定俗成的行为规范，它在具有共通性的同时，又表现出明显的民族差异性。比如，我们中华民族在长期的历史发展过程中，一方面，形成了一套完整的礼仪思想和礼仪规范，重礼仪、守礼法、讲礼信已成为民众的自觉意识，贯穿于社会活动的各个方面，成为中华民族重要的文化特征；另一方面，我国各民族在长期的发展过程中，在饮食、起居、节庆、婚宴、礼仪、禁忌等方面又有本民族特殊的风俗习惯，因此，在旅游服务中应遵守党的民族政策，尊重各民族的宗教信仰、特殊礼仪和各种禁忌。

4. 国际性

旅游服务礼仪作为一种文化现象，是全人类的共同财富，它跨越了国家界线。尽管不同国家、不同民族的旅游服务礼仪有一定的差异性，但在服务过程中，在"律己敬人"原则基础上形成的国际旅游服务礼仪，已被各国人民所接受并广泛采用，特别是在当今世界经济走向一体化的情况下，现代旅游服务礼仪兼收并蓄，融会各国礼仪之长，从而使国际旅游服务礼仪更加趋同化。

1.2.3 旅游服务礼仪的意义

在社会生活中，人们往往把是否讲究礼仪作为衡量一个人道德标准高低和有无教养的尺度，同时也把讲究礼仪作为一个国家和民族文明程度的重要标志。旅游业是我国重要的"窗口"行业，讲究服务礼仪有着特殊意义。

1. 讲究服务礼仪事关旅游业的兴衰

旅游服务的直接目的，是最大限度地满足不同客人的正当需求。处事适宜、待客以礼，是当代旅游业从业人员应有的风范，也是我国旅游行业的优良传统。随着我国改革开放的深入和经济社会的发展，旅游业一方面得到了迅猛发展，另一方面面临更趋激烈的竞争，而竞争的关键问题就在于提升旅游服务质量。因此，讲究服务礼仪，为客人提供优质服务，对旅游企业的生存与发展有着决定性意义。当前，随着我国对外开放的进一步扩大，国际交往日趋频繁，来华旅游的外宾越来越多，为这些宾客提供优质服务，对于促进我国旅游业的发展，提升我国国际形象，都具有十分重要的意义。

2. 讲究服务礼仪是构建和谐社会的客观要求

进入新世纪后，党中央根据我国经济和社会发展的需要，提出了构建和谐社会的战略任务，并采取了一系列重大措施。当前，全国各地的各行各业都在为构建和谐社会而努力。作为旅游行业，在构建和谐社会方面，更是负有重要而艰巨的任务。因为旅游业涉及面广，人员复杂，环境多变，容易产生矛盾和纠纷。根据这一特点，客观上要求旅游行业必须讲究服务礼仪，为各类客人提供优质的服务，融洽人际关系。同时，因为旅游业形成了一套服务礼仪规范,有着礼貌服务的优良传统,只要旅游企业加强管理,落实服务礼仪要求,就能提高服务质量,为旅客营造舒适的活动环境,让各类客人乘兴而来,满意而归。

3. 讲究服务礼仪是精神文明建设的需要

社会主义精神文明建设的根本任务是适应社会主义现代化的需要,培养有理想、有道德、有文化、有纪律的社会主义公民,提高整个中华民族的思想道德素质和精神文明水平。旅游行业讲究服务礼仪,一来可以体现我国社会主义精神文明建设成果;二来可以展示我国公民的精神风貌;三来可以广泛传播文明种子;四来可以在实践中培养"四有"旅游职工队伍。

1.2.4 旅游服务礼仪的功能

明末清初思想家颜元曾对礼仪作过如下描述:"国尚礼则国昌,家尚礼则家大,身尚礼则身正,心尚礼则心泰。"礼仪作为一种行为规范或行为模式,在人类社会生活的各个方面都发挥着重要的作用。

1. 有助于旅游从业人员与旅游者之间的交流与沟通

吃、住、行、游、购、娱是旅游活动的具体表现。旅游本身就是社交活动,旅游从业人员与旅游者之间需要不断地交流、沟通与协调。从心理学的角度讲,人际交往之初,由于交往的双方还是陌生的,相互之间不十分了解,不可避免地会产生某种戒备心理或距离感。如果交往双方在交往之初都能做到以礼相待,则可以消解当事人之间的心理隔阂,拉近双方的距离。

在旅游活动中,旅游者与旅游从业人员由于不了解,存在距离感。旅游者是客人,那么相对而言,旅游从业人员就是主人,作为主人,应该首先对客人施之以礼。当客人来到一个新的环境,听到一句热情的问候,看到一个亲切的微笑,心里就会生出浓浓的暖意来。这时,礼仪就像春风与美酒,滋润着人们的心灵,沟通着人们的情感。旅游工作者通过热情、周到的礼仪服务,向客人表示真诚的尊重和友好,可使客人产生亲切感、信任感。基于这种朋友般的亲切与信赖,当客人有特别的旅游需求或在旅游中遇到个人困难时,他们会愿意向工作人员倾诉或咨询,工作人员也能及时了解并解决客人的需要和难处,这样才能真正实现旅游工作人员与旅游者之间的相互了解和沟通。

2. 有助于妥善处理旅游纠纷

旅游服务工作面对的客人形形色色,由于职业、年龄、素质、宗教信仰等方面的不同,对服务质量的要求比较个性化,无论服务人员的工作如何出色,都难免出现纠纷。

纠纷发生,无论是什么原因,也不管是旅游服务方的问题还是旅游者本身的问题,有礼有节地进行处理都是第一原则。如果是旅游服务方的问题,要主动向旅游者道歉,并尽快妥善地处理；如果是旅游者的问题，切不可得理不饶人，要先耐心听其讲完，再有礼貌地解释说明。在任何情况下，工作人员与旅游者争吵甚至打斗都只会激化双方之间的矛盾，解决不了问题。

3. 可以约束旅游从业者的行为

礼仪对于人们的社会行为，特别是非礼貌的、不道德的行为具有很强的约束作用。在社会生活中，人们很多不文明、不道德的行为，无法通过行政或法律的手段去干预，而往往要靠道德规范、社会舆论来引导和约束。在旅游服务工作中，从业人员也同样自觉或不自觉地受到旅游礼仪的约束。一方面，旅游礼仪中的具体行为准则可以规范和约束从业人员在工作当中的行为表现；另一方面，礼仪作为道德的载体也影响着从业人员的工作意识和态度，进而约束他们的行为。

旅游行业讲究职业道德，职业道德和旅游礼仪是密切相关的。一个从业人员在工作中有时可能会受外界因素或自身主观意识的影响做出一些不文明的行为，这时候，道德标准可以起到约束的作用，让他具有判断是非曲直、辨别善恶美丑的能力。例如，一个具有高尚道德品质、懂得礼仪规范的人，会明白破坏集体荣誉、损坏公物的行为会受到鄙视，违反操作规程会受到批评，刁钻耍滑的工作作风会受到指责等。明白了孰对孰错，就知道在工作中哪些行为该做、哪些行为不该做，这就是职业道德意识和旅游礼仪规范的力量。

旅游从业人员面对的不仅有我国的客人，还有其他国家或地区的客人，从一定意义上来说，他们代表的是我们国家的形象和风貌，所以他们的行为是否符合礼仪标准尤为重要。旅游工作中，自觉地接受旅游礼仪约束的人，才能被人们认可，才能符合旅游业要求；如果一个人我行我素，不能遵守礼仪要求，他就会受到人们的谴责和反对，最终会被旅游行业甚至社会淘汰。

4. 可以提高服务质量

在旅游业的竞争中，其根本是质量的竞争。服务质量是旅游业的生命线，是旅游业的中心工作，它不仅关系着旅游业的经营、效益、声誉，更关系着旅游业的兴旺与发展。为此，服务质量越来越受到行业人士的关注。

服务质量是指旅游业向客人提供服务时，其产品在使用价值上、精神上和物质上适合和满足客人需要的程度。由于服务水平的高低在很大程度上是由礼仪服务水平高低所决定的，因此，礼仪服务也就成为服务质量的核心。这就要求旅游业管理者和员工践行"质量就是生命，质量就是效益，质量的关键是服务，服务的核心是礼仪"这个理念。

服务态度是影响服务质量的主要因素之一。态度是一种内在心理的表现，它无法直接观察，只能从当事人的言行中去判断。在旅游服务中，优质的服务态度能使客人在感官上、精神上有"亲切感"，有"宾客至上""宾至如归"的感觉。这种亲切的情绪体验，往往源于服务人员提供的实质性的服务内容和他们彬彬有礼、得体大方的言行举止、仪表仪容。良好的服务态度来自教化，来自服务人员对所从事的服务工作的正确认识和热爱，来自服务人员对客人的理解和尊重。

服务人员如果能够讲究旅游礼仪，表现礼貌的服务态度，主动运用服务技巧，使客人在旅游过程中对服务人员有亲切感、温暖感、信任感，对服务工作表示认可和满意，那么就达到了提高服务质量的要求。

1.2.5 旅游服务礼仪应遵循的原则

1. 自律原则

礼仪的最高境界是自律，即从业人员在没有任何监督的情况下，仍能自觉地按照礼仪规范约束自己的行为。旅游工作者不仅要了解和掌握具体的礼仪规范，而且要在内心树立起一种道德信念，加强行为修养，从而获得内在的力量。这就要求旅游工作者在对客服务中从自我约束入手，时时检查自己的行为是否符合礼仪规范，严格按照礼仪规范接待和服务宾客，而且要做到有没有上级主管在场都一样，客前客后一个样，把礼仪规范变成自觉的行为、内在的素质。

2. 宽容原则

在旅游服务与交际活动中，旅游工作者既要严于律己，又要宽以待人，更要"得理也饶人"。要多宽容他人不同于自己的行为，要多体谅、多理解他人，切不可求全责备。比如，在服务工作中，宾客有时可能提出一些无理甚至是失礼的要求，旅游工作者应冷静且耐心地加以解释，不要反驳旅客甚至把旅客逼到窘境，否则会使旅客产生逆反心理，形成对抗，特别是当旅客有过错时，要"得理也饶人"，要运用沟通技巧，让旅客体面地"下台阶"。

3. 适度原则

在旅游服务过程中，旅游工作者必须坚持礼仪规范，讲究运用技巧，把握分寸，适度得体。比如在交际活动中，既要彬彬有礼，又不低三下四；既要热情大方，又不阿谀奉承。尤其在接待外宾时，要以"民间外交家"的姿态出现，要特别注意维护国格和人格，做到"自尊、自爱、不卑不亢"，既不盛气凌人，又不妄自菲薄。

4. 平等原则

在旅游活动中，允许旅游服务人员根据不同的交往对象采取不同的应对方法，但前提是必须坚持平等原则，即尊重所有的旅客，对所有的旅客以礼相待，这是旅游服务的核心要求。旅游服务人员应做到敬人之心常存，处处不可失敬于人，失敬就是失礼，尤其不可侮辱对方的人格，做到对任何交往对象都一视同仁，真诚关心，给予同等程度的礼遇。具体地说，无论是外宾还是内宾，是官还是民，都要热情服务，不可看客施礼，更不能"以貌取人，以财取人"。

1.2.6 旅游服务人员的基本素质

> **特别提示**
>
> "世事洞明皆学问,人情练达即文章。""礼"不仅有协调各类人际关系的作用,而且还定位了人们的社会角色,并通过道德关系,以礼貌礼仪规范明确了人们的社会义务与责任。礼仪,能使人在人际交往中充满自信、处变不惊,还能帮助人们更有效地向交往对象表达自己的尊重、敬佩、友好与善意,增进彼此间的了解与信任。
>
> 旅游服务人员必须做到礼貌待客、热情服务。礼貌待客,是要求服务人员对客人表示尊重与友好,在服务中注重仪容、仪态、语言和肢体语言的规范;热情服务则要求服务人员发自内心、满腔热忱地主动向客人提供周到的服务,从而表现出服务人员的良好风度与职业素养。

旅游服务的对象来自天南海北、四面八方,所以旅游服务人员要有过硬的文化知识、语言能力、组织能力和公关能力,还应具备高水准的礼仪水平,这样才能使旅游接待工作尽善尽美。具体来说,旅游服务人员应具备以下基本素质。

1. 良好的思想品德和职业道德

旅游服务人员首先应具有强烈的民族自尊心和个人自尊心,能将全心全意为人民服务的思想和"宾客至上""服务至上"的服务宗旨紧密结合起来,热情地为海内外游客服务;其次应认真学习礼仪规范,并严格要求自己,树立为人民服务的职业道德观,以确保旅游接待工作顺利完成。

2. 良好的工作态度

良好的工作态度主要表现为:不管在哪个工作岗位,平凡的或重要的,喜欢的或不喜欢的,都尽心尽力、脚踏实地,对职责范围内的事不推托、不拖拉,认真地完成每一项任务,这是对从业人员的基本要求。对于接待人员而言,良好的工作态度是其所应具备的基本从业条件。

3. 高雅、亲切、自然、礼貌的态度

旅游服务人员在做接待工作时,要做到面带微笑、充满自信,具体包括以下要求。

1) "站如松,行如风"

站姿应给人以挺拔、优美的感觉,避免给人留下疲软、精神不饱满的印象。

2) 眼神应保持坦然、和善、亲切

"眼睛是心灵的窗口",从旅游服务人员的目光中,客人应能感受到他的个人修养、职业修养、工作态度等。因此,工作人员应合理地、恰当地运用眼神,以帮助自己表达情感、促进沟通,促进人际关系的和谐。眼神交流时要注意以下几点。

(1) 不回避正常的目光交流,也不盯着别人,以免造成对方的不适与尴尬。

(2) 忌用冷漠、轻视甚至狡黠的眼神与客人交流,不可白眼或斜眼看人,不可上下打量人等。

3) 手势语言要自然、得体、到位、有力

在人际沟通中,手势除了能辅助语言,表达一定的思想内容,还能表现出旅游服务者的职业素质与修养。手势美是一种动态美,在工作或交际中,要适当运用手势辅助语言传情达意,为交际形象增辉。

4. 丰富的文化知识和较强的语言表达能力

旅游服务是知识密集型、高智能的工作,尤其是导游人员,旅游者总希望他们的导游是一位"万事通"。因此,作为一名导游,知识面要广,拥有的知识越丰富越好,而且能把各种知识融会贯通,这样才能更大限度地满足游客的要求。

旅游服务人员每天和形形色色的人打交道,每一件事情的完成、每一件事情的处理都必须以语言为沟通媒介,故语言表达能力是检验旅游服务人员专业素质的一个重要标准。事实证明,语言能力强的旅游服务人员常常可以在工作中从容应对、游刃有余,让客人满意甚至赏识,可以说在某种程度上,旅游服务人员职业素养的高低取决于语言表达能力的高低。

5. 熟悉旅游业务,具有组织接待能力

旅游服务人员要有扎实的业务基础,能够认真履行自身的职责,在服务时间内、工作范围内尽一切可能为客人提供尽善尽美的服务。旅游服务人员要有协调能力,具有合理安排、组织活动及接待客人的能力,做事讲究方式、方法并及时掌握不断变化的客观情况,灵活地采取相应措施,临危不惧,遇事不乱,有高度的责任感和较强的独立工作能力,以保证接待任务顺利完成。

实战演练

训练项目1:东西方礼仪文化的差异

训练要求:

1. 熟悉并掌握东西方礼仪文化;

2. 五人一组,对全班学生进行分组;

3. 分小组讨论;

4. 其他各小组为该小组的讨论结果进行评议并打分。

训练项目2:如何提供旅游服务并尊重游客

训练要求:

1. 掌握旅游服务礼仪的功能和意义;

2. 四人一组,对全班学生进行分组;

3. 分小组讨论;

4. 其他各小组为该小组的讨论结果进行评议并打分。

课后练习

一、选择题

1. "国尚礼则国昌,家尚礼则家大,身尚礼则身正,心尚礼则心泰。"这句话是( )说的。

  A. 孔子   B. 孟子   C. 颜元   D. 老子

2. 现代礼仪应遵循的原则有( )。

  A. 尊重、遵守、谦虚、自重   B. 遵守、自律、自尊、尊重

  C. 尊重、自尊、遵守、自律   D. 尊重、遵守、适度、自律

3. 现代礼仪的特征有( )。

  A. 民族性、继承性、国际性、地域性   B. 继承性、民族性、地区性、国际性

  C. 民族性、地区性、国际性、通用性   D. 国际性、民族性、继承性、时代性

二、判断题

1. 一般来说,与"礼"相关的词较常见的有三个,即礼仪、礼节、礼貌。这几个词是可以混合使用的。( )

2. 如今,世界各国的人们在日常交际中,更注重礼节;在隆重且正式的场合,则强调遵守礼仪。( )

3. 在中国,礼是仪的本质,仪是礼的外在形式。( )

4. 礼仪是历史的产物,是一个国家、一个民族悠久历史与传统文化的重要组成部分,并代代相传,使得现代文化与传统文化有着密切的联系。( )

5. 礼仪是成功的基石,礼仪是素养的体现。( )

学习项目 2
旅游服务人员形象塑造

知识目标

1. 了解有关仪容和仪态的相关知识；
2. 掌握面部化妆的程序和技巧；
3. 掌握旅游服务人员的服饰要求；
4. 了解基本举止仪态，学会用目光、微笑等表情与人交流。

技能与德育目标

1. 能塑造良好的旅游服务人员形象，并能通过自我审视完善自我职业形象；
2. 能够按照化妆的程序和技巧独立完成化妆；
3. 学会正确的站姿、走姿、坐姿、蹲姿等，并能够在旅游服务工作中熟练运用；
4. 在旅游服务工作中，能够使用得体的表情和微笑；
5. 在旅游服务工作中，能够正确进行服饰搭配。

实战目标

1. 通过开展训练，让学生将理论知识中讲述的化妆程序和技巧，服饰搭配原则，站姿、走姿、坐姿、蹲姿等动作要领应用于实践当中，通过训练发现问题并改正不足；
2. 引导学生注重仪表仪态，在旅游服务工作中树立良好的形象。

学习任务2.1 旅游服务人员仪容礼仪

参考案例

日本著名企业家松下幸之助从前不修边幅，也不注重企业形象，当时企业发展缓慢。一天，他去理发，理发师不客气地批评他不注重仪表，说："你是公司的代表，却这样不注重衣冠，别人会怎么想，连人都这样邋遢，他的公司会好吗？"从此，松下幸之助一改过去的习惯，开始注意自己在公众面前的仪表，生意也随之兴隆起来。现在，松下电器享誉天下，与松下幸之助率先垂范，引导员工懂礼貌、讲礼节是分不开的。

讨论：为什么说在当今社会员工形象会影响企业形象？

特别提示

仪容是一个人的素养和品位的体现，得体、优雅的仪容能够给人留下良好的第一印象，也能增强自身的信心，激起积极奋发、进取、乐观的心态，从而帮助我们取得成功。

知识储备

旅游职业人员仪容的基本要求

仪容主要指人们的容貌，它与人的生活情调、思想修养、道德品质和文明程度相关联。对旅游职业人员仪容的基本要求是：

(1) 强调自然美，精神饱满；
(2) 清洁卫生；
(3) 发型朴实大方；
(4) 妆容淡雅自然，切忌浓妆艳抹。

讲究容貌的修饰，既能表示对宾客的尊重，又能体现自尊自爱。仪容以面容的美化为主，对于女性旅游从业人员来说，面容的美化主要指化妆。

2.1.1 仪容的中心——头发

1. 头发的保养

1) 洗发

对头发勤于梳洗，作用有三：一是有助于保养头发；二是有助于消除异味；三是有助于清除异物。若是对头发懒于梳洗，弄得自己蓬头垢面，满头汗馊味、油味，发屑随处可见，甚至生出寄生物来，是很败坏个人形象的。

一般来说，中性皮肤的人，冬天可隔4～5天、夏天可隔3～4天洗一次；油性皮肤和干性皮肤的人，要分别缩短或延长1～2天，夏季可每天洗发。要注意的是，应选用性质温和的洗发水，例如含有氨基酸、蛋白质等成分的洗发水。

要洗好头发，有如下三条需注意。

(1) 要注意水的选择。洗涤头发，宜用40℃左右的温水。水温过低或过高，都对头发有害而无益。尤其要注意水质，各种含碱或含酸过多的矿泉水，均不宜用来洗头发。

(2) 要注意洗发剂的使用。如今，人们洗发时大多会使用一些洗发剂。在选用洗发剂时，应挑选适合自己发质、去污性强、富含营养、柔顺头发、刺激性弱、易于漂洗的洗发剂。使用洗发剂洗头，一定要将其漂洗干净。

(3) 要注意采用合理的方法使头发变干。洗发之后，最好令其自然晾干，此种做法最有益保护头发。若想让头发迅速变干，可使用电吹风，但温度不宜过高，否则会损伤头发。

相关链接

头发的保养方法

如你已用心保养头发，却发现头发仍然不够健康，那就要考虑补充相关营养元素。头发之所以会干燥、变白或折断脱落，主要是因为身体缺乏铜元素、氨基酸、维生素A、维生素C及维生素E，所以我们就要多摄取富含这些元素的食物。下面推荐几个有助于改善发质的食物偏方。

1. 高蛋白质食物能增加头发韧度

头发全靠血液供应营养，需要充足的蛋白质、锌质及碘质，因此多吃肉类、豆类及鸡蛋等富含蛋白质的食物，能增加头发韧度，令头发光润柔软。

2. 黑豆、黑芝麻能增加头发光泽

黑豆含丰富的蛋白质、胡萝卜素及维生素A，黑芝麻含蛋白质、铁质、卵磷质、脂麻油素等成分，两者都有养颜活血、乌黑头发的功效，常吃有助于缓解头发枯黄变白。

黑芝麻的食用方法：洗净晒干，用文火炒熟，碾成粉末，加糖或加盐，加入粥内、豆浆或牛奶中饮用都可。

黑豆的食用方法：将黑豆加水用文火熬煮至饱胀为止，取出晾干，撒入盐，放于瓷瓶内，每日饭后服两次。

3. 何首乌、桑寄生汤能令头发乌黑

所需材料：首乌四钱，桑寄生一两，生姜片若干，大枣三粒。

制作方法：将材料洗净，加入十碗清水煮一小时即成。

功效：长期饮用可强化气血，使头发乌黑，减少白发出现。

2) 定期修剪

对于从事旅游接待工作的男士来说，这一点尤为重要。男士的头发应半个月修剪一次，最长也不应超过一个月。头发过长，不仅会让客人产生厌恶感，还不符合旅游行业的规定。

一般来说，从事旅游接待工作的女士也是不允许留长发的。为客人服务时，长发飘飘，不但不会给客人带来愉悦的感觉，反倒会令客人觉得不舒服。女性工作人员应选择干净、利落的发型，这意味着整洁和效率。

3) 经常梳理头发

梳理头发不但能保持头发的整洁，还能按摩头皮，达到美发的目的。旅游接待人员应随身携带一把小梳子，出门上班前，换装上岗前，下班回家前，摘下帽子后以及其他必要的时候，都应梳理一下自己的头发。但梳理头发也不是随时随地都可以进行的，应注意以下几点。

(1) 不可当众梳理头发，尤其是不能当着客人的面梳理头发。

(2) 不可乱扔断发和随便拍落头屑。

(3) 梳理完头发后，应检查一下自己的制服上有没有头发和头皮屑，切不可带着满身的头皮屑去见客人。

4) 按摩

经常按摩可使头皮健康，头皮健康头发才能健康。按摩的方法是伸开十指沿着发际线由前额向头顶，再由头顶到脑后，做环状揉动，然后由两侧向头顶按摩。

5) 注意饮食

爱护自己的头发，不要吃辛辣刺激的食品；多吃蛋白质含量高的食物，多吃维生素含量高的食物，这样可以减少头皮屑。如果头发枯黄，应该多吃黑芝麻、核桃等食物。

2. 选择合适的发型

1) 女士发型

旅游业对女职员的要求是长发不过肩，短发不盖脸，不披肩。

职业女性梳理清秀典雅的发型，能体现稳重、干练、成熟的特征。发型应优美、明快、大方，这样能给人以亲切感。切勿染过于鲜艳的头发，也不要使用太过华丽的发饰，不能梳过于张扬、怪异的发型。旅游工作者要根据自己的脸型、体型、年龄、发质、气质选择适合的发型，扬长避短、和谐统一，显示出旅游工作者落落大方、干净利落的气质。

2) 男士发型

旅游业对男职员发型的要求是前面头发不能覆盖额头，侧面不能盖住耳朵，后面不能盖住颈部，不能烫发，不能将头发染成鲜艳的颜色，更不能剃光头，要显示出旅游工作者干练、稳重的气质。男士选择发型也有讲究，长脸形的男士不要选择过短的发型；宽脸形的人不能留长发，蓄鬓角；头发稀少或秃顶的人，更不能将所剩无几的头发留长，这样会给人以病态感。男士穿西装，头发应该适当涂抹发胶，然后用吹风机定型。

相关链接

如何选择适合自己的发型

(1) 发型与脸形协调。发型对人的容貌有极强的修饰作用，甚至可以"改变"人的容貌。任何一种脸形都有其特殊的发型要求，所以要根据自己的脸形选择发型，这是发型修饰的关键。例如，圆脸形适宜将头顶部头发梳高，避免遮挡额头，两侧头发适当遮住两颊，使脸部视觉效果拉长；长脸形适宜选用"刘海儿"遮住额头，并增加两侧发量，以使脸部丰满起来。

（2）发型与体型协调。发型的选择得当与否，会对体型的整体美产生极大的影响。比如，脖颈粗短的人，适宜选择高而短的发型；脖颈细长者，宜选择齐颈搭肩舒展或外翘的发型；体型瘦高的人，适宜留长发；体型矮胖者，适宜选择有层次的短发。

（3）发型与年龄、职业相协调。年长者适宜的发型是短发或盘发，以给人精神矍铄、温婉可亲的印象；而年轻人则适合那些活泼、简单、富有青春活力的发型。女生以齐耳短发、自然式束发、运动式短发为主；男生以板寸、平头、分头等为主。男女生都不宜披发。

（4）发型与服饰协调。头发为人体之冠，为体现服饰的整体美，发型应根据服饰的变化而变化。如穿着礼服或制服时，可选择盘发或短发，以显得端庄、秀丽、文雅；穿着轻便服装时，可选择各种适合自己脸型的发型。

2.1.2 仪容的重点——面部

1. 面部的清洁

清洁养护是面部修饰的基础，也是仪容礼仪的基本要求。干净整洁的面部，通常会给人以清爽宜人、淡雅美丽之感。要做好面部的清洁养护，不仅需要具备一定的洁容知识和洁容工具，还需要做好以下细节工作。

1) 选择合适的洗护用品

选择洗护用品时应注意两点。

（1）根据容貌及身体部位选择相应的洗护用品，洗脸时应选择洗面奶。女士洗脸，如果化过妆，应用卸妆水。

（2）在选择洗护用品时，千万不要认为贵的就一定好，应根据自己的肤质进行选择。目前，测定肤质的方法很多，有专门鉴别肤质的仪器，也有简单的观察辨别法。问题性皮肤很容易观察判断，而其他类型的皮肤则需要仔细鉴别。

皮肤摸上去细腻而有弹性，不干也不油腻，只是天气转冷时偏干，夏天则有时油光光的，比较耐晒，对外界刺激不敏感，属中性肌肤。

皮肤看上去细腻，但换季时会变得干燥，有脱皮现象，容易生成皱纹及斑点，很少长粉刺和暗疮，触摸时会觉得粗糙，用食指轻压皮肤，就会出现细纹，属干性肌肤。

面部经常油亮亮的，毛孔粗大，肤质粗糙，皮质厚且易生暗疮粉刺，不易产生皱纹，属油性肌肤。

经常出现斑点和黑头、粉刺，额头、鼻梁、下颌有油光，其余部分干燥，属混合性皮肤。

皮肤较薄，天生脆弱，缺乏弹性，换季或遇冷热时皮肤发红，易起小丘疹，毛细血管浅，容易破裂形成红血丝，这是典型的敏感性皮肤。

2) 面部的清洗

清洁面部可以去除新陈代谢产生的老化物质，清除空气污染、化妆品等残留物，以及耳、鼻、口的分泌物，起到神清气爽、令人愉悦的功效。洗脸时应注意以下几点。

(1) 使用洗面奶时应将洗面奶放在手上揉搓起泡，泡沫越细越不会刺激肌肤，要利用无数泡沫在肌肤上移动来吸走污垢，而不是用手去搓揉。

(2) 从皮脂分泌较多的T字区开始清洗，额头中心部皮脂特别发达，要仔细清洗。手指不要过分用力，轻轻地由内朝外画圆圈滑动清洗。

(3) 用指尖轻柔、仔细地清洗皮脂腺分泌旺盛的鼻翼及鼻梁两侧，这一部分洗不干净将导致脱妆及肌肤出现油光。

(4) 鼻子下方容易长青春痘，须仔细洗净多余的皮脂，用无名指轻轻沿着面部轮廓按摩，既不会刺激肌肤又可去除污垢。

(5) 嘴巴四周也要清洗，脸部是否洗净，重点在于有没有注意细小的部位，清洗时以按摩手法从内朝外轻柔地描画圆弧状。

(6) 下巴和T区一样，也容易长青春痘及粉刺。洗脸时应由内朝外不断画圈，使污垢浮上表面。

(7) 面积较大的脸颊部位需要特别关照。清洗面颊的诀窍是，不要用指尖，接触皮肤时用指肚，使指肚充分接触脸颊的皮肤，以起到按摩清洁的作用。洗脸时不要太用力，以免给肌肤带来不必要的负担。

(8) 洗脸时要记得洗脖子、下巴底部、耳下等位置。

(9) 冲洗时用流水(水龙头不关)充分地去除泡沫，冲洗次数要适度。在较冷的季节，需使用温水，以免毛孔紧闭而影响清洗效果。

(10) 洗脸后用毛巾擦拭脸上水分时，不可用力揉搓，以免伤害肌肤。正确使用毛巾的方法是将毛巾轻贴在脸颊上，让毛巾自然吸干水分。

相关链接

肤质的自我检测与保养

一、检测方法

第一种方式：洗脸测试法。

洗脸测试法是利用洁面后皮肤绷紧的感觉持续的时间来判断肤质的一种方法。洁面后，不擦任何保养品，面部会有一种紧绷的感觉。干性皮肤洁面后绷紧感在40分钟后消失，中性皮肤洁面后绷紧感约30分钟后消失，油性皮肤洁面后绷紧感约20分钟后消失。

第二种方式：纸巾测试法。

晚上睡觉前用中性洁肤产品洗净脸后，不擦任何化妆品上床休息，第二天早晨起床后，用纸巾轻拭前额及鼻部。

油性皮肤：鼻、前额、下巴、双颊、脖子中有4个地方出油，纸巾上留下大片油迹；

混合皮肤：鼻、前额、下巴、双颊、脖子中有两个或三个部位出油，其他部位较干或较紧致；

中性皮肤：鼻、前额、下巴、双颊、脖子全部都不干燥或4个以上部位紧实平滑不出油，纸巾上有油迹但并不多；

干性皮肤：鼻、前额、下巴、双颊、脖子都干燥、紧绷、无光泽，纸巾上仅有星星点点的油迹或没有油迹。

二、各类肤质的保养要点

中性肤质基本上没什么问题，日常护理以保湿养护为主。中性肤质很容易因缺水、缺养分而转为干性肤质，所以应该使用锁水保湿效果好的护肤品。如保养适当，可以使皱纹很晚才出现。

干性肤质以补水、养护为主，防止肌肤干燥缺水、脱皮或皲裂，延迟衰老。应选用性质温和的洁面品，选用滋润型的营养水、乳液、面膜等保养品，以使肌肤湿润不紧绷。每天坚持做面部按摩，改善血液循环。注意饮食营养的均衡(脂肪可稍多一些)。冬季室内受供暖影响，肌肤会变得更加粗糙，因此室内宜使用加湿器，并避免风吹或过度日晒。

油性肤质以清洁、控油、补水为主。应选用具有控油作用的洁面用品，要定期做深层清洁，去掉附着在毛孔中的污物。用平衡水、控油露之类的护肤品调节油脂分泌。使用清爽配方的爽肤水、润肤露等日常护养品，以锁水保湿。不偏食油腻食物，多吃蔬菜、水果和含维生素B的食物，养成规律的生活习惯。

混合性肤质以控制T区(额头、鼻子、下巴)分泌过多的油脂为主，收缩毛孔，并滋润干燥区。应选用性质较温和的洁面用品，定期深层清洁T区，使用收缩水帮助收细毛孔。应选用清爽配方的润肤露(霜)、面膜等进行日常护养，注意保持肌肤水分平衡。要特别注意干燥部位的保养，如眼角等部位要加强护养，防止出现细纹。

2. 面部的保养

1) 化妆水的使用

化妆水的作用是补充水分、紧缩肌肤，使肌肤变得柔软，有利于乳液的渗入。使用化妆水的方法如下所述。

(1) 将两片化妆棉重叠，倒入充足的化妆水，使水分刚好浸透整片化妆棉。

(2) 两指各夹一片沾满化妆水的化妆棉，按在脸上，使肌肤有冰凉感。每半边脸用一片化妆棉。

(3) 运动过程：首先，由中心朝外侧浸染；其次，浸湿易流汗的T区及鼻翼四周；最后，由下而上拍打整个脸部，直到肌肤觉得冰凉为止。

(4) 容易因水分不足而干燥的眼部周围要集中补水，唇部也要补充水分，这两个部位即使在白天也要用化妆水补充水分。

用化妆水充分补充洗脸所失去的水分后，再用乳液补足水分、油分，使肌肤完全恢复原来的状态，这点相当重要。

2) 乳液的使用

乳液含水分、油分、保湿因子，这是保养肌肤的必要养分，而且乳液中这三种成分调配得十分均匀。乳液是每日保养肌肤不可缺少的产品，它的主要目的是恢复肌肤的柔软性，并为接下来的化妆做好准备。

使用乳液时，先用手掌温热脸部，使毛孔张开，这样有利于乳液浸透且能加强滑润感。

(2) 将乳液涂抹在脸上，按由内朝外、由下而上的顺序边画圈边涂抹均匀。

(3) 轻柔地按摩眼睛四周的敏感部位，脸部涂好后，用手掌裹住脸部，让乳液渗入皮肤并去除粘腻感。

除用化妆水与乳液以外，面霜也是一种护肤佳品。一般人认为面霜属油性，因此油性肌肤的人不应选用，其实这是不完全的认知。面霜本来的作用是在肌肤渗入含有水分的保湿剂后，制造油分保护膜，使它持久保持湿润。因此一般认为它能为皮脂分泌少的干性皮肤补充人工皮脂膜，但它对天然皮脂膜十分充裕的油性皮肤也是不无益处的，特别是对油脂多但水分相当缺乏的油性皮肤，面霜更能发挥帮助皮肤保持水分的作用。

3) 皮肤的保养

(1) 保持乐观的情绪。乐观的情绪是最好的"润肤剂"。俗话说："笑一笑，十年少。"笑的时候，脸部的肌肉舒展，可加快皮肤新陈代谢，促进血液循环，增强皮肤弹性，起到养颜美容的作用。经常笑能使人面色红润、容光焕发，给人一种年轻和健康的美感。

(2) 养成良好的睡眠习惯。在睡眠状态下，人体所有的器官都能自动休息，细胞加速更新。夜间是皮肤新陈代谢的最佳时间，皮肤可以获得更多的氧气。有了充足的时间睡眠，才能使人精神振作、容光焕发。

(3) 养成多喝水的习惯。皮肤的弹性和光泽是由它的含水量决定的。如果皮肤中含水量低，皮肤干燥，就会缺少光泽。要使皮肤润泽，每天要保证喝水2000毫升。每天晚上睡前和早上起床后都要喝一杯温水，以滋润皮肤。

(4) 注意合理饮食。皮肤的健美和营养的关系显而易见。健康且营养状况良好的人皮肤光滑，富有弹性和光泽；体弱多病和营养不良的人皮肤暗淡无光。蛋白质不足，新陈代谢迟缓，皮肤就缺乏白皙透明感。脂肪摄入过少，皮肤因缺少脂肪的充盈和滋润，也会显得干涩而无光泽；脂肪摄入过多，会使脂肪腺增大，皮脂分泌过多，造成皮肤脱屑、脂溢性皮炎及痤疮等病症。

人们从食物中摄取各种营养，其美容功效是任何化妆品所不能及的。通过饮食，除能取足够的蛋白质、碳水化合物和脂肪，还能吸取丰富的维生素和矿物质。因此，平时应合理饮食，注意营养均衡。

3. 面部化妆

1) 化妆的原则

对于旅游业女性工作者来说，恰到好处地化妆，可以更加充分地展示自己容貌上的优点，使自己容光焕发、神采奕奕，显示旅游工作者的风采。面部化妆应该注意以下几项原则。

(1) 自然。妆容的浓淡要视时间、场合而定。但旅游工作者只能化淡妆，不能浓妆艳抹。要选择适合自己的化妆品，色彩要和谐，给人以美的享受。

(2) 得体。化妆是一门艺术，也是一门技术。要认真地学习，选择合适的化妆品并能够正确使用，还要知道什么场合应该化什么样的妆。比如，工作时应该化淡妆，出席宴会时应该化稍浓的妆。

(3) 协调。化妆要讲究整体的协调，应根据自己的身份、发型、服装、气质、出席的场合等来化妆，突出自己的品位。

特别提示

不能在公共场所化妆，这样做既可能有碍于人，也不尊重自己；不能在男士面前化妆；不要非议他人的化妆方式；由于民族、肤色和个人文化修养的差异，每个人的化妆方式不可能都一样，所以要尊重别人的选择；不要借用他人的化妆品，因为这是极不卫生的做法，也是很不礼貌的行为。

2) 化妆的基本程序

职业女性的化妆步骤如图2-1所示。

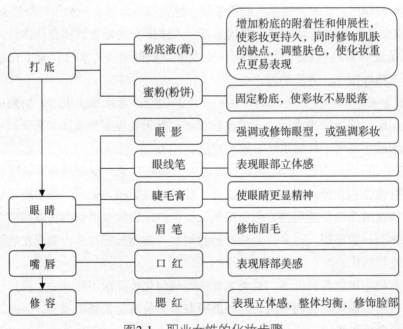

图2-1 职业女性的化妆步骤

(1) 基面化妆。基面化妆又叫打粉底，目的是调整皮肤颜色，使皮肤平滑。化妆者可根据自己的皮肤特质选择适合的粉底，并根据面部的不同区域特点，分别敷深浅不同的底色，以增强面部的立体效果。粉底涂好后，可用粉饼蘸少量香粉由上而下均匀地轻轻抹在面部，可起到定妆的作用。

(2) 涂眼影，画眼线。眼影有膏状与粉质之分，颜色有亮色和暗色之别。亮色的使用效果是突出、宽阔；暗色的使用效果是凹陷、窄小。眼影色的亮暗搭配，能够强调眼部的立体感。

眼影的使用方法：在眼窝处先打底，由内眼角沿睫毛向上向外描绘，以不超过眉角和眼角连线为宜，再在上眼睑三分之一处开始向外画上第二个颜色，宽度以稍微超过眼皮为原则。涂眼影时，以眼球最高处为限涂暗色，越靠眼睑处越深，越向眉毛处越浅，如图2-2所示。

(3) 眉毛整饰。眉毛的生长规律是两头淡，中间深；上面淡，下面深。标准的眉形是在眉毛的2/3处有转折。整饰眉毛时，应根据个人的脸形特点，确定眉毛的造型。一般是先用眉笔勾画出轮廓，然后用棕色或黑色眉笔顺着眉毛的方向一根根地画出眉形，把杂乱的眉毛修掉，最后用小刷子顺着眉毛生长的方向轻轻梳理，使眉毛保持自然位置，如图2-3所示。

(4) 涂口红。涂口红时，先要选择口红的颜色，再根据嘴唇的大小、形状、薄厚等用唇线笔勾出理想的唇线，然后涂上口红。唇线要干净、清晰，轮廓要明显，要略深于口红色，口红不得涂于唇线外。唇线画法如图2-4所示。

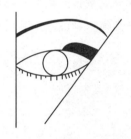 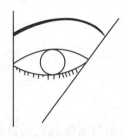 

图 2-2　眼影示意图　　　图2-3　眉形示意图　　　图 2-4　唇线画法

(5) 涂腮红。涂腮红的部位以颧骨为中心，根据每个人的脸型而定。长脸形要横着涂，圆脸型要竖着涂，但都要求腮红向脸部原有肤色自然过渡。颜色的选用，要根据肤色、年龄、着装和场合而定。

相关链接

不同脸型的化妆要点

标准脸：脸型长短宽窄比例最适宜。化妆时，打上肤色粉底，在两颊涂深色粉底可使脸型更具立体感，适合任何眉形。鼻影视鼻子长短来修饰，以自然立体为主。涂口红适合标准唇形。两颊轻刷椭圆形的腮红或标准腮红。适合任何发型。

长形脸：特征是脸部较长，有的是额长，有的是下巴长，给人脸长而不柔和的感觉。此种情况，可在脸上均匀打好肤色粉底，在两腮和下巴部位涂深色粉底，使脸看起来更秀气。注意额部和下巴都要打上深色粉底。将眉毛2/3的部分画直，眉峰不宜太高，也不要太低，眼线画椭圆形。不适合画太明显的鼻影，应以自然为宜。涂口红时上唇不要画得太丰满，下唇可画得丰满些。腮红修容要往耳边擦，以横刷为佳。发型不适合中分，也不要梳得太高，前额可留些刘海。

圆形脸：优点是可爱，缺点是脸形太圆太宽，而且下巴及发际都呈圆形，缺乏立体感。化妆时，最好能在两腮和额头两边涂深色粉底，并且以长线条的方式刷染，强调纵向的线条，可拉长脸形。下巴和额头中间则涂亮色粉底，这样就会使圆脸看起来修长立体。眉峰1/2处带角度，眉毛画高点，两眉距离近点，眉梢往上，眉毛不宜过长，不要画太浓。适合画长形的眼线。鼻影视鼻子长短来画，在鼻梁两旁画两条深色，鼻子中间涂亮色。口红避免画成圆形，淡色佳。腮红在两颊刷高些、长些。头发往上面梳，不要梳得太宽。

方形脸：特点是脸型线条较直，方方正正，额头宽面额也宽，下巴稍狭小，缺乏温柔感，修饰方法是在宽大的两腮和额头两边涂深色粉底，额头中间和下巴涂亮色粉底，另外再强调眉和唇等部分的妆彩，这样方形脸就会显得修长。标准眉型或角度眉皆可，眉峰不宜太明显。眼线适合画圆形。鼻影视鼻子的长短来画，鼻梁两旁颜色不宜太深。腮红两颊颜色刷深、刷高或刷长。两颊头发不要太短，宜往前面梳。

倒三角形脸：特点是脸型较尖，具有上宽下窄的特征，额头较宽，下巴较尖，会给人忧愁的感觉。需在颧骨、下巴和额头两边涂深色粉底打造暗影效果，较瘦的两腮用亮色粉底来修饰，使整张脸看起来较丰满、明朗。以细眉为主，眉头与眉尾平行，画法与标准眉型相同。眼线依眼睛形状来画，需明显一些。鼻影视鼻子长短来修饰。口红唇形画明显一些。颧骨部位腮红颜色加深。前面头发往下梳。

相关链接

化妆色彩与服装颜色的协调

灰、白、黑色服装适合任何化妆色彩，其他常用服饰颜色与化妆颜色的搭配如下所述。

第一，蓝紫色系。

穿深蓝、浅蓝、紫红、玫红、桃红色服装时，眼影用棕、紫红、深紫、浅蓝色，腮红用粉、粉红色，口红用紫红色系。

第二，粉红色系。

穿白、黑、灰、粉红、红色服装时，眼影用棕、粉红、驼、橘红、灰色，腮红用粉红、红色，口红用红色系。

第三，棕色系。

穿淡棕、深棕、土红、棕红、驼、米色服装时，眼影用棕、驼、灰色，腮红、口红用红色系。

4. 其他卫生礼仪

(1) 口腔。要保持口腔清洁。坚持早晚刷牙，可以有效减少口腔中的细菌和异味。工作前不要吃生蒜、生葱等带刺激性味道的食物。不要喝酒、吸烟、喝浓茶，以免牙齿变黄、变黑。进餐时要注意细嚼慢咽，不要在别人面前发出很大的响声。进餐后不可当众剔牙，如果确实有需要，则应该用手或者餐纸遮掩。与人交谈时要保持一定的距离，切勿口沫横飞。

(2) 鼻腔。要保持鼻腔清洁卫生，经常清理，并按时修剪鼻毛。切勿在他人面前挖鼻孔，这样既不卫生，也不文雅，很容易引起别人的反感。

(3) 手部。在日常生活中，手需要经常接触他人和物体，为了保持清洁、卫生、健康，手应当勤洗。餐前便后，外出回来及接触到各种东西后，都应及时洗手。

手部的皮脂腺较少而角质层发达，因此手部皮肤很容易干燥、老化，使手部皮肤看起来粗糙无光，因此应精于这方面的护理，注重手部肌肤的保养护理。护手霜是保养手部的绝佳产品。护手霜的主要作用在于及时补充手部皮肤所需油分，滋润保湿，防止皮肤出现干燥皲裂症状。

手指甲要定期修剪，保持整齐。旅游服务人员切勿留长指甲，也不要涂抹有颜色的指甲油，指甲里不能有污垢。在工作时不能用手挖耳鼻、挠头皮，这些都是极不卫生、极不文雅的行为。

特别提示

旅游业有其特殊性，因此，旅游工作者最好能每天洗澡。要勤换内衣裤和袜子，以免身体有异味。

旅游工作者可以根据实际情况选择香水，但一定要正确使用，不要使用味道怪异或过于浓郁的香水。

护理双手的步骤：首先，将手洗净，用蒸过的手巾将手严密地包裹起来，一分钟后皮肤变得柔软并达到补充水分的滋润效果。其次，涂上足够的擦手油，反复按摩，并用纤维尼龙手套把整个手密封起来，这样毛孔受热扩张后，油脂更容易渗透到皮肤中去。最后，戴胶皮手套30～40分钟，手部皮肤便能光滑柔润。

学习任务2.2 旅游服务人员仪表礼仪

参考案例

一个外商考察团来某企业考察投资事宜，企业领导高度重视，亲自挑选了庆典公司的几位漂亮女模特来做接待工作，并特别指示她们穿紧身上衣、黑色皮裙，领导说这样才显得对外商重视。考察团抵达后，并没有与企业领导详谈，简单了解了企业信息便匆匆离开，投资事宜也不了了之。

(资料来源：陆纯梅. 现代礼仪实训教程[M]. 北京：清华大学出版社，2008.)

特别提示

根据着装礼仪的要求，在工作场合，女性穿紧、薄的服装是工作极度不严谨的表现。

外商看到接待人员的着装，会认为这是个工作规章以及管理制度极不严谨的企业，双方没有合作的必要。

知识储备

职场着装原则

1. 整体性原则

职场着装的各个部分应相互呼应、精心搭配，特别是要遵守服装与鞋帽之间约定俗成的搭配原则，在整体上尽可能做到完美、和谐，展现着装的整体之美。服饰的整体美构成因素是多方面的，包括：人的体型和内在气质，服装饰物的款式、色彩、质地、加工技术，着装的环境等。外在美指人的形体及服饰的外在表现；内在美指人的内在精神、气质、修养及服装本身所具有的"神韵"。内在美是更高层次的美，只有不断充实自己的内涵，培养自己优雅的风度及高雅的气质，着装才会成功。

2. 符合"社会角色"原则

人们的社会生活是多方面、多层次的，因此在不同的社会场合，需要扮演不同的社会角色。在社会活动中，人们的仪表、言行只有符合他的身份、地位、社会角色，才能被人理解，被人接受。作为职业人士，应依场合、人物、事件对服饰进行搭配。

3. 和谐得体原则

和谐得体，是指人们的服饰必须与自己的年龄、形体、肤色、脸型相协调。只有充分地认识与了解自身的具体条件，一切从实际出发来着装打扮，才能真正达到扬长避短、美化自己的目的，故应考虑以下几方面因素。

(1) 年龄。年龄是人们成熟程度的标尺，也是选择服饰的重要"参照物"。不同年龄层次的人，应穿着与其年龄相适应的服饰，才算得体。

(2) 体型。树无同形，人各有异。人们的体型千差万别，而且往往难以尽善尽美。但如掌握一些有关服装造型的知识，根据自己的身材选择服装，就能达到扬长避短、显美隐丑的效果。比如，身材富态的人不应穿横条纹的服装，以避免产生体型增宽的视错觉；身材高而瘦的人如穿上竖条纹的服装，就会显得更加纤细；身材矮小的人，穿上同质同色的套装，可以产生整体拉长的效果；身材高大的人，则适合穿不同颜色的上衣和下装。

(3) 肤色。人的肌肤颜色是与生俱来且难以改变的。人们在选择服饰时，应使服饰的颜色与自己的肤色相协调，以产生良好的着装效果。一般来说，面色偏黄的人适宜穿蓝色或浅蓝色上装，将偏黄的肤色衬托得洁白娇美，而不适合穿品蓝、群青、莲紫色上衣，这会使皮肤显得更黄。肤色偏黑的人适宜穿浅色调、明亮些的衣服，如浅黄、浅粉、月白等颜色的衣服，这样可衬托出肤色的明亮感，而不宜穿深色服装，最好不要穿黑色服装。皮肤白皙者可选择的颜色范围较广，但不宜穿近似于肤色的服装，而适宜穿颜色较深的服装。

(4) 脸型。面孔是最吸引视线的部位。选择服饰，首先考虑的就是如何有效地衬托人的面孔，而最接近面孔的衣领造型特别重要。衣领类型繁多，男女有别。领型适当，可以衬托面孔的匀称，给人以美感；反之，则会有损于人的视觉形象。所以，衣领的造型一定要与脸型相配。比如，面孔小的人，就不宜穿着领口开得太大的无领衫，否则会使面孔显得更小；而面孔大的人，通常脖子也比较粗，所以领口不能开得太小，否则会给人勒紧的感觉，这种人如果穿V形领的服装，使面部和脖子产生一体感，效果会好得多。

4. 穿着的TPO原则

TPO原则是西方人提出的服饰穿着原则，分别表示时间(Time)、地点(Place)、场合(Occasion)。穿着的TPO原则，要求人们在着装时考虑时间、地点、场合三个因素。

(1) 时间原则。时间原则要求人们着装时考虑时间因素，做到随"时"更衣。通常，早晨人们在家中或进行户外活动时，着装应轻便、随意，可以选择运动服、便装、休闲服装。工作时间的着装，应根据工作特点和性质，以服务于工作、庄重大方为原则。晚间的宴请、舞会、音乐会之类的正式社会活动，人们的交往距离相对较近，服饰给予人们视觉和心理上的感受程度相对增强。因此，晚间穿着应讲究一些，以晚礼服为宜。许多西方国家明文规定，人们去歌剧院观赏歌剧一类的演出时，男士一律着深色的晚礼服，女士着装也应该端庄、雅致，以裙装为主，否则，是不能入场的。

此外，服饰应当随着一年四季的变化而变换，不宜标新立异、打破常规。夏季以凉爽、轻柔、简洁为着装格调，在使自己凉爽舒服的同时，让服饰色彩与款式给予他人视觉和心理上良好的感受。色彩浓重的服饰不仅使人燥热难耐，而且一旦出汗就会影响女士面部的化妆效果。冬季应以保暖、轻便为着装原则，避免臃肿不堪，也要避免"要风度不要温度"，为形体美观而着装单薄。应该注意，即使同是裙装，在夏天，面料应是轻薄型的，而冬天要穿面料厚的裙子。春秋两季可选择范围更大一些。

(2) 地点原则。地方、场所、位置不同，人的着装也应有所区别。特定的环境配以与之相适应、相协调的服饰，才能获得视觉和心理上的和谐美感。与环境不相协调的服装，会给人以身份与穿着不符或华而不实、呆板怪异的感觉，这些都有损于商务人员的形象。避免如此的最好办法是"入乡随俗"，穿着与环境地点相适应的服装。

(3) 场合原则。不同的场合有不同的服饰要求，只有与特定场合的气氛相一致、相融洽的服饰，才能产生和谐的美观效果，实现人景相融的最佳效应。正式场合应严格遵守穿着规范。比如，男子穿西装，一定要系领带，西装里面有背心的话，应将领带放在背心里面。西服应熨得平整，裤子要熨出裤线，衣领袖口要干净，皮鞋要擦亮等。女子不应赤脚穿凉鞋，如果穿长筒袜子，袜子口不要漏在衣裙外面。在宴会等喜庆场合，服饰可以鲜艳明快、潇洒时尚一些。一般说来，在正式的喜庆场合，男性服装均以深色为宜，单色、条纹、暗小格都可以；女性不论在什么喜庆场合，都可以选择适合自己的色彩鲜艳的服装。至于服装款式，男士在正式的商务场合，以中山装、西装为主；而女性则以裙装为主。

5. 整洁性原则

整洁性原则是人们着装时应遵守的基本原则。它强调在任何情况下，服饰都应该也必须是干净整齐的，不能有污渍，尤其要注意衣领和袖口处，特别是在夏季，衣服上很容易留下汗渍，应该及时换洗。服装应该平整，扣子应该齐全，不能有开线的地方，更不能有破洞。

内衣亦应该勤洗勤换，特别是西服衬衣，应非常洁净。穿皮鞋应该经常打油，保持鞋面光亮，一旦落上灰尘要及时擦去。袜子要经常换洗，特别是汗脚的人更要注意袜子的清洁。有些场合需要入室换拖鞋，如果袜子有异味，会令人生厌，自己也很难堪。

2.2.1 旅游职业人员服饰要求

旅游职业人员服饰的基本要求是整洁挺括、利落大方、典雅美观。

1. 服装整体要求

1) 服饰清洁

服饰清洁是服饰美的基础，它既体现了旅游职业人员的精神面貌、良好的卫生习惯，也反映了旅游行业的管理水平和卫生状况。旅游职业人员保持服饰清洁是对旅客的尊重，可以使他们产生一种受尊重感和安全感。

旅游职业人员服饰清洁的要求包括：衣裤无污垢、油渍、异味，尤其是领口、袖口要保持干净。每天上岗前要检查制服上是否有菜汁、油渍等污垢，若发现不清洁应及时换洗。应多备一套制服，以备急用时替换。

2) 服饰整齐美观

首先，制服要合身，注意四个长度适中，即衣袖长于手腕、衣长至虎口、裤长至脚面和裙长至膝盖；注意"四围"，即领围以插入一指大小为宜，上衣的胸围、腰围及裤裙的臀围以穿一套羊毛衣裤的松紧为宜。

其次，穿着要规范，具体包括：内衣不能外露；不挽袖卷裤；不漏扣、掉扣；领带、领结、飘带与衬衫领口的大小要搭配；戴好岗位帽子和手套。

最后，制服要挺括、美观大方，具体包括：衣裤烫平，不起皱；裤线笔挺，穿后要挂好，保持平整、挺括；制服的款式简练，穿着利落，线条自然流畅，以便于接待服务。

2. 鞋袜的穿着要求

鞋袜是服饰的一部分，必须按规范要求穿着。

(1) 皮鞋应随时擦干净，上光打亮。破损的鞋子应及时修理。若需要穿着布鞋，同样要保持清洁。

(2) 男士袜子的颜色应与鞋的颜色和谐，一般是黑色，不可穿浅色或花色的袜子。女士应该穿与肤色相近的丝袜，袜口不可露在裤子或者裙子外边，跳丝破损的丝袜必须更换。

3. 工号牌佩戴要求

工号牌是旅游职业人员所在具体部门的标志。它体现对客人的尊重，使客人易辨认各个部门，以便获得应有的服务。

工号牌应端正地佩戴在左胸上方。旅游职业人员每天上岗前，应自觉佩戴好。工号牌有损坏、岗位有变化时，要及时更换。

2.2.2 旅游业男士西装穿着礼仪

1. 选好面料与颜色

西装面料与颜色是比较引人注目的方面。就面料而言，鉴于西装往往作为正装，因此面料的选择应力求高档，纯毛面料列为首选，高比例含毛的混纺面料也可以，化纤料子则尽量不用。就颜色而言，适合于接待客人穿着的西装首推藏蓝色，黑色是礼服西装的颜色，更适合于在庄重而肃穆的礼仪性活动中穿着。

2. 穿着合体

穿西装之所以使人显得精干、潇洒，是因为西装裁剪合体、制作精良。选择西装领子应注意，一般长脸形应选用短驳头；圆脸形、方脸形宜选用长驳头。西装领子应紧贴衬衫领口，上衣长度宜为垂下手臂时与虎口相平，袖长至手腕，胸围以穿一件"V"字领羊绒衫后松紧度适宜为佳。

西裤要求与上装互相协调，以构成和谐的整体。裤长以裤脚盖住脚背2/3部分为宜。西裤要烫出裤线，裤扣要扣好，拉锁全部拉严。西裤的腰带首选黑色，宽度在2.5～3厘米时较为美观，腰带系好后留有皮带头的长度一般为12厘米左右，过长或过短都不符合美学要求。

3. 选好衬衫

穿西服，衬衫是重点，颇有讲究。一般来说，与西服配套的衬衫首选白色，此外，蓝色、灰色、棕色等也可考虑，其他单色或花色皆不可取。穿着硬领衬衫，领口必须挺括、整洁、无皱。领围以合领后可以伸入一个手指为宜，既不能紧卡脖子，又不可松松垮垮。西装穿好后，衬衫领应高出西装领口1～2厘米；衬衫袖应比西装袖长出0.5～1厘米。这样可以避免西装领口、袖口受到过多的磨损，而且能用白衬衫衬托西装的美观，显得更干净、洒脱。衬衫的下摆应扎在西裤里，袖口扣好，不可卷起。不系领带时，衬衫领口可以敞开。按标准要求，衬衫里面不应穿内衣，若有特殊原因需要穿，内衣领和袖口不能外露，否则不伦不类，很不得体。

4. 系好领带

(1) 领带的质地、色彩、图案。领带被誉为西装的"灵魂"，在西装的穿着中起画龙点睛的作用。一般在正式场合，都应系领带。领带的质地，以丝、毛为好，化纤为次。领带的色彩可以根据西装的色彩来搭配，以单色为好；图案以圆点、条纹、方格等几何图形为宜，以达到相映生辉的效果。在穿着时需保证领带绝对干净、平整，因为系领带是为了进一步表明精神、尊严和责任。

(2) 领带的系结长度。领带系好后，两端都应自然下垂，上面宽的一片必须略长于底下窄的一片。长度以大箭头正好垂到皮带扣为标准。如有西装背心相配，领带应置于背心之内，领带尖亦不可露于背心之外。

（3）领带棒、领带夹、领带针、领带别针等的使用。这些配件有各种型号，主要功能是固定领带，不应突出其装饰功能。领带夹除作为企业标志时使用外，其他情况下最好不用。佩戴时领带夹的位置不能太靠上，以从上往下数衬衫的第三粒与第四粒或第四粒与第五粒纽扣之间为宜。西装上衣系好扣子后，领带夹是不应被看见的。

5. 系好纽扣

西装纽扣除实用功能外，还有很重要的装饰作用。西装有单排扣和双排扣之分，双排扣西装一般要求把扣全部系好；单排扣西装，三粒扣的可系中、上两粒，两粒扣子的可系上面一粒，下粒扣不系或全部不系。在外国人眼中，只系上扣是正统，只系下扣是流气，两粒都系是土气，全部不系是潇洒。

6. 整体协调

正确选用西装、衬衫和领带后，尤其应注意三者间的和谐搭配。整体协调更会使人风度翩翩，格外优雅。一般来说，单色西装应配单色衬衫；杂色西装可配以色调相同或近似的衬衫。但带条纹的西装不可配方格的衬衫，反之亦然。衬衫、领带和西装在色调上要形成对比，西装颜色越深，衬衫、领带的颜色越要明快；若西装的色调朴实淡雅，领带的色彩则应华丽而明亮。另外应注意的是，穿着西装时，西装的袖口和裤边不能卷起，西装袖口上的商标一定要拆掉，否则有伤大雅。

> **相关链接**

男士领带系法

不同的领带系法可以得到不同大小、形状的领带结，可视衬衫领子的角度选择适合的领带系扎方法。系好的领带结要饱满，与衬衫的领口吻合要紧凑。

领带的常用系法有以下几种。

1. 平结

平结为男士选用较多的领结打法之一，几乎适用于各种材质的领带。

注意：领结下方所形成的凹洞两边应均匀且对称，这种凹洞一般只有真丝的领带才能打出来。平结的系法如图2-5所示。

图2-5 平结的系法

2. 交叉结

单色素雅、质料较薄的领带适合选用交叉结，喜欢展现流行感的男士不妨多使用交叉结。交叉结的系法如图2-6所示。

图2-6　交叉结的系法

3. 双环结

一条质地优良的领带再搭配双环结能营造时尚感，适合年轻的上班族选用。该领结完成后的特色就是第一圈会稍露出于第二圈之外，切勿刻意遮盖。双环结的系法如图2-7所示。

图2-7　双环结的系法

4. 温莎结

温莎结适合与宽领型的衬衫搭配，该领结应多往横向发展，不适合材质过厚的领带，领结也勿打得过大。温莎结的系法如图2-8所示。

图2-8　温莎结的系法

5. 亚伯特王子结

亚伯特王子结适用于浪漫扣领及尖领系列衬衫，搭配质料柔软的细款领带，正确打法是在宽边预留较长的空间，并在绕第二圈时尽量贴合在一起。亚伯特王子结的系法如图2-9所示。

图2-9　亚伯特王子结的系法

6. 浪漫结

浪漫结是一种完美的结型，适用于各种浪漫系列的领口及衬衫，完成后将领结下方的宽边压以皱褶可缩小其结型，窄边亦可将其往左右移动，使其小部分出现于宽边领带旁。浪漫结的系法如图2-10所示。

图2-10　浪漫结的系法

7. 十字结(半温莎结)

此款结型十分优雅，但并不常用，其打法亦较复杂，使用细款领带较容易上手，适合与浪漫的尖领及标准式领口系列衬衫搭配。十字结的系法如图2-11所示。

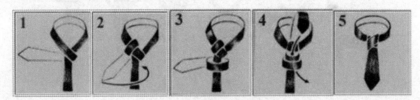

图2-11　十字结的系法

> **相关链接**

领带的搭配

选择搭配的领带时，只要掌握以下几项原则，就能省去很多烦恼。

1. 同类型的图案不要相配

例如，格子西装不要配格子衬衣和格子领带。如果你穿了件暗格子西装，可以配素色或条纹、花纹的衬衣和领带。格子衬衣配斜纹领带，直纹衬衣配方格领带，虽然都是直线条，但有纹路方向的变化，不会显得单调呆板。

2. 领带的颜色应与衬衣或外套同色系或形成反差

领带与外套颜色同色系、不同图案的搭配：如领带的底色是浅棕色并有与外套同色的斜纹，配白色的衬衣显得很斯文。

领带与衬衣颜色同色系、不同图案的搭配：如黄色的素色领带配黄色的条纹衬衣，使人显得很清爽。

领带的颜色、图案完全与衬衣和外套不同，形成反差的搭配：如暗红色格子图案的领带搭配白底灰条纹的衬衣以及灰色的西装外套，不拘一格中流露着潇洒。

3. 素色衬衣与领带和西装的搭配法

衬衣的颜色与领带同色系或与领带的颜色形成反差都会很好看，无论配条纹、方格还是花形图案效果都很好。

在选择有多种颜色图案的领带时，如果图案中的任何一种颜色能与衬衣或西装颜色一样，便会产生锦上添花的效果。

2.2.3　旅游业女士西装套裙穿着礼仪

女士西装套裙由男士西装演变而来，在造型上贴身合体，而且做工考究，既能展现女性的婀娜多姿，又能体现女性特有的魅力。西装套裙的上衣与裙子一般为同一质地和同一色彩，上衣一般不用饰物、花边等加以点缀，裙子以窄裙为主，长度一般及膝或者过膝。女士套裙不仅适合在正式的工作场合穿着，也适合于社交场合，穿着时要注意以下几点。

1. 大小适度，穿着到位

一般情况下，套裙中的上衣最短可以齐腰，裙子最长可以达到小腿中部，袖长以盖住着装者的手腕为宜。无论上衣还是裙子，都不可过大或过小、过肥或过瘦。另外，着裙装时要认真穿好，处处到位。如上衣的领子要翻好，衣袋的盖子要拉出来盖住衣袋，上衣不能披在或搭在身上，裙子要穿得端端正正、上下对齐，纽扣一定要系好，裙子拉链要拉好。

2. 搭配适当，装饰协调

衬衫与套裙的搭配很关键，其面料要轻薄柔软，色彩应高雅而端庄，以单色为佳。衬衫的色彩与所穿套裙的色彩要匹配，有层次感，衬衫下摆掖入裙腰。在工作时，装饰品讲究以少为佳，兼顾身份，可以不戴或最多不超过三件。在旅游服务行业，浓妆艳抹、珠光宝气是不允许的。

3. 内衣忌露，鞋袜得体

女士内衣包括胸罩、内裤、腹带、吊袜带、连体衣、衬裙等。根据服饰礼仪的要求，内衣不得外露和外透，衬裙不可高于套裙的裙腰。配以黑色船式或盖式皮鞋较为正统，袜以肉色长筒连裤袜为宜。裤袜应大小相宜无破损，袜口不可外露。

4. 举止得体，优雅稳重

着装者应注意自己的仪态，站则亭亭玉立，不可伏桌倚墙；坐则优雅端庄，不可散漫松懈；行则稳重轻盈，不可扭捏作态。由于裙摆所限，着裙装时走路应以小碎步为宜，行进之中步子以轻、稳为佳，不可发出较大响声。

2.2.4　旅游工作者饰品佩戴要求

饰品也是旅游工作者服饰的重要组成部分。在工作时佩戴饰品是允许的，但是必须遵守本行业的特殊规定。

1. 符合身份

旅游行业的工作特点决定了从业人员的工作任务和职责就是为他人提供各项服务，即一切要以服务对象为中心，竭尽全力地为其提供优质的服务，因此旅游工作者必须对自己的角色定位有正确的认知，不能本末倒置，甚至将自己凌驾于对方之上。饰品可以美化形象、体现情趣、反映财力、区分地位，旅游工作者尤其要注意自己的身份，切忌在佩戴饰品时无所顾忌。比如，一位女服务员在为客人斟酒服务时，手戴一枚硕大的钻戒而让客人相形见绌，难免会伤及客人的自尊，这是缺乏职业素养的体现。旅游从业人员佩戴饰品时不可过度张扬，应与自己身份相符。

2. 以少为宜

旅游工作者在工作岗位上佩戴饰品时应以少为宜，一般不宜超过两个品种，佩戴某一具体品种的饰品则不应超过三件。旅游工作者可以不佩戴任何首饰，对于男性工作者来讲，尤其有必要如此。

3. 区分品种

饰品种类繁多，旅游工作者除允许佩戴一些常见饰品外，社会上流行的脚链、鼻环、指甲环、脚戒指等均不宜在工作时佩戴。因为这些饰品大多前卫而张扬，对于旅游工作者而言显然是不合适的。

4. 佩戴有方

旅游工作者在工作岗位上佩戴饰品，要谨遵以下4项原则。
(1) 穿制服不宜佩戴任何饰品；
(2) 穿西装、职业装时不宜佩戴工艺饰品；
(3) 工作岗位上不宜佩戴珠宝饰品；
(4) 所佩戴的饰品要彼此协调、相互统一。

学习任务2.3 旅游服务人员仪态礼仪

参考案例

微笑的魅力

上海某饭店的一位客人外出时，一位朋友来找他，要求去他房间等候。由于客人事先没有留言，总台服务员没有答应其要求。客人回来后十分不悦，到总台与服务员争执起来。值班经理闻讯赶来，刚要开口解释，怒气正盛的客人就言辞激烈地指责起来。当时值班经理很清楚，在这种情况下，勉强做任何解释都毫无意义，反而会招致客人更加强烈的抵抗情绪。于是她默默地看着客人，让他尽情发泄，脸上则始终保持一种友好的微笑。一直等客人平静下来，值班经理才心平气和地告诉客人饭店的有关规定，并表示歉意。客人接受了值班经理的劝说。没想到后来这位客人离店时还专门找值班经理辞行，说："你的微笑征服了我，希望我再来饭店时还能见到你的微笑。"

相关链接

肢体语言的重要性

人类学家雷·博威斯特(Ray L. Birdwhistle)是非语言交际——他称之为"动作学"的倡导者。针对人与人之间发生的非语言交流，博威斯特也做出相似的推断。他指出：一个普通人每天说话的总时间为10～11分钟，平均每说一句话所需的时间大约为2.5秒。同时，他还推断出，我们能够做出并辨认的面部表情大概有25万种。

博威斯特还发现，在一次面对面的交流中，语言所传递的信息量在总信息量中所占的份额还不到35%，剩下超过65%的信息都是通过非语言交流方式完成的。针对发生于20世纪七八十年代的上千次销售和谈判过程的研究结果表明，商务会谈中，谈判桌上60%～80%的决定都是在肢体语言的影响下做出的。人们对一个陌生人的最初评判中，60%～80%的评判观点都是在最初不到4分钟的时间里就已经形成了。除此之外，研究成果还表明，当谈判通过电话来进行的时候，那些善辩的人往往会成为最终的赢家，可是如果谈判是以面对面交流的形式来进行，那么情况就大为不同了。总体而言，当我们在做决定的时候，对于所见到的情形与所听到的话语，会倾向于相信前者。

2.3.1 仪态概述

1. 正确认识仪态

仪态是一种非文字语言，包括人的体态姿势、动作和表情。肢体语言是用人体的动作、表情作为词汇来象征人的心灵、表达人的思想感情的一种非文字语言。人们在交谈中，一个眼神，一个表情，一个手势，都可以传递出非常丰富的内心世界，真可谓"此时无声胜有声"。

正确认识仪态，应当注意三点。

(1) 尽管仪态有着口头语言所无法替代的作用，但它毕竟是无声的，在传递信息的功能上，口语要比肢体语更优越、更重要，因此两者不可偏颇，必须完美结合，才能"声情并茂"，全面、准确地表达思想感情，具体、生动地传递信息。

(2) 尽管优美的仪态是一种美，可以起到很大的感染作用，但是，它毕竟是外在的，是表象的，不可因为刻意追求这种外在美，而忽略了心灵美这个基础。只有真、善、美的心灵与优美的仪态相结合，才能相辅相成、相得益彰，展现一个完美的自我。

(3) 优美的仪态不是天生就有的，要获得优美的仪态，应当积极主动地参与形体训练，掌握正确的方法，矫正不良的习惯，尽力达到自然美与修饰美相结合的最高境界。

2. 旅游职业人员仪态的作用

(1) 旅游职业人员的良好仪态是服务工作的要求，是礼貌服务的重要内容，是向客人表示尊重和友好的礼节礼貌。良好的仪态往往反映了健康的身体、健康的心理和健全的人格，反映一个人的修养水平、受教育程度和可信任程度，在人际关系中能塑造良好的个人形象。

(2) 良好的仪态是得体优美的体态语言，可以向客人表达欢迎、尊重、真诚等意愿，满足他们对尊重和审美的需要，创造和谐、高雅的气氛，调节人际关系，增进合作和友谊。

2.3.2 各种仪态的基本要求

1. 站姿

常言说"站如松"，就是说站立应像松树那样端正挺拔。站姿是静力造型动作，显现的是静态美。站姿又是训练其他优美体态的基础，是表现不同姿态美的起始点。

1) 规范站姿的要求

(1) 头正。两眼平视前方，嘴微闭，收颌梗颈，表情自然，稍带微笑。

(2) 肩平。两肩平正，微微放松，稍向后下沉。

(3) 臂垂。两肩平整，两臂自然下垂，中指对准裤缝。

(4) 躯挺。胸部挺起，腹部往里收，腰部正直，臀部向内向上收紧。

(5) 腿并。两腿立直、贴紧，脚跟靠拢，两脚夹角成60°。

这种规范的礼仪站姿，同部队战士的立正是有区别的，礼仪站姿较立正多了些自然、亲近和柔美。

2) 工作中常见的几种站姿

男士的站姿有两种。

(1) 在一般场合，身体直立，挺胸抬头，下颌微收，双目平视；两腿分开或两脚平行，两脚间距离不超过肩宽，以20厘米左右为宜；两手叠放在背后或交叉在体前，一般为右手握住左手；如一手持公文包，另一只手可自然垂放，姿态稳重。

(2) 在正式场合，身体直立，抬头挺胸；两膝并严，脚跟靠紧，脚掌分开呈"V"字形，提髋立腰，吸腹收臀；双手放置裤缝处，双眼看着主要人物。

女士的站姿一般也有两种。

(1) 在一般场合，女士站姿应做到身体立直，挺胸抬头，下颌微收，双目平视，面带微笑；两膝并严，脚跟靠紧，脚掌分开呈"V"字形或平行；提髋立腰，吸腹收臀，双手在腹前交叉，即右手搭在左手上，置于腹部。

(2) 在正式场合，女士站姿应挺、直、高，抬头平视，表情自然；收腹，胸部上挺，自然、舒展、大方；右手放在左手上，轻贴腹前，两脚尖向外略展开，右脚(左脚)在前，将右脚跟(左脚跟)靠于左脚(右脚)内侧(脚弓处)，形成左丁字步或右丁字步。

3) 注意事项

(1) 切忌双脚呈内八字形站立、双腿交叉站立、弯腿站立。

(2) 切忌双手叉腰、抱头或交叉抱于胸前。

(3) 男士可双脚适当分开站立，女士不能分腿直立。

(4) 不要倚靠在墙上或椅子边。

(5) 不抖腿，不摇晃身体，不东歪西靠，不挺肚子。

2. 坐姿

坐是一种静态造型，在日常工作和生活中，是非常重要的仪态。对男士而言，更有"坐如钟"一说。女士端庄优美的坐姿，会给人以文雅、端庄、大方的美感。

1) 规范坐姿的要求

(1) 入座时要轻稳，动作协调从容，不要赶步，以免"抢座"。就座时，转身背对座位，如距离较远，走到座位前转身后，右脚向后退半步，待腿部接触座位边缘后，轻轻坐下。女士着裙装入座时，应用双手拢平裙摆再坐下，不要坐下后再站起来整理衣服。一般应从座位的左边入座。

(2) 落座后上体自然挺直，双膝自然并拢，双脚平正放松，两臂自然弯曲，双手放在膝上，也可放在椅上或沙发扶手上，掌心向下，目视前方，面容平和。

(3) 正式场合，一般不应坐满座位，通常是坐椅子整体2/3的位置。

(4) 离座时要自然稳当，右脚向后收半步，然后起立，动作不可过猛。

(5) 谈话时，身体可以有所侧重，但要注意上体与腿的协调配合。

2) 社交场合常见的三种坐姿

(1) 正坐式。一般用于男士。上身挺直，头部端正，双膝分开，双脚基本与肩同宽，小腿垂直地面，双手放在两膝上或椅子的扶手上。

(2) 侧坐式。一般用于女士。上身挺直，两膝并拢，双腿斜放并与地面构成45°夹角，双手宜叠放或以相握的姿势放于身体侧面的那条大腿上。

(3) 交叉式。一般用于女士。上身挺直，坐正，一小腿正放与地面垂直，另一脚脚背在前脚脚踝处交叉，两膝靠紧。

3) 坐姿禁忌

切忌分腿、前伸、平放；切忌一腿弯曲，一腿平伸；切忌双脚或单脚抬放在椅面上；切忌双手抱头、叉腰、背后。男士双腿重叠时，双腿不能不停地抖动；女士不能双膝相连，两脚分别向外侧斜放，形成"人"字形；女士乘坐小轿车时，要先坐在车座上，然后再将双腿并拢收进车内。

旅游服务接待工作的许多工作岗位都要求站立服务，这就要求员工不得随意坐下，但在平时生活中仍需养成讲究坐姿的良好习惯。

3. 走姿

走姿应呈现一种动态美。每个人都是一个流动的造型体，优雅、稳健、敏捷的走姿，会给人以美的感受，产生感染力，反映积极向上的精神状态。

1) 规范走姿的要求

(1) 头正。双目平视，收颔，表情自然平和。

(2) 肩平。两肩平稳，防止上下前后摇摆。双臂前后自然摆动，前后摆幅在30°～40°，两手自然弯曲，在摆动中离开双腿不超过一拳的距离。

(3) 躯挺。上身挺直，收腹立腰，重心稍前倾。

(4) 步位直。两脚尖略开，脚跟先着地，两脚内侧落地，走出的轨迹要在一条直线上。

(5) 步幅适当。行走中两脚落地的距离大约为一个脚长，即前脚的脚跟距后脚的脚尖相距一个脚的长度为宜，可根据性别、身高、着装的不同而有所差异。

(6) 步速平稳。行进的速度应当保持均匀、平稳，不要忽快忽慢，在正常情况下，步速应自然舒缓，显得成熟、自信。

行走时要防止八字步，防止低头驼背，不要摇晃肩膀、双臂大甩手，不要扭腰摆臀、左顾右盼，鞋不要摩擦地面。

2) 变向走姿

变向走姿是指在行走中，需转身改变方向时的仪态。应采用合理的方法，体现规范和优美的步态。

(1) 后退步。与人告别时，应当先后退两三步，再转身离去，退步时脚轻擦地面，步幅要小，先转身后转头。

(2) 引导步。引导步是用于走在前边给宾客带路的步态。引导时要尽可能走在宾客左侧前方，整个身体半转向宾客方向，保持两步的距离。遇到上下楼梯、拐弯、进门时，要伸手示意，并提示请客人上楼、进门等。

(3) 前行转身步。在前行中要拐弯时，要在距所转方向远侧的一脚落地后，立即以该脚掌为轴，转过全身，然后迈出另一只脚，即向左拐，要右脚在前时转身，向右拐，要左脚在前时转身。

3) 穿高跟鞋的走姿

由于穿上高跟鞋后，脚跟提高了，身体重心就自然地前移，为了保持身体平衡，膝关节要绷直，胸部自然挺起，并且收腹、提臀、直腰。这样可使走姿更显挺拔，会平添几分魅力。穿高跟鞋走路，步幅要小，脚跟要先着地，两脚落地时，脚跟要落在一条直线上，像一枝柳条上的柳叶一样，这就是所谓的"柳叶步"。

4) 不同着装的走姿

所穿服饰不同，步态应有所区别，走姿要展现服装的特点。

(1) 穿西装。走姿以直线为主，应当走出穿着者的挺拔、优雅的风度。穿西装时，后背保持平正，两脚立直，走路的步幅可略大些，手臂放松，伸直摆动，手势简洁大方。行走时男士不要晃动，女士不要左右摆髋。

(2) 穿旗袍。行走时，要求女士身体挺拔，胸微含，下颌微收，不要塌腰撅臀。走路时，步幅不宜过大，以免旗袍开衩过大，露出皮肉。两脚跟前后要走在一条线上，脚尖略微外开，两手臂在体侧自然摆动，幅度也不宜过大。站立时，双手可交叉于腹前。

(3) 穿裙装。穿着长裙能显出女性身材的修长和飘逸美。行走时要平稳，步幅可稍大些。转动时，要注意头和身体相协调，调整头、胸、髋三轴的角度。穿着短裙，要表现轻盈、敏捷、活泼、洒脱的姿态，步幅不宜过大，但脚步频率可以稍快些，保持轻快灵巧的风格。

4. 蹲姿

服务场合的蹲姿，主要是为了捡拾物品。

基本要领：上身挺直，略低头，左脚在前，右脚在左脚后一脚远的距离，前脚全脚着地，小腿基本垂直于地面。后脚前掌着地，脚后跟提起。女士蹲时右膝要紧贴左小腿内侧，男士蹲时两膝自然分开。

> **特别提示**
>
> 下蹲时，应单腿弯曲下蹲，不要整体弯腰低头；下蹲时应尽可能避免后背朝人，应正面朝人。

5. 鞠躬礼

1) 鞠躬礼的基本要求

行礼者正向面对受礼者，身体向上部前倾15°～90°(鞠躬礼的幅度视对受礼者的尊敬程度而定)。行礼时要专注，不可左顾右盼，不能戴帽子，要面带微笑并使用适当的礼貌用语。受礼者应使用与行礼者的上体前倾幅度大致相同的鞠躬礼还礼，但处于尊位的受礼者还礼时，可以欠身或点头还礼，而不必还鞠躬礼。

2) 鞠躬礼的基本要领

面带微笑，正视受礼者，头、颈、背成一面，以髋为轴心，慢慢向前倾一定角度，停留1～2秒后即起，恢复鞠躬前状态，双手在上体前倾时交叠搭放自然下垂。规范的鞠躬礼主要有15°鞠躬礼、30°鞠躬礼和45°鞠躬礼。

(1) 15°鞠躬礼：上体前倾15°，双手自然下垂，正视受礼者，其他同基本要求，并注意微笑和礼貌用语的使用。

(2) 30°鞠躬礼：双目自然正视受礼者，上体前倾30°，倾下视线落在离自己脚尖1～1.2米的地面，复原后自然正视受礼者，其他同基本要求，并注意微笑和礼貌用语的使用。

(3) 45°鞠躬礼：双目自然正视受礼者，上体前倾45°，倾下视线落在离自己脚尖0.5～0.6米的地面，复原后自然正视受礼者，其他同基本要求，并注意微笑和礼貌用语的使用。

3) 鞠躬礼的使用

各种鞠躬礼的使用视场合和对象而定。

(1) 在隆重和表达欢迎的场合用45°鞠躬礼，其他情况用30°和15°鞠躬礼。

(2) 第一次见面用45°鞠躬礼，第二次及以后(尤其是较短时间内的第二次见面)用30°或15°鞠躬礼，甚至可以用点头礼。

(3) 鞠躬礼的幅度随双方在较短时间内见面次数的增加而减少，还要考虑行礼者对受礼者的尊重程度。

6. 目光

在人与人之间进行交流时，目光的交流总是处于最重要的地位。交流过程中，双方要不断地用目光表达自己的意愿、情感，还要适当观察对方的目光，探测"虚实"。交流结束时，也要用目光来收尾。在各种礼仪形式中，目光有重要的位置，目光运用得当与否，直接影响礼仪的质量。

一双炯炯有神的眼睛，能给人以感情充沛、生机勃发的感觉；而目光呆滞、麻木，则会给人留下疲惫厌倦的印象。因此，旅游接待人员应该学会正确地使用目光进行交流，用目光来表达自己的意愿、情感，并学会从客人的目光中了解客人的意图。

1) 注视位置

(1) 公务注视：在洽谈、磋商、谈判等场合，眼睛应看着对方双眼或双眼与额头之间的区域。这样注视显得严肃、认真，别人也会感到你有诚意。

(2) 社交注视：在茶话会、朋友聚会等场合，眼睛应看向对方双眼到唇心这个三角区域。这样注视会使对方感到礼貌、舒适。

(3) 亲密注视：在亲人、恋人和家庭成员之间，眼睛可注视对方双眼到胸部之间的区域。这样注视表示亲近、友善，但对陌生人来说，这种注视有些过分。

2) 用目光进行交流

旅游接待人员和客人之间是一种社交关系，他们之间的目光交流应该停留在社交注视阶段。社交注视阶段是指旅游接待人员的目光只应该停留在客人的双眼与嘴唇之间的三角形区域内，不能老盯着客人的嘴唇或者身体的其他部位看，否则很容易引起客人的误会，让人觉得你这个人很轻浮，从而带来不必要的麻烦。

旅游接待人员在与客人交往时，需注意以下几个方面。

(1) 与客人初次见面时，应行注目礼，头部轻轻一点，就可以表示尊敬和礼貌。

(2) 与客人交谈时，注意始终保持和客人目光的接触，显示出你对你们之间所谈话题有兴趣，千万不可左顾右盼。即使你对你们之间的话题不感兴趣，也要始终注视着对方，但必须明白：注视并非紧盯。注视时，瞳孔的焦距呈散射状态，目光笼罩着对方的面部，同时辅以真挚、热诚的面部表情。随着你和客人之间谈话内容的转换，眼神和面部表情也应做出相应的变化，不要让客人觉得你是在敷衍了事。

(3) 面对众多的客人讲话时，要先用目光扫视全场，提醒大家注意——"我要开始讲话了"。

3) "阅读"客人的目光

在正确运用目光的同时，还要学会"阅读"客人的目光，从对方的目光变化中，分析他的内心活动和意向。

(1) 当客人的目光长时间地与你中止接触或者游移不定时，则表示客人对你们交谈的内容不感兴趣，应尽快结束谈话。

(2) 当客人左顾右盼或不停地看表时，则表示客人可能有急事要提前离开。

(3) 与客人交谈时，目光紧盯，表示疑虑；偷眼相觑，表示窘迫；瞪大眼睛，表示惊讶，等等。

4) 眼神的类型

眼神包括直视、游移、柔视、热情、他视、斜视、无神7种类型，如表2-1所示。

表2-1 眼神的类型

类 型	特 点
直视型	直视与长时间的凝视可理解为对私人空间和个人势力圈的侵犯，是很不礼貌的。直视对方，会使人有压迫感。初次见面或不太熟悉的男士用这种目光看女士，会使女士感到很不自然，以致产生反感。若女士用这种目光看男士，则有失稳重
游移型	与对方谈话时，目光总习惯四处游移，容易给人心神不定、不够坦率和诚实的感觉，不利于双方的交谈
柔视型	目光直视对方，但眼神不是火辣辣的，应有神又不失柔和。这种目光能给人一种自信和亲切的感觉
热情型	目光充满活力，给人以活泼、开朗和蓬勃向上的感觉。这种目光运用得当，可以使对方情绪渐涨，提高谈话兴趣。但如果不分对象，不分场合，一味热情相望，也可能产生相反的效果
他视型	与对方讲话，眼睛却望向别处，容易使对方产生误解，是不尊重他人的注视形式
斜视型	目光不是从眼睛正中而是从眼角视向对方的。这极为失礼，会让人感到被轻视、不够尊重和心术不正
无神型	目光疲软，视线下垂，不时视向自己的鼻尖，这种目光透视出冷漠之感，往往会使谈话的氛围冷淡

特别提示

在沟通中，听的一方通常应多注视说的一方，目光与对方接触的时间，一般占全部相处时间的1/3。谈话时，若对方为关系一般的同性，应该不时与对方双目对视，以示尊重；如果双方关系密切，则可较多较长地注视对方，以拉近心理距离。如果对方是异性，长时间地注视会使对方不自在，这是失礼的表现。

7. 微笑

微笑能给人以温馨、亲切的感觉，能有效地缩短沟通双方的距离，给对方留下美好的印象，从而形成融洽的交往氛围。微笑不仅是一种外化的形象，也是内心情感的写照。在人际交往中，"笑"有着重要的作用，面对不同的场合、不同的情况，如果能用微笑来接纳对方，可以反映本人高水准的修养、待人的至诚，是处理好人际关系的一种重要手段。

微笑的要求是：发自内心、自然大方，显示出亲切，要由眼神、眉毛、嘴巴、表情等多方面协调动作来完成，要防止生硬、虚伪、笑不由衷。

微笑的技能要领：微笑时面部肌肉要放松，嘴角微翘。男士嘴唇微闭，女士嘴唇微启，露出上边6颗牙齿，但应避免露出牙龈。自觉控制发声系统，笑不出声。练习方法如下所述。

(1) 照镜训练法。对着镜子，心里想着使你高兴的情景，嘴角两端做出微笑的口型，找出自己认为最满意的微笑，天天练习，使之自然长久地呈现在脸上。

(2) 词语训练法。默念英文单词cheese或普通话中的"钱""茄子"，这些字、词形成的口型，正是微笑的最佳口型。

笑的禁忌：在正式场合，不能放肆大笑，否则会使人感到没有教养。在商务工作中，不要讥笑，否则会使对方恐慌；不要傻笑，否则会令对方尴尬；不要皮笑肉不笑，否则会使对方无所适从；不要冷笑，否则会使对方产生敌意。

特别提示

旅游职业人员的四要、四不要

笑是一种艺术。讲究礼仪的笑容应该是美好、自然的，它是常态下的微笑。旅游职业人员要塑造美好的笑容，就是要加强笑的艺术修养，剔除不良习惯，做到"四要""四不要"。

四要：

一要口眼鼻眉肌结合，做到真笑。发自内心的微笑，会自然调动人的五官，眼睛略眯起、有神，眉毛上扬并稍弯，鼻窦张开，脸肌收拢，嘴角上翘，唇不露齿。做到眼到、眉到、鼻到、肌到、嘴到，才会亲切可人，打动人心。

二要神情结合，显出气质。笑的时候要精神饱满，神采奕奕，要笑得亲切、甜美。这样的笑伴以稳重性情及文化修养，就能显出气质。微笑在于它是含笑于面部，"含"给人以回味、深刻、包容的感觉。一位艺术家曾说过，他喜欢面带笑意的含蓄感，但如果露齿或张嘴笑起来，再好的气质都没有了。

三要声情并茂，相辅相成。在服务工作中，微笑和语言美往往是"孪生子"，甜美的微笑伴以礼貌的语言，两者相映生辉。如果脸上微笑，却出言不逊、语言粗野，其微笑就失去了意义；如果语言文明礼貌，却面无表情，会令人怀疑你的诚意。只有声情并茂，你的热情、诚意才能为人理解，达到相辅相成、锦上添花的效果。

四要与仪表举止的美和谐一致，从外表形成完美统一的效果。

四不要：

一不要缺乏诚意，强装笑脸，不发自内心的笑、勉强敷衍的笑、机械呆板的笑、尴尬的笑都是不可取的。

二不要露出笑容随即收起，不尊重的笑、神秘的笑、皮笑肉不笑都是不可取的。

三不要仅为情绪左右而笑，由于情绪波动而产生的神秘的笑、忧郁的笑、痴呆的笑都是不可取的。

四不要把微笑只留给上级、朋友等少数人。

8. 递物与接物的正确方式

递物与接物是常用的动作，应当双手递、双手接，表现出恭敬与尊重的态度。递物、接物时要注意以下几点。

(1) 行走时，文件应拿在左手；递接时，文件、名片等要将正面朝向对方，双手拿在文件、名片的上部，大拇指在上，四指在下，同时要行微鞠躬礼。

(2) 递笔、刀、剪之类尖利的物品时，应将尖利一方朝向自己，而不应指向对方。递无刀鞘水果刀时，应将刀刃朝向自己的虎口。

(3) 接物时两臂适当内合，自然将手伸出，两手持物，五指并拢，将东西拿稳，同时点头致意或道声"谢谢"。漫不经心，单手接物，甚至将物品掉在地上，都是非常失礼的行为。

相关链接

旅游工作者的举止忌讳

在日常生活、接待工作中，不少人在不经意中表现出令人难堪、别扭的举止，不仅有损个人的整体形象，也影响接待效果，旅游从业人员应引起足够的重视。

1. 避免不雅行为

(1) 忌当众整装。在出门前必须穿戴整齐，特别是出洗手间前，须照镜子检查衣饰是否整理好了。切忌边走边拉拉链、扣扣子、甩手等，如果发现自己的着装有不妥之处，可找适当的机会去洗手间稍作调整。

(2) 忌当众整妆。有的女士喜欢在公共汽车、马路、酒店大堂等公共场所旁若无人地整妆，其实这是很无礼的举止，不仅不能带来任何美感，还会引起别人的反感。

(3) 忌当众抓挠身体。当众伸舌头、挖耳鼻、揉眼睛、搓泥垢、剔牙齿、剪指甲、梳理头发、抓耳挠腮等不文雅的行为，应尽量避免。

(4) 忌口腔发出异味。参加社交活动前，不宜吃带有强烈刺激气味的食物，如烈酒、咸鱼、葱蒜、螃蟹等，如果难以避免，也要刷牙漱口，以免因口腔异味引起他人反感。

(5) 忌旁若无人，动作夸张。在公共场所一般不应该旁若无人地手舞足蹈、高声谈笑、大呼小叫，这些都是不文明的行为，除非是在观看体育比赛或参加庆祝会之类的场合。在人群集中的地方与人交谈时应该低声细语，声音的大小以不干扰他人为宜，但在开会时不应该与他人窃窃私语。

(6) 忌在公共场所进食。在公共汽车上吃早点，或者在办公室吃零食等，这些都是极不文明的行为，也不要边走边吃。

(7) 忌在大庭广众之下随意放松自己。不要在他人面前躺在沙发里，趴或坐在桌上，或跷起二郎腿。走路脚步要放轻，不要拖着地走，也不要弄出很大的响动。

(8) 忌破坏公共卫生。保持公共卫生是每个公民应尽的义务。随地吐痰、乱扔果皮纸屑和其他物品都是缺乏教养的行为，不仅影响个人形象和公共卫生，还会给环卫工人增加负担，是应该遭到谴责的行为。旅游从业人员应该在游客面前注意自己的一举一动，不仅自己要做好，还要时刻有礼貌地提醒游客。

2. 防止冒失行为

(1) 不要乱闯乱进。非公共场所，如他人办公室、私人住处等，非经允许不得随便进入，即使如约而至，也应该先敲门待得到允许后进入。旅游接待与服务人员更应注意这一点，导游人员在带团途中，看到景点中有"游客止步""闲人勿进"标示的地方，不得带人擅自闯入；酒店客房服务人员在进入客人房间前，应敲门得到客人允许后，方可进入。

(2) 不要冒犯他人的尊严。作为服务行业人员，在工作过程中一定要随时注意尊重他人，时刻铭记"顾客就是上帝"，做到有礼有节，对陌生人尤其是异性不要盯视和指指点点，对老人、残疾人要主动上前照顾，不能模仿。当游客在进行私人谈话或打电话时，要主动避开，不可故意接近，以免有偷听之嫌，更不能偷窥他人隐私。若自己妨碍了他人，哪怕是因为正常的工作，也应马上致歉。当得到他人帮助时，应及时道谢。

实战演练

训练项目1：西装的搭配

1. 训练要求：

(1) 学生自由组合，每组选出一名男模特。

(2) 本组组员为本组模特选择得体的西装、衬衫并佩戴合适的领带及其他服饰配件。

(3) 搭配完成后，向其他各组展示，并对本组搭配情况进行说明。

(4) 其他各小组为该小组的搭配效果进行评议并打分。

2. 训练提示：注意以下两个方面。

(1) 衬衫与西装的搭配。

(2) 领带与衬衫的搭配。

训练项目2：面试服装的搭配

假设你即将参加某公司的面试，你将如何进行着装准备？

1. 训练要求：

(1) 学生根据所要面试的单位类型，自行准备面试服装。

(2) 学生进行服装展示，同时对所准备的服装进行说明。

(3) 全体同学评选出最佳面试服装。

2. 训练提示：服装的准备需符合面试场合的要求。

训练项目3：站姿训练

1. 要求两人一组，背对背站立，两人的小腿、臀部、双肩、后脑勺都贴紧，两人的膝盖之间夹一张小纸片,不能让其掉下。教师不断提醒动作要领,并逐个纠正。学生进行自我调整,尽量用心去感受动作要领。每次训练不少于10分钟。

2. 教师主要观测点:学生是否掌握站姿基本要领,后脑、肩部、小腿、脚跟是否保持在一个平面上。

训练项目4:坐姿训练

1. 选8个人上台,有针对性地做出不同坐姿。教师不断提醒动作要领,并逐个纠正。学生进行自我调整,尽量用心去感受动作要领。每次训练不少于10分钟。

2. 教师主要观测点:腿不摇,脚不跷,不要呈现慵懒姿态。

训练项目5:走姿训练

1. 学生自由组合,以小组为单位进行如下几项训练,教师根据每个学生的情况进行点评及纠正。

(1) 双肩、双臂摆动训练:身体直立,以身体为轴,双臂前后自然摆动。摆幅要适度,注意纠正双肩过于僵硬、双臂左右摆动的毛病。

(2) 步位、步幅训练:在地上放一根长绳进行步位训练,行走时检查自己的步位和步幅是否正确,纠正"外八字""内八字"及步幅过大或过小的毛病。

(3) 顶书训练:将书本置于头顶,保持行走时头正、颈直、目不斜视,纠正走路摇头晃脑、东张西望的毛病。

(4) 步态综合训练:训练走路时各种动作的协调性,最好配上节奏感较强的音乐,注意控制走路时的速度、节拍,保持身体平衡,双臂摆动对称,动作协调。

2. 教师主要观测点:学生在练习行走时的双肩、步位、步幅、步态的情况。

训练项目6:递物训练

将学生两两分组,分别扮演前台接待员和客户,用书本、鲜花、名片、小刀作为交接的物品。训练时注意如下几点。

(1) 用双手递接物品。

(2) 向他人递送物品时应直接交到对方手中。

(3) 若双方相距过远,递物者应主动走向接物者。

(4) 带有文字的物品递交他人时,要使之正面朝向对方。

(5) 将尖利的物品递交给他人时,应使尖、刃朝向自己或是朝向别处。

(6) 面带微笑且表情自然。

训练项目7:表情训练

1. 目光训练

将学生分为若干组,练习用目光与对方交流,试着揣摩对方的心理。

2. 微笑训练

视觉训练法:面对镜子微笑,找出自己最满意的笑容,然后保持此笑容,持续一分钟。

发声训练法:借助一些字词发音时的口型进行训练。如汉语中的"茄子""姐姐""钱"等字词，当默念这些字词时所形成的口型正好是微笑的最佳口型。

教师组织学生采用以上两种微笑训练法进行练习，同时评价、纠正学生的微笑。根据练习情况，学生自由组队，举办以"微笑无处不在"为口号的微笑小组赛，评选出"微笑之星"。

习题与练习

一、选择题

1. "妆成有却无"指的是(　　)。
   A. 工作妆　　　　B. 舞会妆　　　　C. 晚宴妆　　　　D. 休闲妆
2. 男士穿西装应搭配(　　)。
   A. 便鞋　　　　B. 布鞋　　　　C. 旅游鞋　　　　D. 皮鞋
3. 穿着西装，纽扣的扣法很有讲究，穿(　　)西装，不管在什么场合，一般都要将扣子全部扣上，否则会被认为轻浮、不稳重。
   A. 两粒扣　　　　B. 三粒扣　　　　C. 单排扣　　　　D. 双排扣
4. "三一定律"是指男士穿着西装时，(　　)颜色必须协调统一。
   A. 皮鞋、皮带、公文包　　　　B. 皮鞋、皮带、领带
   C. 袜子、皮带、西装　　　　D. 衬衫、皮鞋、公文包
5. 女士穿着西装套裙时，袜口应(　　)裙摆。
   A. 低于　　　　B. 高于　　　　C. 相平于　　　　D. 无所谓

二、判断题

1. 选择发型可不考虑个人气质、职业、身份等因素。(　　)
2. 男士的发型要求是前发不覆额、侧发不掩耳。(　　)
3. 香水可以全身上下随处喷洒。(　　)
4. 如果男士穿两粒扣西装，一般只扣下面一粒纽扣。(　　)
5. 打领带时，衬衫的第一粒纽扣一定要扣上。(　　)
6. 年轻人穿西装可以搭配白袜子和休闲鞋。(　　)
7. 仪态是一种无声的语言和有形的语言，可以表达情感。(　　)
8. 一般来讲，递接物品时用右手为佳。(　　)
9. 在人际交往中运用眼神和微笑，应遵循谦恭、友好、适时、真诚的标准和原则。(　　)
10. 正式场合入座时，一般坐椅子的二分之一到三分之二处。(　　)
11. 在交际场合，双手叉腰属于不良姿势。(　　)
12. 在交际场合，女士可叠腿就座。(　　)

学习项目 3
旅游服务人员沟通礼仪

知识目标

1. 掌握称呼礼仪、介绍礼仪、名片礼仪、握手礼仪；
2. 熟悉问候礼仪、致意礼仪；
3. 掌握交谈礼仪；
4. 掌握规范的服务用语；
5. 掌握电话服务的礼节；
6. 了解旅游服务心理、沟通距离。

技能与德育目标

1. 能够按照规范要求与他人握手；
2. 能够按照规范要求进行自我介绍、他人介绍和集体介绍；
3. 能够按照规范要求正确使用名片；
4. 能够正确地拨打电话和接听电话。
5. 学会如何在岗位工作中通过肢体语言体现对客人的尊重。

实战目标

1. 让学生将理论知识运用于实践，在日后工作中能够准确把握和体会沟通礼仪的操作要点和细节；
2. 做到理论和实践有机结合，培养良好的职业素养。

学习任务3.1 旅游服务人员沟通礼仪内容

参考案例

记住客人的名字

一位常住饭店的外国客人从外面回来，当他走到服务台时，还没有开口，问讯员就主动把钥匙递上，微笑地轻声称呼他的名字，这位客人大为吃惊，由于饭店对他留有印象，使他产生一种强烈的亲切感，就像回家一样。

一位客人在客流高峰期进店，服务台问讯小姐准确地叫出："××先生，服务台有您一个电话。"这位客人又惊又喜，感到自己受到了重视，受到了特殊的待遇，不禁增添了一份自豪感。

一位外国客人第一次前来住店，前台接待员从登记卡上看到客人的名字，迅速称呼他以示欢迎，客人先是一惊，而后作客他乡的陌生感顿时消失，内心非常高兴，简单的话语迅速缩短了彼此间的距离。

一位贵宾随陪同人员来到前台登记，服务人员通过接机人员的暗示，得悉其身份，马上称呼客人的名字，并递上打印好的登记卡请他签字。客人感觉自己受到了尊重，因而格外开心。

(资料来源：https://www.doc88.com/.)

特别提示

美国人比特·杜波尔曾经说过："如果你能记住一个人的姓名，他就可能给你带来100个新朋友。"

知识储备

旅游活动具有社会性，更多体现为人与人之间的沟通，是一种与人打交道的社交活动。旅游接待人员与服务对象之间交际的成败，将在一定程度上影响旅游活动的成败。

3.1.1 称呼礼仪

称呼语是指旅游接待人员对宾客的尊称。正确地称呼对方是人与人交流的第一步，这不仅是尊重对方的重要表现，还是显示自身修养和风度的有效途径。如果称呼语使用不当，不仅会伤害客人的感情，还会给旅游企业的声誉带来负面影响。在旅游接待工作中，正确使用礼貌用语是对旅游接待人员的基本要求，旅游接待人员要掌握一些常用的习惯性称呼，在为客人提供服务时正确使用，以免造成误会。

1. 一般称呼

男宾无论其年龄大小与婚否，可统称为"先生"。女宾则应该根据其婚姻状况来确定称呼：对已婚女子称"夫人"(东南亚国家称"太太")或"女士"；对未婚女子称"小姐"；对婚姻状况不明的女宾，可称"小姐"或"女士"。对成年女士贸然称呼"夫人"，很有可能激起对方的恼怒。

以上称呼可以连同姓名、职衔一起使用，如"史密斯先生""格林太太""布朗小姐""总裁先生""法官先生"等。

2. 称呼职务

在公务活动中，可以对方的职务相称。例如，称其为"部长""经理""处长""校长"等。

对在政府部门、企业任职的人来说，称呼他们的职务是对他们的尊重和赞美，会给对方以尊严感和荣誉感，这种称呼方式在我国较为常用。如果知道其姓氏，在其所担任的职务前加上姓氏则会更显礼貌，如"王市长""李经理""赵厂长""张主任"。

对职务高的官方人士，如部长以上的高级官员，可称之"阁下"。例如"总统阁下""大使先生阁下"等。对有高级官衔的妇女，也可称"阁下"。但在美国和德国等国家没有称"阁下"的习惯，对这些国家的相应人员，应称"先生"或"女士"。

3. 称呼职业

对于没有职务的人，我国习惯以对方的职业为特点来称呼，如"周老师""刘秘书""王律师""司机师傅""导游女士"等。这种称呼方式也能很好地体现出对对方的礼貌和尊重，较有亲切感。

4. 按与对方的关系称呼

对同事、同学、朋友、邻居等彼此熟悉的人，称呼一般相对简单随便。除了可用以上称呼职务或职业的方式外，为了体现亲切感，对比自己年长者，可在其姓氏前加一个"老"字，如"老李""老马"；对比自己年幼者，可称其"小李""小马"；关系更好的，还可直接称呼对方的名字。

5. 特殊性的称呼

对于君主制国家的王室成员和神职人员应该用专门的称呼。如在君主制国家，按传统习惯称国王、王后为"陛下"，如"国王陛下""王后陛下"；称王子、公主、亲王为"殿下"；对有爵位的人士可称爵位，也可称"阁下"或"先生"。对教会中的神职人员，一般可称其在教会的职称。知其姓名的，称其姓名和职称，如"福特神父"；不知其姓名的，称其职称和先生，如"传教士先生""牧师先生"等。有时对主教以上的高职位神职人员也可称为"阁下"，如"大主教阁下"。

对于军人，一般称军衔。知其姓名的，可称其姓名和军衔，如"莫利上校"；不知其姓名的，称其军衔和先生，如"上校先生"等。有些国家对将军、元帅等高级军官也称"阁下"，如"戴维斯将军阁下"。

旅游接待服务人员在为客人提供服务的过程中，切忌使用"喂"来招呼客人，即使客人离你较远，也应该使用敬称。切记，不能对客人使用不礼貌、不尊重的称呼。

> **相关链接**

接待工作中的称呼禁忌

在人际交往中使用称呼时，一定要回避以下几种错误的做法，其共同的特征是失敬于人。

1. 使用错误的称呼

常见的错误称呼有两种。

(1) 误读，一般表现为念错被称呼者的姓名。比如"郐""查""盖"这些姓氏就极易弄错。要避免犯此错误，就一定要做好准备，必要时多查多问，虚心请教。

(2) 误会，主要指对被称呼者的年纪、辈分、婚否以及与其他人的关系做出了错误判断。比如，将未婚妇女称为"夫人"，就属于误会。

2. 使用过时的称呼

有些称呼具有一定的时效性，一旦时过境迁，若再采用，难免贻笑大方。比方说，在法国大革命时期，人们彼此之间互称"公民"；在我国古代，对官员称为"老爷""大人"。若将它们全盘照搬进现代生活里来，就会显得滑稽可笑、不伦不类。

3. 使用不通行的称呼

有些称呼具有一定的地域性，比如北京人爱称人为"师傅"，山东人喜欢称呼"伙计"；但是，在南方人听来，"师傅"等于"出家人"，"伙计"肯定是"打工仔"。中国人把配偶称为"爱人"，把小孩称为"小鬼"；而外国人则将"爱人"理解为"婚外恋"的"第三者"，将"小鬼"理解为"鬼怪""精灵"。可见，对于相同的称呼，不同地域、国度的人理解起来很可能"南辕北辙"，容易产生误会。

4. 使用不当的行业称呼

学生喜欢互称为"同学"，军人经常互称"战友"，工人可以称为"师傅"，道士、和尚可以称为"出家人"，这无可厚非。但以此去称呼"界外"人士，想表示亲近，对方可能不仅不领情，还会产生被贬低的感觉。

5. 使用庸俗低级的称呼

在人际交往中，有些称呼在正式场合使用，例如"兄弟""朋友""哥们儿""姐们儿""死党""铁哥们儿"等，会显得庸俗低级、档次不高，听起来令人不适，而且带有明显的社会人员的风格。逢人便称"老板"，也会显得不伦不类。

6. 使用绰号作为称呼

对于关系一般者，切勿自作主张给对方起绰号，更不能随意以道听途说来的对方的绰号去称呼对方。至于一些对对方具有侮辱性质的绰号，例如"北佬""阿乡""鬼子""鬼妹""拐子""秃子""罗锅""四眼""肥肥""傻大个""北极熊""黑哥们"等，则更应当避免。另外，还要注意，不要随便拿别人的姓名开玩笑，要尊重一个人，必须首先学会去尊重他的姓名。每一个正常人，都极为看重本人的姓名，不容他人对此进行任何形式的轻贱。对此，在人际交往中，一定要牢记。

(资料来源：http://www.51test.net/show/1203080.html。)

3.1.2 问候礼仪

问候礼通常简称为问候、问好、问安，或者称之为打招呼。它是指在与他人相见时，以专用的语言或动作向他人询安问好。见面打招呼是最普通的礼仪，它发生在瞬间，却影响久远。一句简单的问候，"早晨好""下午好""晚上好"，或者说一声"您好"，就能表达对客人的尊敬。对熟人不打招呼，或者别人向你打招呼而你装作没听见，都是不礼貌行为。

在旅游接待工作中，接待人员在问候接待对象时，应注意如下三个问题。

1. 问候次序

如果同时遇到多人，特别是在正式会面的时候，宾主之间的问候要讲究一定的次序。

(1) 一个人问候另一个人。一个人和另外一个人之间的问候，通常是"位低者先问候"，即身份较低者或较年轻者首先问候身份较高者或年长者。

(2) 一个人问候多人。这时候既可以笼统地问候，比如说"大家好"，也可以逐个问候。当一个人逐一问候许多人时，既可以由"尊"至"卑"、由长至幼地依次进行，又可以由近至远依次进行。

2. 问候态度

问候是敬意的一种表现，态度上需要注意以下几点。

(1) 要主动。问候别人，要积极主动。当别人首先问候自己，要立即予以回应，不要不理不睬摆架子。

(2) 要热情。问候别人的时候，通常要表现得热情、友好。毫无表情，或者表情冷漠的问候不如不问候。

(3) 要自然。问候别人的时候，要主动、热情，表现得自然又大方。矫揉造作、神态夸张，或者扭扭捏捏，反而会给人留下虚情假意的印象。问候的时候，要面含笑意，以双目注视对方的双眼，以示口到、眼到、意到；要专心致志，不要在问候对方的时候，眼睛看向别处，让对方不知所措。

3. 问候内容

"您好"是较为常用的问候语，适用于任何场合、任何时间，但切忌一味地使用"您好"。旅游接待人员应当根据具体的时间和地点，选择合适的问候语。

与客人初次见面时，应主动对客人说"您好！欢迎光临"或"您好，见到您很高兴"。若是已认识的客人，则说"××小姐(××先生)，欢迎再次光临……"或"××小姐(××先生)，我们一直在恭候您的再次光临"。

在一天之中不同的时间问候客人，应注意采用不同的问候语，如"早上好""您早""中午好""晚上好"等。

与西方人打招呼，一定不要用中国人见面时常用的"你上哪儿去呀"或"你到哪儿去了"之类的问候语，这会被他们认为是想要探知其隐私的失礼行为；也不要见面就问"你吃过饭了吗"，这样问往往会被误解成你要请他们一起用餐。

当前在国际交往中，问候语用得比较多的是"您好"，需要注意的是，在关系比较熟悉的情况下才使用这样的招呼用语；在关系不太熟悉的情况下，或是为了表示尊重，最好不要使用"您好"，比较有把握的问候语是"早晨好""下午好""晚上好"。

在美国，人与人问候比较随便，大多数情况下，只要不是初次见面，都可以用"你好"来打招呼，很少讲究身份、年龄和级别等；欧洲人就不那么随便了，比如年轻人对年长者、身份低者对身份高者，就不宜随便使用简单的"Hello"来打招呼，而应该用"早晨好""下午好""晚上好"等用语来打招呼。

在巴基斯坦及中东地区国家，由于当地人多信奉伊斯兰教，问候的第一句话是"真主保佑"，以示祝福。在泰国、缅甸、斯里兰卡等信奉佛教的国家，问候语则是"愿菩萨保佑"。

特别提示

在你发现前方有熟人时，打招呼的时候不要从身后喊对方，应该从对方的身边绕到前面再问候，突然从身后过来就拍肩膀已经很不礼貌了，惊吓对方更是失礼。

3.1.3 致意礼仪

在现代社会交往中，致意指的是特殊情形下表示无声问候的礼节。在对方能看到自己，但又不方便与对方语言交流的时候，致意是传达问候最好的方式。根据双方所处情形的不同，致意有5种不同的形式。

1. 微笑致意

微笑致意即面带浅浅的笑容向对方致意。它适用于初次见面的人或相识不深者，在同一地点，彼此距离较近但又不适宜交谈的场合，也可用于在同一场合多次相遇的相识者之间的相互问候。

2. 举手致意

彼此相识的人在公共场合相见，且相隔距离较远时，可以相互举手致意。致意时，应将右手高举过头顶，掌心面向着对方，同时注视对方，轻轻晃动一下手即可，摆动幅度不应过大，也不要来回反复摆动。

旅游接待人员若看到客人用这种方式和自己打招呼，切不可也使用这种方式向客人答礼，而应施以鞠躬礼。

3. 点头致意

点头致意是指注视对方，头微微向下一点的致意形式。在不便于和客人交谈的场合，如在会议、会谈进行中，以及在迎送客人或其他没有必要正式鞠躬行礼却又需要向客人示意的场合，旅游接待人员可以向客人点头致意。

4. 欠身致意

欠身致意即身体的上部稍微向前倾斜，表示对他人恭敬的致意形式，通常欠身幅度应在15°以内。当旅游接待人员坐着时，可以以欠身致意的方式和客人打招呼。只需将上身微微向前一躬，不必完全站起来，就能表示对客人的欢迎和尊重。

5. 鞠躬致意

迎送尊贵的客人时，可以向客人鞠躬致意。行鞠躬礼必须脱帽，双腿立正，注视受礼者，以腰为轴，上身向前倾。男士的双手应自然下垂在身体两侧，女士则应将双手合拢，右手搭在左手手背上，轻轻放于身前。鞠躬的幅度越大，就表示越敬重对方。

一般的问候、打招呼，鞠躬的幅度为15°左右；迎客、送客表示诚恳之意时，鞠躬的幅度为30°～40°；90°的大鞠躬常用于悔过、谢罪等特殊情况。

3.1.4 介绍礼仪

介绍是日常生活及社交活动中人与人结识的一种重要方式，是人际交往中与他人沟通、建立联系、增进了解的一种基本、常见的礼节，是人与人进行沟通的第一步。在旅游服务接待工作中，如能正确地利用介绍，不仅可以扩大自己的交际圈，广交朋友，还有助于自我展示和自我宣传。因此在接待场合中，接待人员必须熟练掌握有关介绍的相关礼仪。

1. 自我介绍

自我介绍就是在社交场合向别人介绍自己，以使对方认识自己的一种礼节。它是人际交往中常用的一种介绍方式，也是必要情况下十分有效的沟通途径。为了使自我介绍给对方留下良好而深刻的印象，进行自我介绍时应注意要先递名片，时间要简短，内容要完整。

根据不同场合、不同对象和实际需要，自我介绍的重点是不一样的，应该具有明确的针对性。应酬式的自我介绍应该简单明了，只介绍姓名即可；工作中的自我介绍，除介绍姓名外，还应介绍工作单位和从事的具体工作，如"你好，我是某某单位的经理"；社交中的自我介绍，则需要进一步地交流和沟通，可在介绍姓名、单位和具体工作的基础上，再介绍兴趣、爱好、经历、同交往对象的某些熟人的关系等，以便加深了解，快速找到共同的谈话内容。

自我介绍要选择适当的时机，在对方有兴趣、有需要、干扰少、情绪好的时间来介绍自己，同时要简洁明了，用的时间不宜过长，切不可信口开河、东拉西扯。自我介绍还要把握好态度，要实事求是，既不要过分谦虚，也不要自吹自擂、夸大其词。

自我介绍时要注意自己的举止和表情，举手投足要庄重、大方、充满自信、饱含热情，面部表情要亲切自然、面带微笑，善于用眼神去表达自己的和善可亲和渴望交往之情。介绍时还要注意自己的语音、语调和语速,要做到语气自然、语速正常、吐字清晰、从容不迫,以便让别人听清楚,并生交谈之心。

2. 介绍他人

介绍他人,又称第三者介绍。在正式的会见场合,一般都是由第三者来完成介绍的。第三者介绍时,首先了解双方是否有结识的愿望,一般要慎重自然,不能贸然行事,以免双方陷入不情愿之中,反而引起尴尬;其次还应说明自己和被介绍人之间的关系,以便于新结识的朋友之间相互了解与增进信任。

在为他人作介绍时,必须遵守"尊者优先了解情况的原则",即在为他人作介绍前,先要确定双方相对来说地位的"尊卑",先介绍位卑者,后介绍位尊者。这样做,可以让位尊者优先了解位卑者的情况,以便见机行事,在交际中掌握主动权。一般情况下,介绍顺序的国际惯例是:把身份低者介绍给身份高者,把年轻者介绍给年长者,把男士介绍给女士,把未婚者介绍给已婚者,把主人介绍给客人,把晚到者介绍给早到者。如图3-1所示,应将左侧介绍给右侧。

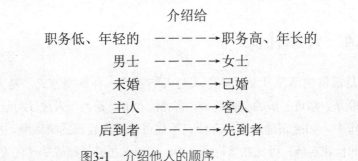

图3-1 介绍他人的顺序

介绍他人时要求语言简练,介绍时要热情、诚恳,将双方情况表述清晰,在语言表达上不要过于突出某一方,除非另一方有此要求。在双方都介绍完后,尽量找出双方可以继续往下交流的话题,真正起到为双方穿针引线的作用。

介绍人也应当注意礼节,手势动作应文雅,无论介绍哪一方,都应手心朝上,四指并拢,拇指张开,指向被介绍的一方,并向另一方点头微笑,切忌指来指去,有失礼仪。被介绍者应正向面对对方,且面带微笑注视对方。被介绍双方在介绍完毕后,通常应互相握手问好。

> **特别提示**
>
> 谁该做介绍人
>
> 在公务交往中,介绍人应由公关礼仪人员、秘书担任;在社交场合,东道主、长者、女主人、身份较高者或与被介绍的双方均有一定交情者都可以担任介绍人。

3. 集体介绍

集体介绍是他人介绍的一种特殊形式,是指介绍者在为他人介绍时,被介绍者其中一方或双方不止一个人。在需要做集体介绍时，原则上应参照他人介绍的顺序进行。由于在正式活动中或隆重的场合中，介绍顺序是个礼节性极强的问题，因此作集体介绍时，应根据具体情况慎重对待。

(1) 被介绍双方地位相似。当被介绍双方地位、身份大致相似，或者难以确定时，应遵循"少数服从多数"的原则，即应使人数较少的一方礼让人数较多的一方，一人礼让多人，即先介绍人数较少的一方或个人，后介绍人数较多的一方或多数人。

(2) 被介绍双方地位不同。若被介绍双方地位、身份存在明显差异，这时应以地位、身份高者为尊，先介绍位卑的一方，后介绍位尊的一方，即使尊者人数少甚至只有一人，仍应被置于尊贵的地位，最后介绍。

(3) 人数较多的双方介绍。当被介绍双方均为多数人时，应依据礼仪，先介绍位卑的一方，后介绍位尊的一方。在介绍各方人员时，均须由尊而卑，依次介绍。

(4) 人数较多的多方介绍。当被介绍者不止双方，而是多方时，应根据合乎礼仪的顺序，确定各方的尊卑，由尊而卑，按顺序介绍各方。如果需要介绍各方的成员时，也应按由尊到卑的顺序，依次介绍。

3.1.5 名片礼仪

我国古代的名片，据说是用竹木削制而成的薄片，在上面写上姓名，当时称为"名刺"。通常给门房一张名刺，请他进去通报，就显得知书达理。现在普遍称为"名片"，在当代社会的私人交往和公务交往中，名片是经济、通用的介绍媒介，被人称为自我的"介绍信"和社交的"联谊卡"，具有证明身份、广交朋友、联络感情、表达情谊等多种功能。

特别提示

一张名片最多使用两种文字。制作名片时，最佳做法是在一张名片的两面，分别以简体汉字、少数民族文字或外文印制相同的内容，但不要把两种文字交替印在名片的同一面上。

1. 递送名片

参加各种正式的活动，应当随身准备好名片并放入专门的名片夹中，装在易于取出的口袋里。需要递送名片时，应起身站立，走到对方面前，面带微笑，友好地注视对方，用双手的大拇指与食指夹住名片的两个角，将名片正面朝向对方，恭敬地递送过去，同时配以口头的介绍和问候，可以说"请多指教""多多关照""今后保持联系""我们认识一下吧"等。

切勿以左手递交名片，不要以手指夹着名片给人，不要将名片背面递给对方或是颠倒着递给对方，不要将名片举得高于胸部，也不能低于腰部。

如果同时向多人递送本人名片，应讲究先后次序，可按由尊而卑或由近而远的次序，依次递送。切勿挑三拣四，采用"跳跃式"递法，否则容易被人误认为厚此薄彼。当你想索要别人的名片时，最好先把自己的名片递给对方，所谓"来而不往，非礼也"，当你把你的名片递给对方的时候，对方一般都会回赠名片给你。

2. 接受名片

接受他人名片应当毕恭毕敬，双手捧接或者用右手接，友好地注视对方，口称"谢谢"，使对方感受到你对他的尊重。"接过名片后，首先要看"，这一点至关重要。要用半分钟左右的时间，从头到尾认真地看一遍，最好能将对方姓名、职务、职称轻声地读出来，以示敬重，看不明白的地方可以向对方请教。将对方的名片收藏于自己的名片夹或口袋里后，应随之递上自己的名片。如果接受了对方的名片，不递自己的名片，也不说明原因，则是非常失礼的。

3. 存放名片

名片应统一放在名片夹、公文包或上衣口袋内，切忌放在裤袋内、皮夹内或其他不方便取出的地方。接过对方名片后，切不可随意摆弄或扔在桌子上，也不要随随便便地塞进臀部的口袋内或丢在包里，而应放在上衣口袋或名片夹里，以示尊重。

> **特别提示**
>
> 名片不可在用餐时发送；切忌折皱、玩弄对方的名片；在别人的名片上做标记也是不礼貌的。

3.1.6 握手礼仪

握手礼是人们见面和分别时常见的礼节，流行于全世界几乎所有的国家和地区。现代人握手表示的含义很多：见面时表示友好、欢迎、寒暄；告辞时表示送别；其他场合或时间还可表示对他人的问候、感谢、祝贺、安慰等。

> **相关链接**
>
> 握手礼源于欧洲，那时人们见面时，无敌意的双方为了证明自己的友好，就要放下手中的武器，伸开手掌让对方摸摸手心，这种习惯逐渐演变成现代的握手礼。

1. 握手的方式

标准的握手方式是，在距握手对象约1米处，双腿立正，面带微笑，注视对方，上身略向前倾，自然伸出右手；四指并拢，拇指伸开，掌心向内，右掌应与地面垂直，手的高度大致与对方腰部上方持平；以手指稍稍用力握对方的手掌，上下稍许晃动三四次，然后松开手，恢复原状。为了表示对对方加倍的亲切和尊敬，也可以双手相握，即同时伸出双手，握住对方双手或右手。但是这种握手方式只在某种特殊情境下适用，男女之间不宜采用这种方式。

2. 握手的顺序

握手先后顺序应根据握手人双方的社会地位、年龄、性别和宾主身份来确定。一般遵循"尊者决定"的原则，即尊者先伸手。面对身份高者、年长者、女士时，不可先伸手行握手礼，只能先行问候礼或致意礼；待对方向自己伸手后，才可向对方伸手回握。男女之间如女方无握手之意，男方可点头或鞠躬致意。倘若男方是长辈、上级，先伸手也是可以的。

迎来送往，主客有序，即迎接客人时，主人先伸手，以示热烈欢迎；客人告辞时，客人先伸手，主人再伸手回握，否则有逐客的嫌疑。同时主客双方都要注意，不能跨门槛或隔着门槛与对方握手。

身份相当时，谁先伸手不必计较。一般谁伸手快，谁更有礼。另外，祝贺对方、宽慰对方、表示谅解对方，要想显得真心诚意，也应主动伸手。

礼节性握手应对等、同步，即一方伸出手来，另一方应毫不迟疑地立即回握。如果反应迟钝，未作回应，或者拒绝握手，会使对方陷入尴尬境地，并显得自己傲慢无礼。

3. 握手的时间

握手时间的长短可根据握手双方的亲密程度来定。初次见面者，一般应控制在3秒以内，切忌握住异性的手久久不松开，即使握同性的手时间也不宜过长。但握手时间也不宜过短，否则会给人以应付、走过场的感觉。老朋友或关系亲近的人则可以边握手边问候，甚至双手长时间地握在一起。

4. 握手的力度

握手力度要适中，以不握疼对方的手为限度，以手指稍稍用力，让对方感到手掌的结实感为宜。若要表示出对服务对象的热情友好，握手时可以稍许用力，但力度切不可过大。男士与女士握手时，用力更要轻一点，往往只握住女士的手指部分，以示尊重。但老朋友久别重逢，可用力地紧握，以示热情与高兴。有时还可伸出左手握住对方左手的手背，使劲地上下摆动，但不可握疼对方的手。

5. 握手的忌讳

(1) 左手相握。握手时，应该伸出右手，决不能伸出左手，伸出左手是失礼的，特别是有的国家、地区忌讳使用左手握手。在特殊情况下，不能用右手相握应说明原因并道歉。

(2) 交叉握手。遇到两位以上交往对象，行握手礼时应逐一相握。有的国家视交叉握手为凶兆的象征，交叉成"十"意为十字架，当地人认为必定会招来不幸。

(3) 不摘手套。因为戴手套本身就意味着讨厌别人接触你的手，即使对方跟你的关系非常好，这种握手也会产生不好的效果。在大多数国家，戴手套与别人握手既不礼貌又是对对方的侮辱。军人与他人握手时，不必脱军帽，应先行军礼然后握手。在西方国家，女士身着礼服帽、戴手套时，与他人握手可以不摘手套。

(4) 厚此薄彼。同时面对多人，而你只同某一人握手，对其他人视而不见，这是极其无礼的行为。不仅要与在场的所有人握手，还要确保与每人握手的时间大致相同，切忌给人厚此薄彼的感觉。

(5) 心不在焉。与人握手要真诚，微笑着注视对方是基本的礼貌。握手时不要东张西望、心不在焉或面无表情、有气无力。

> **特别提示**
>
> **什么时候不该与人握手？**
>
> 如果遇到以下几种情况，则不适宜握手：对方手部有伤；对方手上提着重物；对方正在忙于他事，如打电话、用餐、喝饮料、主持会议、与他人交谈等；对方与自己距离较远；对方所处环境不适合握手。
>
> 如果自己的手是脏的，可以不与对方握手，但要及时向对方说明原因并诚恳表示歉意。

3.1.7 交谈礼仪

交谈是人们交流思想和表达感情最直接、最快捷的途径，是人际往来中最迅速、最直接的沟通方式。交流礼仪就是交谈的行为规范。在旅游接待工作中，因为不注意交谈礼仪或用错了一个词，或多说了一句话，或不注意词语的色彩，或选错话题等，都会导致接待工作的失败，甚至会影响人际关系。

曾任美国哈佛大学校长的查尔斯·艾略特曾这样说过："在造就一个有修养的人的教育中，有一种训练必不可少，那就是优美、高雅的谈吐。"接待人员在交谈时的表现，不仅是其工作能力的表现，同时也是展示个人魅力与风采的途径之一。在交谈中只有遵从一定的交谈礼仪，才能达到双方有效交流信息、沟通思想的目的。

1. 交谈的态度

在交谈时应当体现出以诚相待、以礼相待、谦虚谨慎、主动热情的基本态度，切不可逢场作戏、虚情假意、敷衍了事、油腔滑调，具体包括以下几方面。

1) 表情自然

表情，通常是指一个人的面部表情，即一个人面部神态、气色的变化和状态。人们在交谈时所呈现的种种表情，往往是个人心态、情绪的无声反映。为了体现自己的交谈诚意和热情，应当对表情予以充分注意。

(1) 交谈时目光应专注，或注视对方，或凝神思考，从而和谐地完成交谈进程。眼珠一动不动，眼神呆滞，直愣愣地盯视对方，都是极不礼貌的。目光游离、东张西望，则是对对方不屑一顾的失礼之举,也是不可取的。如果是多人交谈,就应该不时地用目光与众人交流,以表示交谈是大家的,彼此是平等的。

(2) 在交谈时可适当运用眉毛、嘴、眼睛在神态上的变化,表达自己对对方所言的赞同、理解、惊讶、迷惑,从而表明自己的专注之情,并促使对方强调重点、解释疑惑,使交谈顺利进行。

2) 举止得体

人们在交谈时往往会伴随着做出一些有意无意的动作,这些举止通常反映了自身对谈话内容和谈话对象的真实态度。

(1) 适度的动作是必要的。例如,发言者可用适当的手势来补充说明其所阐述的具体事由,倾听者则可以点头、微笑来反馈"我正在注意听""我很感兴趣"等信息。可见,适度的举止既可表达敬人之意,又有利于双方的沟通和交流。

(2) 避免过分、多余的动作。与人交谈时可有动作,但动作不可过大,更不要手舞足蹈、拉拉扯扯、拍拍打打。为表达敬人之意,切勿在谈话时左顾右盼,或是双手置于脑后,或是高架"二郎腿",甚至剪指甲、挖耳朵等。交谈时应尽量避免打哈欠,如果实在忍不住,也应侧头掩口,并向他人致歉。尤其应当注意的是,不要在交谈时以手指指人,因为这种动作有轻蔑之意。

3) 遵守惯例

为表达自己的诚意、礼貌与热忱,需要在交谈细节的处理上遵守一定的惯例。

(1) 注意倾听。倾听是与交谈过程相伴而行的一个重要环节,也是一种重要的交谈方式。任何人都希望得到他人的尊重,特别是在谈话时,如果对方心不在焉、不闻不问甚至随意打断自己的发言,说话者会认为自己没有得到尊重。在交谈时,倾听是满足对方自尊的一种方式,也是获取信息的重要途径。

在交谈时,倾听可以通过专注的眼神、表情来表现出来,倾听对方谈话时应注视对方,全神贯注,眼神是自然、柔和的;还应适时地配合对方的谈话,用语言或身体来表示自己在认真聆听对方的谈话。例如,适当地点头、微笑、做手势等,或配合语言,如"是吗""真遗憾啊"等都能表明自己在认真倾听,会使谈话气氛更加活跃、融洽。听与倾听的区别如图3-2所示。

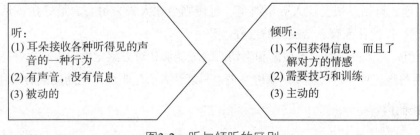

图3-2 听与倾听的区别

(2) 谨慎插话。交谈中不应当随便打断别人的讲话,要尽量让对方把话说完再发表自己的看法。如确实想要插话,应向对方打招呼:"对不起,我插一句行吗?"但所插之言不可冗长，一两句点到即可。

(3) 礼貌进退。参与别人谈话之前应先打招呼，征得对方同意后方可加入。相应的，他人想加入己方交谈，则应以握手、点头或微笑表示欢迎。如果别人单独谈话，不要凑上去旁听。若确实有事需与其中某人说话，也应等到别人说完后再提出要求。谈话中若遇有急事需要处理，应向对方打招呼并表示歉意。值得注意的是，男士一般不宜参与女士圈子的交谈。

(4) 注意交流。交谈是一个双向或多向的交流过程，需要各方的积极参与。因此，在交谈时切勿造成"一言堂"的局面。自己发言时要给其他人发表意见的机会，别人说话时自己要适时发表看法，互动式地促进交谈进行。

> **特别提示**

倾听时的五个"不能"

不能左顾右盼，目光必须集中在讲话者的身上；
不能经常打断别人的讲话；
不能心不在焉，一边保持手中的动作一边听别人讲话是很不礼貌的行为；
不能假装在听，在别人说话时走神是最大的禁忌；
不能过于强硬地坚持自己的观点，且因此与对方发生争执是不礼貌的行为。

2. 交谈的语言

语言是交谈的载体，交谈过程即语言的运用过程。语言运用是否准确恰当，将直接影响交谈能否顺利进行。

(1) 语调。要在讲话时保持抑扬顿挫的音调，让人觉得自己对正在交谈的话题很有兴趣，不能用平淡、乏味的声音来交谈，这会让人有昏昏欲睡的感觉。

(2) 声调。过于尖锐的声调会让人觉得难以忍受，避免将讲话的力气都集中在嗓子眼；而过于低沉的声调会让人听起来很累。

(3) 音量。太大的音量会使你成为交谈中气势逼人的角色，让人反感；音量太小会使你显得不够权威，容易被人忽视。因此，要采用适当的音量与人交谈。

(4) 语速。讲话过快会让人听不清楚，过慢则会让人失去耐心。最好在讲话的过程中留一些停顿，以便让人有一个反应的过程。

(5) 语气。与人交谈时语气应温和亲切，这样能够让对方感觉愉快、心生好感，从而有助于双方更好地交谈。语气生硬、拿腔拿调，只能让人心生不快，无助交谈的顺利进行。

3. 交谈的内容

交谈内容是关系到交谈成败的决定性因素，正所谓言为心声。接待人员所选择的交谈内容，往往被视为个人品位、志趣、教养和阅历的集中体现。交谈内容的选择应当遵守一定的原则和要求。

1) 切合语境

语境即说话的语言环境，它指的是说话的客观现场环境，包括时间、地点、目的以及交谈双方的身份等内容。接待人员的交谈内容务必要与交谈的时间、地点与场合相对应，同时也应符合身份，切合语境。

2) 因人而异

所谓因人而异，即接待人员在交谈时要根据交谈对象的不同而选择不同的交谈内容，多为谈话对象着想，并根据对方的性别、年龄、性格、民族、阅历、职业、地位而选择适宜的话题。同时，接待人员应当本着求同存异的原则，选择大家都感兴趣的话题作为谈话内容。如果交谈各方在交谈中对某一问题产生了意见或观点的分歧，则不妨进行适度的调整，转移话题，并克制自己的情绪。

3) 具体要求

除上述原则，接待人员在选择交谈内容时还应遵循以下6点。

(1) 选择有助于接待对象进一步了解有关本单位的内容。有交流才有了解，有了解才有信任。为了便于接待对象进一步了解接待人员所在单位的情况，接待人员应该在交谈中主动介绍本单位的实际情况，但在介绍时，要兼顾客观性与公正性。

(2) 选择对接待对象所属的单位或其本人表示善意的内容。在任何情况下，接待人员都应该把对接待对象的尊重与友善放在首位，这体现了对接待对象的重视。

(3) 选择高雅的内容。选择高雅的内容，例如哲学、历史、文学、艺术、风土人情、历史典故，以及政策国情、社会发展等话题。不宜谈论庸俗低级的内容，如男女关系、凶杀惨案，更不应参与小道传闻的传播。

(4) 选择轻松的内容。在交谈时要有意识地选择那些能给交谈对象带去开心与欢乐的轻松话题，除非必要，切勿选择那些让对方感到沉闷、压抑、悲哀、难过的内容。

(5) 选择擅长的内容。交谈的内容应当是自己或者对方所熟知甚至擅长的内容。选择自己所擅长的内容，就会在交谈中驾轻就熟、得心应手，并令对方感到自己谈吐不俗，对自己刮目相看。选择对方所擅长的内容，则既可以给对方发挥长处的机会，调动其交谈的积极性，又可以借机向对方表达自己的谦恭之意，并可取人之长、补己之短。应当注意的是，无论是选择自己擅长的内容，还是选择对方擅长的话题，都不应当涉及任何一方一无所知的内容，否则便会使对方感到尴尬难堪，或者令自己贻笑大方。

(6) 回避忌讳的内容。每个人都有自己忌讳的话题，因此接待人员在交谈时务必要注意回避对方的忌讳话题，以免引起误会。例如，不干涉对方的私生活，不询问对方单位的机密事宜等。由于中外生活习惯的差异，许多国内司空见惯的话题往往是触犯外国人禁忌的敏感内容。因此接待人员在与外国人打交道时，尤其要注意回避对方忌讳的话题。例如，过分地关心他人的行动去向，了解他人年龄、婚姻、收入状况，询问他人身高、体重等，都被外国人视为对其个人自由的粗暴干涉，是交谈不应涉及的内容。

4. 交谈的方式

交谈的方式，即人们在与他人交谈时所采用的具体形式。交谈方式的选择恰当与否，对能否正确进行人际沟通、恰当表达个人思想、友善传递敬人之意都起着相当关键的作用。下面介绍一下交谈的6种方式。

1) 倾泻式交谈

倾泻式交谈，就是人们通常所说的"打开窗户说亮话"，无所不言，言无不尽，将自己的所有想法和见解全部讲出来，以便让对方较为全面、客观地了解自己的内心世界。倾泻式交谈的基本特征是以我为主，畅所欲言。

采用倾泻式交谈方式，易赢得对方的信任，但要把握恰当的分寸，切不可泄露本单位的秘密，也要防止这种交谈方式会让对方认为自己不稳重，而且还会被人误以为是在和他"套近乎"。

2) 静听式交谈

静听式交谈，即在交谈时有意识地少说多听，以听为主。在倾听时，表情要认真，要目视对方、全神贯注，切不可用心不专。学会倾听，应该是接待人员的基本素质。

静听式交谈的长处在于它能表示谦恭之意，但此种方式并非要人自始至终一言不发，而要求以自己的只言片语、神情举止去鼓励并配合对方，例如微笑、点头等，否则就会给人自命不凡之感。

3) 启发式交谈

启发式交谈，即交谈一方主动帮助不善表达的一方，在话题的选择或谈话的走向上予以引导、抛砖引玉，鼓励对方采用恰当方式阐述己见。

在采用此种交谈方式时，切不可居高临下，企图以此来控制对方，也不可存心误导对方、愚弄对方，令对方丢人现眼。

4) 跳跃式交谈

跳跃式交谈，即在交谈中，倘若一方或双方对某一话题感到厌倦、无人呼应或难以回答时，及时地转而谈论另外一些较为适当的、双方都感兴趣的话题。

跳跃式交谈的长处在于可使交谈者避免冷场的尴尬，保证交谈的顺利进行。跳跃式交谈虽可对交谈话题一换再换，但交谈者切勿单凭个人兴趣频繁跳换话题，让对方无所适从。要使双方处于平等的地位，共同选择适当的内容。

5) 评判式交谈

评判式交谈，即在谈话中听取他人的观点、见解后，在适当时刻，以适当方法插话，来发表自己就此问题的主要看法，当面肯定、否定或补充、完善对方的发言内容。

接待人员在涉及根本性、方向性、原则性问题的交谈中，有必要采取评判式交谈，来阐述自己的观点、立场。同时，必须要注意适时与适度，也要重视与对方彼此尊重、彼此理解、彼此沟通。

6) 扩展式交谈

扩展式交谈，即围绕着大家共同关心的问题，进行由此及彼、由表及里的探讨，以便开阔思路、加深印象、提高认识或达成一致。扩展式交谈的目标在于各抒己见，交换意见，以求集思广益。

扩展式交谈不但要求人们在交谈中注意双向交流，而且要求谈话者就事论事，以理服人，通过谈话统一思想、达成共识。

相关链接

交谈中的"十不要"

1. 不要一个人长篇大论。交谈讲究的是双向沟通，因此要多给对方发言的机会，不要一人侃侃而谈。

2. 不要冷场。不论交谈的主题与自己是否有关，自己是否有兴趣，都应热情投入，积极合作。万一交谈中出现冷场，应设法打破僵局。常用的解决方法是转移旧话题，引出新话题。

3. 不要插嘴。他人讲话时，不要插嘴打断。即使要发表个人意见或进行补充，也要等对方把话讲完，或征得对方同意后再说。

4. 不要抬杠。交谈中，固执己见、强词夺理的行为是不可取的。自以为是、无理辩三分、得理不饶人的做法，有悖交谈的主旨。

5. 不要否定。交谈应当求大同、存小异，如果对方的谈话没有违反伦理道德、侮辱国格人格等原则问题，就没有必要当面否定。

6. 把握交谈时间。一次良好的交谈应该注意见好就收，适可而止。普通场合的谈话，最好在30分钟以内结束，最长不能超过1小时。

7. 避免低声耳语。如果多人交谈时，你只对其中一人窃窃私语，会给其他人造成你正在评论他们的印象，会让其他人觉得你排斥他们。

8. 不要用手指点别人。需要指出其他人的时候，应该把手指全部伸开，掌心朝上，用手掌指出那个人。

9. 不要过分谦虚。受表扬时，把自己快乐的心情直接告诉对方，比只是谦虚的效果好得多。

10. 不要挑剔别人的毛病。大家在一起的时候，如果你总是挑剔别人的毛病，那么被你挑毛病的人就会心情很差，影响整体交流氛围。我们应该从积极的角度思考对方的不足，正确理解对方的想法和心情。

学习任务3.2 旅游服务人员语言与心理

参考案例

酒店服务人员与客人沟通技巧

某日，几位客人在客房吃西瓜，桌面、地毯上到处都是西瓜子。一位客房服务员看到这个情况后,赶紧拿了两个盘子,走过去对客人说:"真对不起,不知道您几位在吃西瓜,我早应该送两个盘子过来。"说着就去收拾桌面上和地毯上的西瓜子。客人见服务员不仅没有指责他们,还提供了热情周到的服务,觉得很不好意思,连忙自我批评:"真对不起,给你添麻烦了!我们自己收拾吧。"服务员说:"请各位不要客气,有什么事,尽管找我。"

案例中,服务员用"为客人提供服务"的方式教育了客人,巧妙地进行了沟通。

知识储备

语言是人们表情达意,进行情感交流和沟通信息的重要手段和工具。所谓言为心声,就是说语言能够表达一个人的内在感受,通过人的语言,还可以看到一个人的精神境界、道德情操、志向爱好等。

高尔基曾说过:"作为一种感人的力量,语言真正的美,产生于言辞的正确、明晰和动听。"所以,在旅游接待工作中,旅游接待人员要想把语言的"感人"力量发挥出来,就应该时时刻刻注意使用礼貌服务用语,这是对旅游接待人员运用语言的基本要求。

3.2.1 旅游服务用语

旅游服务人员掌握服务语言的技巧极为重要。来的都是客,全凭一张嘴,服务人员应该加强正规的服务语言培训,遇到一些突发事件才不至于惊慌失措、有口难言。一句话把人说笑,一句话把人说跳,服务人员的语言修养是多么重要。因此,旅游服务人员必须学会使用服务语言,讲究语言规范,与客人建立情感线、编织情感网,使礼貌用语成为每一位服务人员的职业习惯,达到良好的沟通效果,树立完美的自身形象。

1. 使用礼貌服务用语的基本要求

礼貌服务用语是旅游服务人员在接待客人时使用的一种礼貌语言,它是服务人员向客人表达意愿、交流情感和沟通信息的重要交际工具。使用礼貌服务用语的基本要求是:第一,声音甜美,悦耳动听;第二,态度诚恳,亲切感人;第三,用语准确,表达灵活;第四,言简意赅,明了清晰;第五,举止端庄,文雅大方。

礼貌用语是礼貌服务的基础,在人际交往中,使用礼貌用语已成为衡量语言美的重要标志。在生活和工作中,我们常用到的礼貌用语有"您好""请""谢谢""对不起""再见"10个字。这10个字简洁明了,通俗易懂,是促进人际关系和谐的润滑剂,如能经常使用这10个字,就可以避免许多不必要的误会和摩擦。

礼貌用语作为礼仪的表现形式,能把一个人对他人的友好、尊敬和内心的素养表露出来。在工作中使用礼貌用语是十分重要的,旅游从业人员使用规范的礼貌服务用语,能表现风度和教养,也能缓解人与人之间的紧张关系,还能展现一个企业的管理风格和水平。

> **相关链接**

22个常用礼仪客套词

初次见面说"久仰"，分别重逢说"久违"，
征求意见说"指教"，求人原谅说"包涵"，
求人帮忙说"劳驾"，求人方便说"借光"，
麻烦别人说"打扰"，向人祝贺说"恭喜"，
求人解答用"请问"，请人指点用"赐教"，
托人办事用"拜托"，看望别人用"拜访"，
赞人见解用"高见"，宾客来临用"光临"，
送客出门说"慢走"，与客道别说"再来"，
陪伴朋友说"奉陪"，中途离开说"失陪"，
等候客人用"恭候"，请人勿送用"留步"，
欢迎购买说"光顾"，归还物品说"奉还"。

(资料来源：http://www.wxxazx.com/ReadNews.asp？NewsID=1364.)

2. 常用的规范服务用语

面对日趋激烈的旅游业市场竞争，旅游服务用语不仅要标准化，更应情感化，用优美、得体的语言为客人营造高雅的文化氛围，使他们在旅游过程中受到感染，在精神上、心理上得到满足。因此，旅游从业人员要不断提高自身素质，掌握语言技巧，发自内心地给客人充分的尊重和关怀，让客人高兴而来，满意而归。

1) 问候语

"您好"这句问候语比较具有代表性也比较通用，在任何场合都适用。此外，也可使用"早上好""下午好""晚上好"之类的问候语。酒店服务人员在接待客人时，一定要根据时间、场合和对象的不同，选择合适的问候语，不可一味地说"您好"，这样不但自己会觉得单调乏味，客人也会觉得很平淡。

遇到节日，应对客人说"圣诞快乐""新年好""恭喜发财，大吉大利"等。对我国香港、广东的客人，习惯上说"愉快"而不是"快乐"，因"乐"与"落"同音，是商人忌讳的字。

接待体育、文艺代表团时，应说"祝您演出成功""祝您在比赛中获胜"等。若是在生日或婚庆等庆祝活动的场合，则应对客人说"祝您生日快乐""祝您长命百岁""愿你们白头偕老，早生贵子"等。

遇到有客人不舒服或生病时，应主动地表示关心，对客人说"您还好吧""请多保重""祝您早日康复"之类的话，会让客人倍感温暖。

在接待外宾时，千万不能按照中国人打招呼的习惯问外宾"吃饭了吗""您要上哪儿去啊"。这些问候语对于中国人而言是习以为常的，但外宾会认为你是在干涉他的私事，

从而产生误会。

另外，在使用这些问候语的时候，可以根据需要紧跟其他一些礼貌用语，如"您有什么需要我帮助的吗""旅途辛苦了，您先坐这儿休息一下吧"。这样会让人觉得自然亲切，而非做作。

> **特别提示**
>
> 在营业高峰时，要注意"接一顾二招呼三"，即手里接待着一个，嘴里招呼着另一个，同时通过表情、眼神等向第三位客人传递信息。

2) 应答语

应答语是旅游接待人员在工作岗位上用来回应客人的召唤，或是答复其问题时所使用的专门用语，其基本要求是：随听随答，有问必答，灵活应变，热情周到。

当客人提出某种要求时，应对客人说"是的""好""很高兴能为您服务""好的，我明白您的意思"等。

引领客人时应说"请跟我来""这边请""里边请""请上楼""注意脚下"等。

接受客人吩咐时应说"好，明白了""好，马上就来""好，听清楚了，请您放心""好的，我知道了！您放心吧，一定会按您的要求完成的"等。

服务完离开客人时，应说"请好好休息""请慢用，有事尽管吩咐""谢谢，再见"等。

> **特别提示**
>
> 在回答客人的提问时，切忌回答"没有""不知道，你问别人去吧"或者"这事不归我管"等带有否定语气、表示与自己无关或不耐烦的语句。

3) 恭敬语

以礼待人，才能显示出自身的品质修养，还可以满足对方的尊重需要。旅游接待人员应常用"请"字来表达对他人的敬意。

为客人指示方向时，要说"请跟我来""请一直往前走""请向右转""这边请""里边请""请上楼"等。

当客人因年龄、身体原因，行动不便而显露尴尬时，可以使用语言使其安定下来，如"请慢慢来，别着急"等。

当客人准备离开时，要真诚地奉上"欢迎您的光临，请您慢走""请慢走，欢迎下次光临"等。

总之，"请"字在任何需要麻烦他人的时候，都是必须使用的礼貌用语，如"请问""请原谅""请留步""请指教""请稍候""请关照"等。使用"请"字，会使话语变得委婉而有礼貌，是比较自然地把自己的位置降低、将对方的位置抬高的方法。

4) 致谢语

旅游接待人员可使用致谢语来表达自己的感激之情，拉近与客人的关系。每当得到别人的馈赠、服务和帮助时，我们都要说声"谢谢"，即使是很不起眼的小事，如别人给我们让座，宴会上给我们递一个胡椒瓶、一个盘子，帮我们开门，我们都应道谢，包括别人愿意帮忙但没能帮上忙时，我们也要说声"谢谢"。总之，说声"谢谢"，永远不会多余。

当客人协助完成工作时，应说"谢谢您的配合""非常感谢您的帮助"等。

当接受客人赞扬时，应说"谢谢，您过奖了，不敢当""承蒙夸奖，谢谢您了"等。

当客人对服务工作提出建议或意见时，应说"谢谢您的宝贵意见，我们一定会在以后的工作中改正""谢谢您的关心，我们会认真考虑您的建议"等。

当客人对服务工作表示满意时，应说"谢谢您的鼓励，我们一定会再接再厉""谢谢您，这些都是我们应该做的"等。

当重要的领导或贵宾莅临或讲话时，应说"谢谢在座的各位领导"或"谢谢来自各地的朋友"等。

特别提示

表示感谢，最重要的莫过于真心实意。为使被感谢者体验到这一点，一定要认真、诚恳、大方。话要说清楚，要直截了当，不要连一个"谢"字都讲得含糊不清。表情要加以配合，要正视对方的眼睛，面带微笑。必要时，还要与对方握手致意。

5) 致歉语

在旅游接待工作中，若由于接待人员自己的原因而给客人带来不便，或妨碍、打扰到客人，接待人员必须使用致歉语"对不起""请原谅"等，向客人表达自己的歉意。

听不清或未听懂客人问话时应说"对不起，请您再说一遍好吗？我刚刚没有听清楚""对不起，能重复一遍吗"等。此时，千万不可表现出不耐烦的情绪，一定要始终面带微笑。

不能立即接待客人时应说"对不起，请您稍等""请稍等一下，好吗"等。

接待等候多时的客人时应说"对不起，让您久等了"等。

接待失误或给客人添麻烦时应说"实在对不起，给您添麻烦了""对不起，这是由于我的疏忽造成的，以后一定不会再发生类似的情况了"等。

有事要问客人时应说"对不起，我能不能问您一个问题""对不起，您现在方便吗？我有个问题想请教您"等。

当客人表示感谢时应说"不用谢，这是我应该做的""别客气，我乐于为您服务"等。

当客人消除误解后致歉时，应说"没关系，不用放在心上""这没什么的"等。

当客人提出过分或无礼要求时，要沉得住气，婉言拒绝，对客人说"这恐怕不行吧""很抱歉，我无法满足您的这种要求""对不起，我们酒店不提供这种服务""您稍等，我再帮您去问一问吧"等。

营业时间已过时，应对来客说"对不起，今天营业时间已过，请明天再来吧，谢谢"等。

当需要打断客人的讲话，以便告知其重要的事情或情况时，应说"对不起，打扰一下""对不起，请问您是××先生吗""对不起，××小姐，有您的电话"等。

特别提示

用"对不起"在工作场合向客人道歉，是缓和双方可能产生的紧张关系的一贴灵药。道歉时要有诚意，切忌道歉时先辩解，以免让人误会在推脱责任。

6) 征询语

在接待工作中，为了取得良好的反馈信息，接待人员往往需要向客人征询意见，这时就要用到征询语。

对前来的客人应主动征询是否需要提供服务，可以说"您需要帮助吗""我能为您做点儿什么""您需要点什么""您想要哪种"等。

当为客人提供某种服务时，可以给客人一个选择方案，由客人来决定是否采纳。这时，可以说"您不来一杯咖啡吗""您喜欢这种样式吗""您要不要先试一试""您不介意我来帮助您吧"等。

当有很多种方案可供客人选择时，可以说"您打算预订雅座，还是散座""这里有三种颜色，您喜欢哪一种"等。

7) 推托语

当接待人员暂时不能为客人提供服务时，可以使用一定的推托语，来缓解客人的不满。

(1) 道歉式推托。当客人的要求难以立即满足时，不妨直接向对方表示自己的歉疚之情，以求得客人的谅解。

(2) 转移式推托，即不纠缠于某一具体的细节问题，而是主动提及另外一件事情，以转移对方的注意力。如"您可以去对面的店里看看""我帮您向其他的航空公司询问一下吧"等。

(3) 解释式推托，即在推托时尽可能准确地说明具体原因，以使对方觉得推托合情合理、真实可信。如"国家民航总局××号文件已经通知，机票不得自行打折""下班后我们还有其他安排，很抱歉不能接受您的邀请"等。

8) 告别语

与客人友好地告别，可以让客人对工作人员及企业留下深刻的印象。在向客人道别或为客人送行时，应对客人说"您慢走，欢迎下次再来""祝您一路顺风，旅途愉快""再见""晚安"等。在送别时，还可以配合一定的手势，如挥手、微笑等。

对于一天多次见面或经常见面的客人，应说"回头见""下午见""明天见"等。

> **相关链接**

导游员拒绝游客的语言技巧

导游员在导游过程中，为使游客玩得开心、游得尽兴，应该竭尽全力为游客提供一流的服务。但在工作中，如果游客向导游提出一些有违情理、规范等的要求，导游员应该拒绝。但这个"不"字写起来容易，对游客说起来可就不容易了。要避免因回绝不当而造成难言的尴尬和不必要的误会，同时也为了能使导游服务工作得以顺利进行，导游员必须掌握拒绝的语言技巧。

1. 直接拒绝法

直接拒绝，不是导游员直接对游客说"不"。导游员在导游过程中，绝对不能直接对游客使用"不"字。直接拒绝应该有一个"话路"：首先要说明对游客的要求表示理解，接着说明困难，然后加以拒绝，最后表达歉意。

例如，某旅行团正按预定的日程和线路观光游览，有位客人因为去过其中的某个景点，途中要求导游员改变旅行线路。按照规定，旅行线路事先已经定好，中途是不能随意改变的。面对这位游客的要求，导游员小张采用的就是直接拒绝法，他说："您去过这个景点，想换个新景点游览的心情我非常理解，可旅游线路是事先定好的，我也无权更改，您的这个愿望我这次无法帮您实现，真的很抱歉！"

这位导游员在直接拒绝游客时，没有使用一个"不"字，可拒绝的意思表达得十分清楚，道理也在拒绝中表明，加上导游员在拒绝时始终微笑，且语调柔和亲切，游客也就不再提改变线路的事了。

直接拒绝时，导游员一定要诚恳地表明对游客的愿望表示理解，这是最关键的一环。导游员失去这份"理解"，可能会让游客产生误解，给游客留下"服务不周"的印象。导游员在直接拒绝游客时一定要"先是后非"，即先肯定游客动机或表明自己与游客的主观愿望是一致的，然后说明客观理由加以拒绝。这种拒绝法可以调节游客紧张的情绪，使游客能感受到：导游员拒绝我的要求，确实有他(她)充分的理由，这样游客在心理上容易接受。

2. 婉言谢绝法

导游员在导游过程中为游客提供了优质的服务后，为表达感激之情，有些游客在临别时会给导游员送钱、送物或给予其他方面的好处，面对这种情形，导游员应婉言谢绝。采用"婉言谢绝"的方式，能充分展现导游员高尚的职业道德，树立导游员良好的形象。

例如，小李幼师毕业后，又经过自己的努力取得了"国导"任职资格，就职于某地康辉旅行社。她是一位能歌善舞的漂亮女孩，又会讲一口纯正的普通话，在带团的过程中，凭着过硬的业务知识和周到的服务赢得了游客的赞赏，在旅行社已成为一名业务骨干。有一次，在带团行车过程中，为了增加游客的兴致，小李像往常一样给游客唱歌，她的歌声动听悦耳，赢得了游客阵阵掌声。在带团结束后，一位老板模样的游客笑眯眯地对小李说："李小姐，你的歌声太美了，在临别之前，我希望你再为我唱一首，好吗？"小李说:"谢谢您的夸奖,既然您这么爱听我的歌,在离别前,我就用歌声来感谢各位朋友对我工作的支持。"小李唱毕,这位游客从口袋里掏出几张百元钞票走到她面前,说:"李小姐,谢谢你为我唱歌!这几百元钱就算我给你的小费吧。"小李说:"先生,我的歌声是献给包括您在内的在场所有朋友的。导游员是不收小费的!您的心意我领了,谢谢!朋友们,能为你们服务我感到非常高兴,我们有幸这次相逢,相信将来有缘会再次相见,最后祝大家一路顺风!谢谢。"那个游客收起钱后微笑着说:"李小姐,我去过很多地方,你是我见到的导游中最出色的一个!下次再到贵地来一定还请你做我的导游。"

小李先侧面否定了游客的话意,然后又做了委婉拒绝的补充,让游客正确认识导游小姐的工作性质。小李在谢绝游客时,态度和蔼可亲,语气委婉、温和、得体,这次谢绝使小李在游客中的形象更完美了。

3. 暗示拒绝法

暗示拒绝法就是导游员用巧妙的语言暗示游客,让游客自觉地意识到自己的要求不合理,从而放弃继续提出要求的回绝方式。这种方式因语言委婉,游客容易接受。

例如,一批商人旅行团参观玉石加工厂,看着眼前玉色莹洁、玉质细腻、雕琢精致的工艺品赞叹不已,爱不释手。其中一位游客不断地向车间工人打听研磨玉石的方法,可是谁都不愿告诉他。最后这位游客只好询问导游员,导游员神秘地向四周环视一圈,再故作肯定地对这位游客小声说:"不要说我不知道,这个车间的所有工人都不知道。"那位游客先是一愣,接着很快领悟了导游员的言外之意:"是啊,这是商业机密。"他就不再打听了。

导游带团有时会碰到个别行为不端的好色之徒,他们以旅游为名,在外寻花问柳,追求刺激。有时,他们会向导游员提出要求,希望导游员帮助他们实现那些不合情、不合理、不合法的愿望,这时候导游员可以用暗示法,消除游客的杂念,使游客自动放弃提出的无理要求,以达到拒绝的目的。

例如,一位男游客在九华山玩了一天,入住宾馆前,很诡秘地招呼导游员小叶,希望小叶晚上帮他找个"小姐",说是在九华山过夜,晚上一定很寂寞、很无聊,找个"小姐"陪他说说话就不会寂寞了。这个要求小叶当然要拒绝,但又不能严词拒绝,小叶微笑着对这位游客说:"先生,您到九华山来观光游览,说明您和九华山的'佛'很有缘,您是第一次来九华山吧?在这短短的两天时间里,九华山的'佛'光时时照耀着您!您就把这两天宝贵的时间留给'佛',好吗?"这种暗示性拒绝让游客幡然醒悟,他一脸羞愧,忙对小叶说:"对不起,我已经冒犯了佛,明天一定给佛多磕头多烧香,求佛原谅。"

小叶就是利用九华山上的"佛"来暗示游客,在这座佛教名山游览观光,游客与"佛"结缘了,心灵应该得到净化。游客在导游的暗示中消除了杂念。导游员采用这种暗示性拒绝,让游客去思、去想,最终明白自己所提的要求是错误的。

4. 无声拒绝法

当游客向导游员提出某种要求,而导游员不能答应又无法讲明原因时,为了不给游客难堪,用微笑、摇头、摆手这种态势语拒绝是比较好的选择。

例如,小王是一位年轻漂亮的女导游员,在为游客提供了一天的导游讲解服务后,给游客留下了非常美好的印象。在返回宾馆下车时，一位男游客当着许多游客的面向这位漂亮的"王导"发出邀请："王小姐，晚上我请你去舞厅跳舞好吗？"话一出口，所有游客的眼光"刷"地一下投向小王，小王看看这位表情有些猥琐的男游客，什么话也没说，微微一笑，面带歉意地摇摇头、摆摆手，然后回头招呼别的游客了，男游客见状也只好作罢。

总之，导游员在导游服务中，为了保证大多数游客的合法权益和旅游企业的正当利益，为了树立良好的导游形象，对游客提出的不合情理、不合法的要求，该拒绝时还是要拒绝。导游员在拒绝游客时只要态度诚恳、道理过硬、方法正确，有时候给游客以适当的补偿，游客是不会因为在旅游过程中遭到导游员的拒绝而去投诉导游员"服务不周"的。

(资料来源：https://wenku.baidu.com.)

3. 使用服务用语的注意事项

旅游从业人员要做到谈吐文雅，使用尊称、敬语，语调亲近甜润，音量适中，语句流畅自如，这是基本的规范。然而仅仅做到这些是不够的，还要运用艺术性、情感化的语言来服务客人。有时候酒店服务员还需要担任"临时演员"的角色，在出现尴尬场面时，善于随机应变，及时化解尴尬。如客人不小心摔了玻璃杯，工作人员首先要问询客人是否受伤，然后再以"落地开花，富贵荣华"等类似的语言来缓解紧张气氛。温柔的语言会消除愤怒，粗鲁的人是绝不会得到别人友善相待的。

使用服务用语时应注意哪些方面呢？具体来说主要有以下几点。

1) 以客人为中心是使用服务语言的核心

个体的需求总是多方面的，对于一位参与旅游活动、入住酒店的客人来说，他的需求也是多种多样的。在众多的客人需求中，获得尊重的需求往往是第一位的。因此，工作人员首先就要表示对客人的尊重，在语言表达上要力求体现"以客人为中心"的原则，讲求言辞的礼貌性。

在具体工作中，工作人员要根据客人的实际情况和服务的时间、地点及场合，规范地使用敬语，做到彬彬有礼、热情庄重。

2) 常用赞美语言表达对客人的尊重

赞美不等同于取悦对方，它是一种发自内心的语言表达，是一种卓有成效的交谈技巧和交往艺术。赞美别人既表示对他人的友好和喜爱，又显示出赞美他人者的谦虚和大度，是与人交往的润滑剂。旅游从业人员在对客服务中灵活地运用赞美技巧，恰当地使用赞美语言，可以更好地提升对客服务的满意度。

(1) 赞美要真诚。只有名副其实、发自内心的赞美，才能显示它的作用和魅力。言不由衷的赞美无疑是一种谄媚，最终会被他人识破，使人反感，甚至造成彼此间的隔阂、误解，甚至反目。

美国历史上第一个年薪过百万的管理人员叫史考伯，他是美国钢铁公司总经理。记者问他："你的老板为什么愿意一年付你超过一百万的薪金，你到底有什么本事啊？"他答道:"我对钢铁懂得不多,最大的本事是我能使员工鼓舞起来。鼓舞员工最好的办法就是表现真诚的欣赏和鼓励。"史考伯的墓志铭上写道:这里躺着一个善于与比他更聪明的下属打交道的人。

(2) 赞美要客观。赞美他人要实事求是、客观真实,这样才能让被赞美者感觉到赞美者的真诚,而非虚假的奉承。对客人面言,旅游从业人员可以赞美对方的外表、精神状态等。如对跟团旅游的老年客人说"您今天真精神"等。

(3) 赞美要适时。交际中认真把握场合,恰到好处的赞美十分重要。一是当你发现对方有值得赞美的地方,就要及时大胆地赞美,千万不要错过机会;二是在别人成功之时,送上一句赞语,就犹如锦上添花。

(4) 赞美要适度。赞美尺度把握得如何往往直接影响赞美的效果。恰如其分、点到为止的赞美才是真正的赞美。使用过多的华丽辞藻、过度的恭维、空洞的吹捧,只会适得其反,让对方感到不舒服、不自在,甚至厌恶。

美国心理学家威廉·詹姆斯说:"人的本性上最深的企图之一,是期望被钦佩、赞美、尊重。"无论是身居要职还是普通百姓,无论是鸿儒还是白丁,都喜欢得到别人的称赞。工作人员在服务过程中恰当使用赞美语言,能起到缩短彼此之间心理距离、沟通双方内心情感的作用。

3) 注意有声语言和形体语言的得体与谦逊

在服务过程中,工作人员只有规范地使用各种礼貌用语,才能做到有声语言和形体语言的完美配合,最大限度地满足客人的要求,消除甚至杜绝误解。

得体与谦逊是旅游服务礼貌规范的重要内容,也是旅游从业人员职业特点的重要体现,更是每个人必备的道德素养。因此,得体与谦逊是旅游工作人员处理工作事宜及与客人交流、沟通、协调关系的重要原则,应予以高度重视。

得体主要是指:语言表达准确、规范;灵活应用各种问候语、应答语和称呼语;对客交流自然、柔和、热情、适度;着装、举止符合职业要求。

谦逊主要是指:对客交流时尽量以听为主,不自以为是地夸夸其谈;对客人的赞赏淡然处之,不沾沾自喜;与客人交流时的态度亲切、有耐心;遇到不友好的言行不卑不亢,彰显人格。

4) 注意采用委婉征询的方式

委婉征询的具体方式因旅游服务的场合不同而有所不同。如与客人交流时,语气要温和,多采用商量式、询问式、建议式和选择式等交流方式进行沟通,要尽量避免转达式、通知式、命令式和谴责式的表达方式。让对方产生角色意识,得到被尊重、被重视的精神享受。

当客人提出不合理的要求时,出于尊重客人的原则,不应直接拒绝,而应当用婉转的词语加以暗示,这样既能达到使对方意会的语言效果,又不至于让对方感到尴尬,甚至伤害对方的情感。

委婉征询能很好地表达对对方的善意和尊重,体现工作人员良好的语言修养,进而显示高质量的服务水准。在旅游服务中，委婉语的作用不可低估，它可以减少刺激性，帮助消除人际矛盾，使双方避免难堪，给工作人员留有余地，免于被动。

3.2.2 电话礼仪

随着科技的发展，现代人的沟通和交往逐渐依赖于各式各样的便捷通信工具，电话是当前社会生活中较为普及的信息传递工具之一，更是各级各类旅游单位使用较频繁的通信工具。旅游从业人员使用电话，不仅是一个信息传递的过程，它还体现着旅游从业人员的个人修养和工作态度，进而折射出旅游企业的整体形象。因此，每位旅游从业人员都应掌握并能运用一定的电话礼仪规范。

1. 拨打电话的礼仪

(1) 拨打电话前，应考虑在什么时间最合适，要选择对方方便的时间。如果不是特别熟悉或者有特殊情况，一般应在早8点以后、晚10点以前打电话，午休和用餐时间都不宜打电话，以免打扰接电话人及其家人的休息。打国际电话时，还应考虑对方国家的时差。打公务电话时，不要占用他人的私人时间，尤其是节假日时间。如果确有急事不得不打扰别人休息，务必在接通电话后向对方致歉。

(2) 要把握好通话的时间长度，谨记"3分钟原则"。也就是说，在正常的情况下，打一次电话的时间最好不要超过3分钟。要在尽可能短的时间内，清楚表达自己的意思。如果需要花较多时间才能沟通清楚，原则上不宜选择电话交谈的形式，面谈效果会更好。由于看不见对方正在做何事，过多地占用对方的时间，很可能影响到对方正在做的事情，打乱对方的节奏。

(3) 打电话前要有所准备，做到简明有序。要对电话的内容简要地进行整理，如果要谈的内容较多，可在纸上一一列出，这样才能长话短说、简明扼要，避免遗漏相关内容。为了告知自己忘记说的事情，又重新打电话给对方，会打断对方的工作，给对方带来麻烦，尤其在给陌生人、名人、上司打电话时，应该给对方留下沉着干练、思路清晰的印象，切忌表达含糊不清，耽误对方的时间。

(4) 电话接通后，应先说"您好"，然后报出自己的单位、职务和姓名，再询问对方是否就是自己所要通话之人；若不是，应礼貌地请对方帮自己转交给所要通话之人。

(5) 适可而止。要说的话已说完，就应该果断终止通话，不要话已讲完，仍然反复铺陈、赘述。那样的话，会让对方觉得你做事拖拉，缺少素养。

(6) 打电话要注意维护"电话形象"。对于服务行业而言，电话可以说是连接客户和企业的生命线，因为相当多的客户能够直接从企业接电话者的态度来判断企业值得信赖的程度。所以，通话时要注意吐字清楚，语速、音量适中，语句简短，语气亲切自然，语调平稳柔和；要注意举止，不可边嚼东西边打电话，不要把电话夹在脖子上，也不要趴着、仰着、坐在桌角上，不要把双腿高架在桌子上，或是在打电话时还与其他人聊天，以免给对方心不在焉的感觉。

(7) 打错电话时，要向对方道歉，说"对不起"或"打扰您"。不可一言不发，挂断电话了事。若通话时电话忽然中断，按礼仪要求应由打电话方立即再拨，并向对方说明电话中断的原因，不能等接电话一方把电话打过来。

2. 接听电话的礼仪

(1) 接听电话要迅速。电话铃一响，应立即放下手中工作，及时接听电话。接电话有"铃响不过三"的说法，就是说接电话的时间以铃响不超过三次最为合适。但也不要铃声才响过一次，就拿起听筒，这样会令对方觉得很突然，而且容易掉线，一般应在第二声铃响之后立即接听。电话铃声响过许久之后才接电话，要在通话之初向对方表示歉意。

(2) 拿起话筒后，要主动问好并自报家门。问候对方是礼貌的行为；自报家门则是为了让对方验证一下，是否拨错了电话、找错了人。

(3) 接听电话时，要积极呼应，态度热情友好，不要装腔作势、冷落对方。要专心致志，不要心不在焉、三心二意。通话结束时，要主动说"再见"，做到客气有礼貌。接听电话时，如遇重要内容，要认真做好笔录。

(4) 如果对方拨错了电话号码，要耐心向对方说明，不要表现出不耐烦，甚至恶语相向。通话过程中如电话中断，要等待对方再次拨进来，不要远离电话或者责备对方。

(5) 在会晤重要客人或者会议期间有人打来电话，应向对方说明情况，表示歉意并约好时间，主动打电话过去。一旦约好给对方打电话的时间，就要守约。

(6) 按照电话礼仪的惯例，一般要由打电话者先挂断电话，所以在对方没挂断电话之前，接电话一方不应主动挂断。

> **特别提示**
>
> 在与位尊者或女士通电话时，一定要等对方先挂断电话，以示对对方的尊重。

(7) 若对方要找的人不在，应把对方所要转达的事项和对方的基本信息、联系方式记录下来，并及时传达或转告，不要耽误。

3. 手机礼仪

无论是在社交场所还是工作场合，放肆地使用手机已经成为破坏礼仪的行为之一，手机礼仪也越来越受到人们的关注。

1) 放置到位

要把手机放在能随手拿到的地方，放手机的常规位置有：随身携带的公文包，上衣的内袋。不要等手机响了，翻箱倒柜，遍寻不着；或者手机在桌上一直响，影响到周围的人。但把手机挂在脖子上、别在腰上或握在手上，均不雅观。

另外，自己的手机自己接，不要让家人、朋友当接线员，更不要去接别人的手机。

2) 遵守公德

使用手机时，一定要讲究社会公德，避免自己的行为打扰到其他人。不要在剧场里、图书馆中、典礼仪式上和医院里等其他公共场合接打手机。比如在电影院或在剧院接打手机是极其不合适的，如果非要回话，采用静音发送短信、微信比较合适。在楼梯、电梯、路口、人行道、公交车上等地方，如果一定要使用手机，应该把自己的声音尽可能地压低一些，绝不能大声说话。在会议中、和别人洽谈的时候，最好的方式是把手机关掉，起码也要调到振动状态。这样既显示出对别人的尊重，又不会影响会议、洽谈的进程。

手机响了，请在第一时间接起。"喂"的音量，方圆3米内能听见即可。信号不强时，最多"喂"三次，就请放弃。如正与人谈话时一定要接手机，要先说"对不起，我先接个电话"。要有风度地对待打错电话的人。

3) 注意安全

注意安全环保，防范风险。使用手机时，会产生电磁波，在某些地方必须牢记安全准则。在医院、加油站、飞机上等不适合使用手机的场所，自觉关机；在开车时不要接打手机或查看信息；不要乱扔旧手机和旧电池，以免污染环境。

4) 使用个性化铃声的注意事项

使用个性化铃声应注意场合，在办公室和一些严肃的场合，不合适的铃声响起，对周围人是一种干扰。从铃声内容来说，不能有不文明的内容。手机铃声的音量不能太大，调到自己能听见就行了。

4. 微信礼仪

(1) 主动添加好友时，应简单备注介绍及添加理由，主动打招呼、问候，简单介绍下自己。

(2) 注意发消息的时间，不要在半夜或早晨发，以免打扰别人休息。

(3) 发消息时直接说事，不要问"在吗"；如果要问"在吗"，应直接说明要沟通的事项，便于对方决定如何回复。

(4) 不要贸然打语音电话，打之前要先问问对方是否方便(视频通话也一样)。

(5) 如果发快递地址或其他需要编辑的文件信息给别人，最好以文字的方式发给对方，别发截图。

(6) 如果要发文件，应先确认对方想通过微信还是通过邮件接收，以免给对方添麻烦。

(7) 原则上不发语音，特别是工作微信，应优先选择文字。

(8) 及时回复，以免对方等待太久，影响事项安排。

(9) 能私聊时不群聊，避免扰众。

(10) 不要过多使用表情包。

3.2.3 旅游服务心理

"服务"(Service)一词在英语中的基本含义是"为他人做有用的事情"。服务是旅游接待的核心问题。旅游企业和旅游服务人员应该以双重的优质服务,即优质的"功能服务"和"心理服务"来赢得客人的认同。既要让客人觉得和蔼可亲,获得更多的亲切感;又要让客人满意,获得更多的自豪感。

旅游服务的目标是使客人满意。所以,旅游接待人员在日常工作中一定要树立起"顾客就是上帝""顾客永远都是对的"的服务心态,热情认真地对待每一位客人。把握好客人的旅游心理,旅游接待人员就能在工作中更好地把握服务的方向和方式,真正做到让客人满意。

1. 好奇心理

好奇心理几乎是所有人都有的一种心理,只是在旅游者身上表现得尤为突出。在旅游过程中,游客见到一些新异的刺激物,如街上有人敲锣打鼓送老工人退休;农村小伙子娶媳妇时,壮汉抬着轿子,一队唢呐乐队在前面开路等,都会觉得十分有趣,常会有游客忍不住地想参与其中。例如,看见农民吊在竹竿上灌溉,妇女摇纺线车,旅游者便摩拳擦掌要一试身手……旅游接待人员见到游客的这些表现不要只是一笑而过,而应该抓住游客的好奇心理,满足游客的这种冲动,为游客提供高质量的服务。

2. 求新、求知心理

在此以饮食文化为例。中华文化博大精深,饮食文化更是丰富多彩,许多外国游客品尝中国菜,见到色、香、味、形俱佳的菜肴,都会胃口大开,赞不绝口。游客在餐桌上看到这些菜,就像见到了一件件精美的工艺品,不忍心把它吃掉,有的用照相机拍照留念,有的请主人介绍它的名称、来历、制作方法、特色等。的确,中国菜融实用性、知识性、艺术性于一体,不仅味美、营养丰富,而且菜名大都颇具诗意。如令人耳目一新的"金钱遍地",这菜名豪华气派,实则是将金黄的冬菇摆在翠绿的青菜上;粤菜"龙凤呈祥",多么喜庆吉祥的名字,是将鸡、蛇一块烧煮而成;用母鸡炖甲鱼,美其名曰"霸王别姬",真是逗趣谐谑,令人大饱口眼之福。

面对游客求新、求知的心理,旅游接待人员要不断充实自己,学习更多的知识,对于每一道菜,都要知道它的来历;对于每一处景点,都要明白其特色所在;对于中国五千年的历史积淀下来的国粹,如京剧、国画等更是要了然于胸。做到这些,旅游接待人员不仅能满足游客求新、求知的心理,还能成为中华文明的传播者。

3. 怀旧心理

探古访幽是游客怀旧心理的表现。游历山水名胜,历史沧桑,总会给人留下无限遐想。例如,游客来到古城西安,见到公元1375年,明朝皇帝朱元璋的次子秦王朱樉在原城墙基础上修建的规模宏大的明城墙,静卧在八百里秦川之上,于是几百年前的古城风貌以及古时的盛况，便一一浮现在心中。又如，游人在游览古村民居时，见到古今落差对比，让人感悟历史变迁；见到熟悉的生活场景，回忆童年生活，满足怀旧心理；通过民风民俗民艺，体验耕读文化；参与纺纱、织布、捣年糕等，增添旅游乐趣。

总之，不同类型的游客有着不同的心理特点，旅游接待人员要全面把握他们的出游动机及旅游各个阶段的心理变化，善于察言观色，通过游客的言谈举止洞察其性格特征、兴趣爱好、希望与要求，根据游客的不同心理特点修正自己的服务方向，为不同的游客打造特色服务，真正赢得游客的肯定和赞扬。

3.2.4 沟通距离

在人际沟通交流中，沟通主体间的距离对沟通效果具有重要的影响。这里的"距离"有两层含义：一是指心理距离，二是指空间距离。心理距离和空间距离有着相应的关系。"亲则近，疏则远"，这表明了两者的相互关系。心理距离越近，交际时的空间距离也就越近；反之，心理距离越远，交际时的空间距离也就越远。美国的霍尔教授经过多年的研究发现，与不同关系的人进行互动时，所需维持的距离并不相同。人们在交际中有4种空间距离——亲密距离、个人距离、社交距离、公众距离。

1. 亲密距离

亲密距离是人际交往中最小的或无间隔的距离，通常在30厘米以内，坐下来的方位为并排或促膝而坐，表现出的意义为亲密无间。一般伴侣之间、亲人之间和亲密朋友之间常采用这种距离，在礼节上如需要拥抱时也采用这种距离，但其他情况下很少采用。

2. 个人距离

个人距离是人际交往中与熟人相处的空间距离，是相互恰好能亲切握手、友好交谈的距离，通常在0.5～1.2米，坐下来的方位是相对而坐或斜向稍微错开来坐，能表现出亲切、友好的氛围。熟人之间的交往，如同学、同事、朋友、师生等常采用这种距离。在人际沟通中要注意个人距离与亲密距离的区分，不要混淆。

3. 社交距离

社交距离是一种体现社交性或礼节性人际关系的空间距离，适用于工作、社交、旅游等场合，双方很少进行私人感情交流，其意义为对等、尊重，距离在1.2～3米，坐下来的方位是相对而坐。为了体现这种距离，常常中间隔着一张办公桌。通常社交距离的大小表示身份、地位相差的大小，面对比自己身份高的人，这个距离就相对比较大，以维护其尊严。

4. 公众距离

公众距离是一种相互之间不是必须发生联系的距离，一般在3米以上。由于这是一个相当大的空间，在这个距离下语言沟通比较困难，因此相互之间可以视而不见，不发生联系。

旅游接待活动是典型的社交活动,旅游接待人员应与客人之间保持一定的社交距离,过远或过近都不符合岗位职责的要求,也不利于其圆满完成工作。在旅游工作场合,较常见和较实用的是社交距离,但在旅游工作间隙所进行的沟通多采用个人距离。应该注意到,个体空间距离的大小还与文化背景和民族差异有关。例如,在闲谈时,许多美国人维持着大约1.2米远的距离;而相反的是,拉美或阿拉伯文化的人彼此站得很近,常常互相触碰,假如一个来自这些文化区域的人在谈话时站得太靠近美国人,那个美国人会觉得不舒服而退后一步。

此外,旅游工作中的空间系统,即沟通时的地理环境,如开展旅游工作的场地、空间内可移动物品的摆设、气温、照明灯光和颜色、与沟通者的位置及角度变化等都可能影响旅游工作的沟通效果。

实战演练

训练项目1:沟通礼仪训练

训练要求:

(1) 学生分组练习,训练不同场合下的握手、介绍、名片礼仪。练习时,各组学生相互观摩,指出表演方的优点和不足。

(2) 老师对学生的现场表现进行评议并打分。

训练提示:

(1) 注意仪表仪态。

(2) 注意握手、介绍、名片礼仪规范。

训练项目2:接打电话训练

训练要求:

(1) 学生两人一组,分别扮演旅行社门市部接待员和旅游者,或是酒店前台服务员和预订酒店的顾客,进行接打电话训练。

(2) 老师对学生的现场表现进行评议并打分。

训练提示:

(1) 注意"电话形象"。

(2) 注意接打电话的程序。

习题与练习

一、分析题

旅游服务人员的语言魅力

众多宾客在恭维我国台湾的吴老先生来大陆投资,吴老先生神采飞扬,高兴地应承着这些祝贺的话。宾主频频碰杯,服务员忙进忙出,热情服务。

不料,过于周到的服务员不慎将桌上的一双筷子拂落在地。她一边说"对不起",一边转身拿过一双新筷子，褪去纸包，搁在吴老先生的台上。

吴老先生的脸上顿时多云转阴，煞是难看，默默地注视着服务员的一连贯动作，刚举起的酒杯一直停留在胸前。众人看到这里，纷纷帮腔，指责服务员。服务员一时不知所措。

吴老先生终于从牙缝里挤出了话："晦气。"他顿了顿又说："唉，你怎么这么不当心？你知道吗？这筷子落地意味着什么？"他边说边瞪大眼睛："落地即落第，考试落第，名落孙山。倒霉呀，我第一次在大陆投资，就讨了个不吉利。"

服务员一听，更慌了，忙说："对不起，对不起。"手足无措中，又将桌上的小碗打碎在地。服务员尴尬万分，虚汗浸背，不知如何是好。就在这时，一位女领班款款来到吴老先生面前，拿起桌上的筷子，双手递上去，嘴里发出欢快的笑声："吴老先生，筷子落地哪有倒霉之理，筷子落地，筷落，就是快乐，快快乐乐。"

"这碗么——"领班思索的同时瞥了一眼服务员，示意打扫碎碗。服务员顿时领悟，连忙收拾碎碗片。"咱们中国不是有一句老话嘛——岁岁平安，这是吉祥的兆头，应该恭喜您才是呢。您老这次回大陆投资，一定快乐，一定平安。"

刚才还满面阴郁的吴老先生听到这话，顿时转怒为喜，马上向服务员要了一瓶葡萄酒，亲自为女领班和自己各斟了一杯，站起来笑着说："你说得真好！借你的吉言和口彩，我们大家快乐平安，为我的投资成功，来干一杯！"

分析上述案例，阐述服务人员语言能力的重要性。

二、选择题

1. 在握手场合中，下列做法正确的是（　　）。
   A. 男士与女士见面时男士先伸手　　B. 上级与下级见面时上级先伸手
   C. 可以用左手与人相握　　D. 可以交叉握手

2. 在餐桌上递送名片时，下列做法正确的是（　　）。
   A. 随缘递送　　B. 先给在场女士递送
   C. 严格按职位高低的顺序递送　　D. 先递给职务最高者，然后按顺时针方向递送

3. 双方结束通话时，正确的做法是（　　）。
   A. 主叫先挂电话　　B. 被叫先挂电话
   C. 尊者先挂电话　　D. 谁先讲完谁先挂电话，最好同时挂

4. 接电话时，拿起话筒的最佳时机应在铃声响过（　　）之后。
   A. 一声　　B. 两声　　C. 四声　　D. 六声

5. 在正常情况下，每一次打电话的时间最好遵循（　　）原则。
   A. 10分钟原则　　B. 5分钟原则　　C. 3分钟原则　　D. 1分钟原则

学习项目 4
旅游饭店服务礼仪

知识目标

1. 了解服务礼仪在饭店所有岗位的具体应用；
2. 掌握饭店各部门对员工服务礼仪的基本要求；
3. 熟练掌握各部门接待服务的基本技巧。

技能与德育目标

1. 了解前厅部、餐饮部、客房部的职责范围，熟练掌握前厅部、餐饮部和客房部各职能部门服务礼仪的基本要求，并且能够规范操作；
2. 掌握酒吧、茶馆等场所的接待要领，并且能在实践中规范操作。
3. 学会在工作中调整心态以及保持良好的职场状态。

实战目标

1. 通过训练，学生能够将前厅部、餐饮部、客房部、酒吧等酒店部门的服务礼仪运用于实践当中，通过实践发现问题、解决问题；
2. 学生能够在酒店各部门、各岗位进行规范操作和提供接待服务。

学习任务4.1 前厅部服务礼仪

参考案例

一辆出租车在江苏南通大饭店的店门口停住，饭店门童小陈主动迎上前去开车门，但坐在车内的一位中国香港客商并不急着下车。他手里拿着一张100元面额的港币，等待司机找零钱。

司机说："请您付人民币好吗？我们不收港币。"

门童小陈便问司机:"车费一共要多少?"

司机回答说:"人民币56元就够了。"

当时小陈身穿制服,口袋里没有钱可以付。他本来心里想自己又不管钱,关我什么事,后来又想到这事涉及饭店形象,于是他便请客人坐在车内稍等片刻,然后急忙奔到总台说明原委,由他个人担保向总台暂支人民币60元付清车款,最后有礼貌地对客人说:"等您办好入住手续,兑换人民币以后再还我也不迟。"客人感到满意,大步走进了饭店。

(资料来源:饭店服务案例100例. 百度文库. https://www.wenku.baidu.com.)

知识储备

敬人三A原则

饭店服务人员向客人表达尊敬之意时,应善于抓住如下三个重点环节,即接受对方、重视对方、赞美对方。在英文中,这三个词汇都以字母A打头,所以称之为"三A原则"。

1. 接受客人

接受客人主要表现为服务人员热情、主动地接近客人,淡化彼此之间的戒备心理,恰到好处地向对方表示亲近、友好之意,将客人当作自己人来看待。同客人交谈时,即使见解截然相反,也要尽可能地采用委婉的语气表达,切不可针锋相对地抬杠。

2. 重视客人

要通过服务使客人真切感受到自己备受关注。服务人员在工作岗位上,要真正做到重视客人,首先应当做到目中有客人,招之即来,有求必应,有问必答,想客人之所想,急客人之所急,认真满足客人的要求,努力为其提供良好服务。重视客人的表现有以下几种。

(1) 牢记客人的姓名。对于每一个人来说,姓名都是自己百听不厌、百看不倦的美妙词汇,牢记客人的姓名,本身就意味着对对方重视有加、另眼相看;反之,连一个常来常往的客人名字都记不住,恐怕难以让客人有被重视的感觉。服务人员要牢记的姓名应注意两个问题:第一,千万不要记错了客人的姓名,将客人的名字张冠李戴,无疑会使双方都感到尴尬;第二,绝对不要读错了客人的姓名。

(2) 善用尊称。

(3) 倾听客人的要求。从某种意义上讲,耐心倾听客人的要求,本身就会使对方在一定程度上感到满足。一般来讲,当客人阐明己见时,服务人员理应暂停其他工作,目视对方,并以眼神、笑容或点头来表示自己正在倾听。如有必要,服务人员还可以主动与对方进行交流。

3. 赞美客人

从心理学上讲,人们都希望自己能得到别人的欣赏和肯定。他人的赞美就是对自己最大的欣赏与肯定,一个人在获得他人由衷的赞美时,内心的愉悦程度是任何物质享受都难以比拟的。服务人员赞美客人时,要注意以下三点。

(1) 适可而止。服务人员在具体运用赞美时,必须有所控制,把握分寸。若是赞美之词用得太多太滥，不但会令人肉麻，而且会使赞美本身贬值。

(2) 实事求是。真正的赞美是建立在实事求是的基础之上，是对他人优点的认同。如果夸大其词地恭维和奉承，就违背了旅游业"诚实无欺"的宗旨，绝对不可取。

(3) 恰如其分。赞美要想被对方接受，就一定要了解对方的情况，赞美对方确有的长处。比如，赞美一位皮肤保养得好的女士时，说她"深谙护肤之道"，一定会让她非常高兴。

4.1.1 饭店服务人员服务原则

饭店服务人员要注意以下几项服务原则。

(1) 愉快的面部表情是员工气质的一部分，是面对客人时内心思想感情的表露，所以员工应始终面带微笑、仪表文雅、礼貌大方、和蔼亲切、热情自然，言语声调要清晰、柔和、亲切、自然。

(2) 工作时间要穿饭店制服，穿着整洁，勤换内衣，不得敞开外衣、卷起裤脚，袖口不得露出个人衣物，皮鞋要擦亮，服务工号要端正地佩戴于左上胸，领带、领结与飘带要随时检查是否洁净、是否系正。

(3) 女员工提倡化淡妆上岗，头发整洁干净，不准梳披肩发；指甲要剪短，无灰垢、不涂色；手部除手表外，不准戴其他饰物。男员工的头发必须修剪整齐，不留长发，发际线要清楚，不得盖住耳朵、衣领，不准留大鬓角，不蓄胡须。

(4) 站姿庄重。要求挺胸、收腹、立颈，双肩保持水平、自然放松、重心居中，眼睛平视、嘴微闭、面带微笑、双肩自然下垂，保持随时能向客人提供服务的姿势。女服务员站立时，双手体前交叉，脚呈"V"字形，两膝与脚后跟要靠紧；男服务员站立时，双脚距离与肩部同宽。在任何情况下，都不可抱肩、叉腰、伸懒腰、耸肩和前扶后靠。

(5) 走姿端庄。行走时要保持挺胸、收腹、立颈、上体正直、抬头、眼平视、面带微笑、肩部放松，两臂自然前后摆动。行走时脚步要轻快，步幅不宜过大，更不能跑，不能并肩、搭肩行走。遇见客人时(无论是否手托重物)应主动避让并向客人问好，当行至客人平行位置时要略停脚步，以示尊重。如果有急事要超过前面客人时，不得跑步，但可以大步超过，并转身向被超过者致歉。

(6) 坐姿端正。入座时，走到座位前，转身时右脚向后撤半步，轻稳地坐下，然后把右脚与左脚并齐。女子入座要娴雅，用手把裙子向前拢一下，双膝并拢。起立时，右脚先向后收半步，站起，再向前并齐。坐在椅子上，人体重心垂直向下，腰部挺起，脊柱向上挺直，双肩平正放松，正对前方，手自然放在双膝上。

(7) 手势规范。在给客人指方向时，要把手臂伸直，手指自然并拢，掌心向上，以肘关节为轴指向目标，同时眼睛要看着目标，兼顾客人是否看到指示目标。在为客人指示方向时，忌用一根手指指点。

(8) 与客人讲话时要面向客人，笑容可掬，表现得热情、友好、亲切。眼光停留在客人的鼻额三角区，频频点头称是，不左顾右盼，不心不在焉；要垂手恭立，距离适当(一般以一米左右为宜),不要倚靠他物;要举止温文,态度和蔼;与客人讲话时,能用语言讲清的,尽量不用手势。事毕,要先后退一步,然后再转身离开,不要扭头就走。在提供服务和与客人交谈中,如另有客人走近,应立即示意,表示已注意到他(她)的来临,不得无所表示,等客人先开口。

> **特别提示**
>
> 服务中下述行为是禁止的:上班前食用有刺激味道的食品(如生葱、生蒜等);工作时间吸烟、嚼口香糖、吃东西;在客人面前打喷嚏、打哈欠、伸懒腰、挖耳、掏鼻、剔牙、打饱嗝、化妆、修指甲;在大厅内大声说话、呼喊。

4.1.2 门厅迎送服务礼仪

(1) 见到客人光临,应面带微笑,主动表示热情欢迎,问候客人"您好!欢迎光临"并致15°鞠躬礼。

(2) 对常住客人应称呼他(她)的姓氏,以表达对客人的礼貌和重视。

(3) 当客人集中到达时,要尽可能让每一位客人都能看到你热情的笑容并听到亲切的问候。

(4) 客人乘车抵达时,应立即主动迎上,引导车辆停妥,接着一手拉开车门,一手挡住车门框的上沿,以免客人碰头。

(5) 如遇下雨天,要撑伞迎接,以防客人被淋湿。若客人带伞,应为其提供保管服务,将雨伞放在专设的伞架上。

(6) 对老人、儿童、残疾客人,应先问候,征得同意后予以必要的扶助,以示关心照顾。如果客人不愿接受特殊关照,则不必勉强。

(7) 客人下车后,要注意车座上是否有遗落的物品,如发现要及时提醒客人或帮助取出。

(8) 如遇出租车司机"宰客"现象,应维护客人利益,机智处理。

(9) 客人离店时,要把车子引导到客人容易上车的位置,并为客人拉开车门,请其上车。看清客人已坐好后,再轻关车门,微笑道别"谢谢光临,欢迎下次再来"并挥手致意,目送客人离去。

(10) 主动、热情、认真地做好日常值勤工作。尽量当着客人的面主动引导或打电话为其联系出租车。礼貌地按规定接待来访者,做到热情接待、乐于助人、认真负责,不能置之不理。

> **特别提示**
>
> 如遇信仰佛教或伊斯兰教的宾客,因教规习俗,不能为其护顶。

对于经常来饭店的客人，迎宾员应记住客人乘坐车辆的颜色和车牌号码，以便提供更快捷的服务，让熟客感觉到自己的与众不同。

4.1.3 行李服务礼仪

(1) 客人抵达时，应热情相迎，微笑问候，帮助提携行李。当有客人坚持亲自提携物品时，应尊重客人意愿，不要强行接过来。用推车装运行李时，要轻拿轻放，切忌随地乱丢、叠放或重压。

(2) 陪同客人到总服务台办理住宿手续时，应侍立在客人身后一米处等候，以便随时接受客人的吩咐。

(3) 引领客人时，要走在客人左前方二至三步处，随着客人的步子行进。遇拐弯处，要微笑向客人示意。

(4) 乘电梯时，行李员应主动为客人按电梯按钮，以手挡住电梯门框，敬请客人先进入电梯。在电梯内，行李员及行李的放置都应该靠边侧，以免妨碍客人通行。到所在楼层时，应礼让客人先步出电梯。如果有大件行李挡住出路，则先运出行李，然后用手挡住电梯门，再请客人出电梯。

(5) 引领客人进房时，先按门铃或敲门，停顿3秒后再开门。开门时，先打开过道灯，扫视一下房间无问题后，再请客人进房。

(6) 进入客房，将行李物品按规定轻放在行李架上或按客人的吩咐将行李放好。箱子的正面要朝上，把手朝外，便于客人取用。与客人核对行李，确无差错后，可简单介绍房内设施和使用方法。询问客人是否有其他要求，如客人无要求，应礼貌告别后离开客房。

(7) 离房前应向客人微笑礼貌告别，目视客人，后退一步，再转身退出房间，将门轻轻拉上。

(8) 客人离开饭店时，行李员进入客房前必须按门铃或敲门通报，得到客人允许后方可进入房间。

(9) 客人离店时，应询问客人行李物品件数并认真清点，及时稳妥地运送、安放到客人的车上。

(10) 行李放好后，应与门厅接待员一起向客人热情告别，对客人说"欢迎再次光临""祝您旅途愉快"，再将车门关好，挥手目送车辆离去。

特别提示

在送客人去房间的这段时间，行李员要做好酒店的"推销员"，向客人介绍自己的酒店，并回答客人的问题。

无论是送客人去房间还是送客人离开，行李员在推车时一定要小心，不要让客人的行李物品掉到地上，以免引起客人的不满；同时，还应始终保持微笑，谦恭有礼。

4.1.4 总台接待服务礼仪

1. 接待服务礼仪

(1) 客人离总台约3米远时，应予以注视。客人来到台前，应面带微笑热情问候，然后询问客人的需要，并主动为客人提供帮助。如客人需要住宿，应礼貌询问客人有无预订。

(2) 接待高峰时段客人较多时，要按顺序依次办理，注意"接一顾二招呼三"，即手头接待一位，嘴里招呼一位，通过眼神、表情等向第三位传递信息，使客人感受到尊重，不被冷落。

(3) 验看、核对客人的证件与登记信息时要注意礼貌，凡事"请"字当头，确认无误后要迅速交还证件，并表示感谢。当知道客人的姓氏后，应尽早用于称呼，让客人感受到热情、亲切和尊重。

(4) 给客人递送单据、证件时，应上身前倾，将单据、证件文字正对着客人双手递上；若客人签单，应把笔套打开，笔尖对着自己，右手递单，左手送笔。

(5) 敬请客人填写住宿登记单后，应尽可能按客人要求安排好房间。把客房钥匙交给客人时，应有礼貌地介绍房间情况，并祝客人住宿愉快。

(6) 如果客房已客满，要耐心解释，并请客人稍等，看能否还有退房。此外，还可为客人推荐其他酒店，主动打电话联系，以热忱的态度欢迎客人下次光临。

(7) 重要客人进房后，要及时用电话询问客人"这个房间您觉得满意吗""您还有什么事情？请尽管吩咐，我们随时为您服务"，以体现对客人的尊重。

(8) 客人对酒店有意见到总台陈述时，要微笑接待，以真诚的态度表示欢迎，在客人说话时应凝神倾听，绝不能与客人争辩或反驳，要以真挚的歉意，妥善处理。

(9) 及时做好客人资料的存档工作，以便在下次接待时能有针对性地提供服务。

2. 预订服务礼仪

(1) 客人到前台预订，要热情接待，主动询问其需求及细节，并及时予以答复。若有客人需求的房间，要主动介绍设施、价格，并帮助客人填写订房单；若没有客人要求的房间，应表示歉意，并推荐其他房间；若因客满无法接受预订，应表示歉意，并热心为客人介绍其他酒店。

(2) 客人电话预订时，要及时礼貌接听，主动询问客人需求，帮助落实订房。订房的内容必须认真记录，并向客人复述一遍，以免出差错。因各种原因无法接受预订时，应表示歉意，并热心为客人介绍其他酒店。

(3) 受理预订时应做到报价准确、记录清楚、手续完善、处理快速。

(4) 接受预订后应信守订房承诺，切实做好客人来店前的核对工作和接待安排，以免出差错。

3. 住宿登记服务礼仪

(1) VIP客人入住登记。VIP客人入住酒店一般都会事先预订房间。分房员要在客人入住酒店前填好"住房登记表"或登记卡，并将客人房间的钥匙装在钥匙袋或信封里。待客人抵达酒店时，将钥匙交给客人或随行礼宾人员，而不必再办理登记手续。

(2) 零散客人入住登记。客人抵达酒店到总服务台办理入住登记时，服务员要表示热烈欢迎。对熟客或已预订房间的客人讲："您好，××先生(女士)，我们一直都在恭候您的光临！"对一般客人则应讲："您好，尊敬的先生(女士)，欢迎光临！"

总服务台的工作人员在为零散客人办理入住手续时，首先要询问客人的基本情况，并向客人说明各类房间的价格、特点以及折扣率等；然后请客人填写"住宿登记表"，应双手将表递给客人，并指导客人填写；在客人填写好的"住宿登记表"上注明房间号，并将"住宿登记表"复核一次，确认无误后存档；将房间钥匙交给客人或行李员，引领客人去房间。若客人已经预订了房间，应事先做好登记，并在客人到达前将钥匙准备好。

(3) 团体客人入住登记。团体客人一般都预订了房间。在客人到达前，大堂经理应负责安排好一切，控制酒店当天的房间数，提前做好接待工作。

团体客人到达后，应请领队或者陪同填写"团体住宿登记表"。核对无误后，请填表人签字，然后把钥匙袋交给他，请行李员或者专门的陪同人员引领客人前去客房。

当客人提出其他要求时，酒店应尽可能给予满足，并向客人讲明提供服务的费用标准。

4. 问询服务礼仪

(1) 客人前来问讯，应面带微笑，注视客人，主动迎接问好。

(2) 认真倾听客人问讯的内容，耐心回答问题，做到百问不厌、有问必答、用词恰当、简明扼要。

(3) 服务中不能推托、怠慢、不理睬客人或简单地回答"不行""不知道"。遇到自己不清楚的问题，应请客人稍候，请教有关部门或人员后再回答，忌用"也许""大概""可能"等模糊词语应付客人。

(4) 若客人提出带有敏感性的政治问题或超出业务范围的问题而不便回答，应表示歉意。

(5) 客人较多时，要做到忙而不乱、井然有序，应先问先答、急问快答，使不同的客人都能得到适当的接待和满意的答案。

(6) 接受客人的留言时，要记录好留言内容或请客人填写留言条，要认真负责，按时按要求将留言转交给接收人。

(7) 服务中要多使用"您好""请""谢谢""对不起""再见"等文明用语。

5. 结账服务礼仪

(1) 客人来总台付款结账时，应微笑问候，为客人提供高效、快捷而准确的服务。切忌漫不经心，造成客人久等的难堪局面。

(2) 确认客人的姓名和房间号，当场核对住宿日期和收款项目，以免客人有被酒店多收费的猜疑。

(3) 递送账单给客人时，应将账单文字正面对着客人；若客人签单，应把笔套打开，笔尖对着自己，右手递单，左手送笔。

(4) 如结账客人较多时，要礼貌示意客人排队等候，依次进行。以避免因客人一拥而上，造成收银处混乱，引起结算差错并造成不良影响。

(5) 结账完毕，要向客人礼貌致谢，并欢迎客人再次光临。

6. 寄存处服务礼仪

寄存处是为客人保存贵重物品的地方，所以要格外小心谨慎。一旦出错，不但会给酒店造成损失，而且会影响酒店的声誉。在接待客人寄存物品时，应注意下列事项。

(1) 客人前来寄存物品时，服务人员应向客人讲清楚服务费用，并记下客人的姓名、房间号、证件号码以及所存物品等基本信息。

(2) 检查客人需要寄存的物品后请客人填写单据，一式两联。其中一联交给客人，作为客人取东西时的凭据；另外一联自己留着存档。

(3) 易损物品一般不办理寄存。若寄存衣帽等小件物品，需强调衣服口袋里不能放贵重物品或钱款，并提醒客人自行保管或指引客人将贵重物品等存放到专业柜台或总服务台。

(4) 认真对待客人的物品，要有规矩地摆放整齐并小心保管。大衣一律要用衣架挂起，小件物品如头巾、围巾、手套等则应放进大衣口袋里。

(5) 客人来取寄存物品时，一定要仔细核对单据；确认无误后，将物品交给客人，并请客人当面检查、验收并签字。

(6) 若客人不小心将单据遗失，寄存处工作人员要与总服务台的工作人员取得联系，用客人的身份证或其他有效证件证明客人的身份，并问清寄存物品的特征和件数，若与实际情况相符，由客人签字后方可让客人取走物品。

7. 委托代办服务礼仪

酒店的委托代办服务是为方便住客而设立的一个服务项目，主要是代客人订购车、船、飞机票，代购、代邮、代送或代接收物品，办理客人所需要协助办理的事宜等。

1) 代购车、船、飞机票

客人前来询问时，应向客人讲清楚酒店的服务范围以及提供此项服务的手续费；若酒店确实有不方便的地方，应向客人讲清楚，并尽量帮助客人解决，为客人出谋划策。

接受客人的订票请求时，一定要弄清客人的基本情况，如姓名、房号以及需要订票的交通工具的类别、出发日期、班次、时间等；与客人核对无误后，应做好记录，根据客人的要求与民航、轮船、铁路或汽车公司联系订票事宜。

若因客观原因无法买到客人所要求的票时，应及时征求客人的意见，并向客人提出有建设性的建议，客人同意修改后再与相关交通部门联系。

票务确定后，应及时通知客人准备好证件(身份证、护照、驾驶证、工作证等)和票款，到委托代办处取票。

客人取票时，要认真检查客人的证件，并请客人仔细核对票面信息，确保不出现差错。客人所交票款和手续费也要当面点清。

2) 代购物品

客人要求代购物品时，应仔细询问客人所需要物品的颜色、大小、规格、型号、价格等，记录在一张卡片上。记录完毕，将卡片交给客人核对，确保无误。

按客人要求为客人采买物品后，或送到客人房间，或请客人前来领取，若客人所需要的物品暂时缺货，一定要先征得客人的同意，以确定买或者不买，或是改买其他物品，不可自作主张，代客人作决定。

3) 代邮、代送物品

帮客人代邮、代送物品时，应仔细询问收件单位或个人的具体地址、收件人姓名、邮编、电话号码等，记录完毕请客人核对。

代邮、代送物品的费用由客人自付，所以在物品送到后要有签收、邮寄后要有回执，并请客人过目，一切费用均要当面点清。

对于易燃、易爆等危险品，服务员要拒绝运送和邮寄。

4) 代接收邮件、物品

收到客人的邮件或者快递，前台服务人员应仔细记录，并立即通知客人前来领取；如客人不方便前来领取，应为客人送到房间。

当客人不在酒店时，要将邮件或快递保管好，不能随便让其他人转交，一旦这个过程出现了失误，就会引起不必要的麻烦。

4.1.5 电话总机服务礼仪

电话总机是酒店内外通讯的主要枢纽，主要工作是：转接市内电话，承办国内外长途电话业务，为客人提供问询服务、联络服务、叫醒服务，通知紧急和意外事件等。

1. 敬语当先

总机话务员要熟练、准确地自报家门，并自然、亲切地使用问候语。坚持敬语当先，如"您好，××酒店，我能为你做点什么吗"。接内线时也可以说"您好，请讲"等。

2. 耐心服务

总机话务员语气要谦逊，语调要亲切，音色要柔和、悦耳，转接电话要有耐心，需要话务员通过声音表达礼貌与尊敬。当通话人有疑问需求助时，话务员有责任耐心地向对方解释清楚，切不可置之不理，悄悄把电话挂掉。如通话人要接的分机占线，应说"对不起,××房间占线,请稍等片刻"或"对不起,通××地方的线路占线,请过一会儿再打过来"等。

所有给酒店管理人员的留言,都要由话务员清楚地记录下来,并尽快将留言转达给酒店管理人员。

3. 问询服务

无论是店内还是店外的客人,常常会向酒店总机提出各种问讯,因而,话务员必须了解店内外一般的信息资料,特别是酒店各部门及酒店附近的主要有关单位的电话号码,以满足客人需求。话务员平时应熟记那些常用的电话号码,如果客人要查询非常用电话号码,话务员应请客人稍等,保留线路,而后以最有效的方式为客人查询号码,在确认号码正确无误后,再及时通知客人。如果所查询的号码比较难查,一时之间查不出来,则应请客人留下电话号码,等查清后再主动与客人联系,将号码告诉客人。

如果来电是查询客人房间的电话,话务员务必要注意为客人保密,不能泄露住客的房号,应先接通分机,然后让客人直接与来电人通话。来电时如果总台电话占线,话务员可通过电脑为客人查询。

4. 叫醒服务

叫醒服务务必要准时。住店客人如来电要求在某时提供叫醒服务,话务员要当即做好准确、完整的记录。如不是轮到自己值班,应在下班时对来接班的话务员做好交代,届时按要求准时叫醒客人,切不能大意误事,影响客人工作或行程安排。

4.1.6　大堂副理服务礼仪

(1) 接待客人要积极热情、精力集中,以谦和、富有耐心的态度认真倾听,让客人把话讲完。

(2) 对于客人投诉的问题,要详细询问,并当面记录,以示尊重。

(3) 能够设身处地为客人考虑,以积极负责的态度处理好客人的问题和投诉。在不违反规章制度的前提下,尽可能满足客人的要求。

(4) 当客人发脾气时,要保持冷静,待客人平静后再婉言解释与道歉,要宽容、忍让,绝对不能与客人发生争执。

(5) 尽量维护客人的尊严,同时也要维护酒店的形象和声誉,原则问题不能放弃立场,应机智灵活处理问题。

(6) 对客人的任何意见和投诉,均应给予明确、合理的交代,力争在客人离开酒店前解决问题,并向客人表示感谢。

学习任务4.2 客房部服务礼仪

参考案例

酒店客房细微服务之点滴

客人入住某酒店后,发现迷你吧台的电源插座不通电,就将原先放在迷你吧台上的电热壶移到卫生间去烧水。客人外出回到房间后,发现电热水壶已放回吧台,水壶旁有一张小便笺,写着:吧台电源插座已修复,并对由此造成的不便深表歉意。顾客顿时心暖。

知识储备

客房服务的基本要求

客房部的对客服务要以相应的服务制度及程序为基础,以整洁、舒适、安全和美观的客房为前提,随时为客人提供优质服务,其基本要求如下所述。

(1) 真诚主动。真诚是员工对客人态度好的直接表现,因此要突出"真诚"两字,变单纯的任务服务为热情善意的主动服务,想客人之所想,急客人之所急,主动把服务工作做在客人开口之前。

(2) 热情礼貌。服务人员应"对待客人有礼貌,敬语称呼面带笑",外表整洁靓丽,讲话自然得体,态度落落大方,这些言行会使得客人消除来到异地的陌生感和不安全感,增强对服务人员的信赖。

(3) 耐心周到。客人的多样性和服务工作的多变性,要求服务人员能够正确处理各种各样的问题,尤其要经得起责备、刁难,特别能忍耐,在任何情况下都要耐心周全地做好服务工作,从各方面为客人创造舒适的住宿环境。

(4) 尊重隐私。可以说,客房是客人的"家外之家",客人是"家"的主人,而服务人员则是客人的管家或侍者,尊重主人隐私是管家和侍者应具备的基本素质。因此,作为客房部员工有义务尊重住店客人的隐私,切实做到不打听、不议论、不传播客人隐私,不翻看客人的物品、资料等,绝对为客人保密。

(5) 准确高效。服务人员要为客人提供快速而准确的服务。效率服务是现代快节奏生活的需要,是优质服务的重要保障。在追求快速的同时,要力求准确,确保服务质量。

4.2.1 楼层接待服务礼仪

(1) 在客人抵达前,要整理好房间,检查设备及用品是否完好、充足,调节好房间的温度和湿度,为客人提供清洁、卫生、舒适、安全的客房。

(2) 楼层服务员接到来客通知后,要在电梯口迎接,主动问候客人:"先生(女士)您好,一路辛苦了,欢迎光临!"如果是常客,要加上客人的姓氏。

(3) 引导客人出电梯,主动帮助客人,征得同意后帮助提携行李。

(4) 引领客人到客房,到达房间门口时先开门、开灯,侧身站在一旁,敬请客人进房,然后放置好客人的行李物品。

(5) 客人进房后,根据人数和要求,灵活递送香巾和茶水,递送时必须使用托盘和毛巾夹,做到送物不离盘。

(6) 根据客人的实际情况,礼貌介绍房间设备及其使用方法,简要介绍饭店内的主要服务设施及其位置、主要服务项目及服务时间,帮助客人熟悉环境。对房内需要收费的食品和其他物品,要委婉地说明。

(7) 接待服务要以客人的需要为准,体现为客人着想的宗旨。若客人表示不想被打扰,需要安静地休息时,服务人员应随机应变,简化某些服务环节。

(8) 在问清客人没有其他需要后,应向客人告别,立即离开,可说"请好好休息,有事尽管吩咐,或打电话到服务台",并祝客人住宿愉快。退出客房后,轻声将门关上。

> **特别提示**
>
> 对于团体客人,楼层领班应陪同在主宾或领队身边,将团体客人的房间依次展示给客人,并请客人按照自己的房间号进入房间。若分不清哪件行李是哪位客人的,应先集中堆放,再请客人自己来领取。等客人都进屋后,依程序再去各房间讲解相关事项,方可回到自己的工作岗位。

4.2.2 客房日常服务礼仪

为客人提供的日常服务工作是时间最长、工作量最大、涉及面最广的工作。服务员要使客人在住店期间感到方便、舒适、称心如意,犹如在家里一般,必须时时留意、体察客人的需要,主动、热情地为客人提供服务。

1. 保持警惕

服务人员应随时注意往来和进出客房的人员,尽量记住客人的姓名、特征等。对不熟悉的客人,一定要其出示出入证才能为其开门,一定要确保与登记住宿的姓名、性别、特征相符。

有关客人的姓名、身份、携带的物品等不得告诉他人,尤其是重要客人的房号和行踪更不能随意泄露,以防意外。

未经客人同意,不得将访客引入客房内;客人不在或没有亲自打招呼、留下亲笔书面指示的情况下,即使是客人的亲属、朋友或熟人,也不能让其拿走客人的行李和物品。对出现在楼层的陌生人,必须走近询问,必要时打电话给保安部进行处理。

客人外出要跟房,检查房内设施是否完好并工作正常,检查房内物品是否齐全,留意有无火灾隐患或其他不安全因素。对客人进出情况及跟房情况进行详细记录。

服务人员当班期间，钥匙应随身携带，妥善保管。

2. 整理房间

房间的整理需按照接待规格和操作程序进行。整理房间又可分为上午整理、下午整理和晚上整理。整理前先把工作本及用品备齐，然后敲门进房(敲门进房应固定成一种习惯)。整理房间要按操作程序，并且注意早、中、晚客人休息的规律，尽量不打扰客人的休息和睡眠。如上午整理，应尽量利用客人外出的时间进行；下午和晚上整理则应利用客人用餐时间进房收拾。了解客人是否有午睡的习惯，并且按照白天和晚间不同的需要，为客人准备好应用的物品。打扫卫生的工具及客房换下来的物品要及时拿走，不要长时间放在走廊过道，以免影响整洁，有碍观瞻。

3. 生活服务

来饭店住宿的客人，必然会有许多生活琐事需要协助料理。这项服务不但是方便客人的举措，而且是提高饭店服务信誉和增加经济收入的渠道，例如客房用膳、接待客人的访客，为客人洗衣物、擦皮鞋、缝补等。客人因各种原因，有时需要在客房中进餐，饭店就应提供这种服务，满足客人的需要。提供这项服务时要注意食品的保温，送菜要迅速，所送食品不要有遗漏，注意清洁卫生等。不得擅自让访客直接进房，需征求客人意见后再行安排，但对访客的态度仍需热情，不可怠慢。如客人患病更应随时关注客人的需要，端送饮食，帮助服药。传染病人住过的房间必须彻底消毒，防止交叉感染。

4. 代办事务

客房服务员有时需要代替客人购买药品、洗熨衣物等，样样事情不得马虎。如客人提出代为购买药品，不要轻率采办，需经领导同意之后再办，以免使客人误服药品。代办洗熨衣服，要按照有关规定办理，做到细心认真、善始善终。

5. 有自我保护意识

客房服务员绝大多数都是女性，在工作中要有自我保护意识。对客人既要彬彬有礼、热情主动，又要保持一定距离，以免自身受到不必要的伤害。被客人唤进客房，要让门时刻处于打开状态，对客人关门要保持警惕。客人邀请坐下，要婉言谢绝，更不要坐在床上。尽量找借口拒绝客人邀请外出。下班后不得到客人房间串门。要培养以上自我保护意识，形成习惯。

相关链接

钥匙管理

钥匙管理是饭店工作中一项非常重要的任务，丢失客房的钥匙不但会损坏饭店的利益，更严重的是会直接危及客人的人身和财产安全。因此，客房服务人员必须从思想上高度重视，严格按照饭店规定的制度保管好客房钥匙，防止钥匙丢失。

若客房钥匙不小心丢失，应立即向领班、主管及值班经理汇报，并立即采取有力的保安措施，保证饭店及客人的人身及财产安全，同时保证客房服务的正常进行。切不可隐瞒事故，幻想凭借个人的力量找到钥匙，从而逃避责罚。若钥匙确定已丢失，应按规定程序报批，并立即换锁，以保护饭店与客人的安全。同时，继续寻找钥匙，努力将危害降到最低程度。

4.2.3 其他服务礼仪

1. 客房送餐服务礼仪

当客人要求送餐到客房时，一定要记清客人的姓名、用餐人数、送餐时间、房间号以及点餐的品种、规格、数量等，记录完毕要向客人复述一遍，以免出错。确认无误后，通知餐饮部，或将订餐卡片送到餐饮部。

根据客人订餐的具体情况准备好用餐的器具及调味品，并整齐地摆放在餐车里。把握好送餐的时间，不要太早也不要太迟。进入订餐客人的房间前，应先敲门或按门铃，得到客人允许后方可进入。见到客人应先对客人说："您好，这是您订的早餐(午餐、晚餐)。您看，我应该把餐桌摆放在哪儿呢？"

一切就绪后，将账单拿给客人过目、签字。客人签字或付账后，应对客人表示感谢；若客人还需要服务，则应站立在一旁按餐厅的规定为客人提供服务；若客人不再需要服务，则应立即离开房间。最后，估计客人的用餐时间，在客人用完餐后，配合客房服务员将餐具收回并送去清洗。

2. 失物招领服务礼仪

客房服务员在打扫客人房间时，如捡到客人遗留的物品，应立即上交，并详细记录捡到物品的时间、地点、名称、房间号等，最后向值班经理报告。值班经理则应立即贴出告示，告知失主前来认领。若客人已经离开酒店，则应交给总服务台处理。

凡拾获的遗留物品均应交保安部门保管，由保安部门移交给客人，移交手续要完备。按国际惯例，为客人保存遗留物品的期限为一年。

3. 擦鞋服务礼仪

擦鞋服务是高级酒店服务中很重要的一部分，是一种付出不多，但收效很好的感情投资。这种服务倾注着员工对客人的尊重、对客人利益的关心和对本职工作的热爱与自豪，常给客人带来出乎意料的感动。它的操作程序看起来简单，但也具有一定的技术难度。

服务员对各种皮鞋及鞋油一定要非常熟悉，能根据客人的皮鞋选择适宜的鞋油和不同的擦法，特别是对于高档皮鞋更应注意鞋油与擦拭方法的选择。如果服务员没有把握，就应向客人道歉，说明理由，不接受这个工作；或者向专人请教后，再为客人擦鞋。

为客人提供擦鞋服务时，应使用鞋篮，要特别注意做好标记，防止出错。擦拭中，如因不慎或不了解皮鞋质地特点擦坏了客人的皮鞋，应赔偿客人的损失，原则上是擦鞋费的10倍。一旦出现差错，应首先向客人道歉。

4.2.4 客人离店前后的服务礼仪

客人离店前后的服务，是服务全过程的最后一个环节，如果工作做得好，就能加深客人的良好印象，使其高兴而来、满意而归。此阶段工作包括以下三方面。

1. 客人离店前的工作

服务员应了解客人动身的确切日期、时间，飞机或火车的班次，离开宾馆的时间，交通车辆接送安排情况。要检查代办事项是否办妥办完，客账是否已结清，早上是否有叫醒服务，清晨是否需要早点，行李包扎和托运是否办理完毕，客人还需要什么帮助等。以上情况客房服务员应与相关部门联系确定落实，对于重要的客人还必须汇报给领导，以便协同工作，组织欢送。

2. 客人离店送别工作

服务员应协助客人检查室内各处有无物品遗留，如有必要应提醒客人。在将客人的行李件数查清后，可请行李员搬运上车，并向客人交代清楚。客人离开楼层时，要热情送至电梯口，礼貌道别，欢迎再来。在此之前，还应清查房间内的设备及用品有无损坏和丢失，及时报告总服务台。

3. 客人离去后彻底检查房间

服务员在清理房间时，如发现有物品遗留，应迅速设法转送归还；若客人已离店，应速交总服务台设法转交，或请示领导处理。客人离店后还应及时进行全面的清洁整理工作，按宾馆的规格布置完整，准备迎接新的客人。

学习任务4.3 餐饮部服务礼仪

> **参考案例**

巧妙的赠送

在一家涉外饭店的中餐厅里，正是中午时分，用餐的客人很多，服务员忙碌地在餐台间穿梭着。

有一桌客人中有几位外宾,其中一位外宾在用完餐后顺手将自己用过的一双精美的景泰蓝食筷放入随身携带的皮包里。服务员在一旁将此景看在眼里,不动声色地转入后堂,不一会儿,她捧着一只绣有精致图案的绸面小匣走到这位外宾身边说:"先生,您好,我们发现你在用餐时对我国传统的工艺品——景泰蓝食筷表现出极大的兴趣,简直爱不释手。为了表达我们对您如此欣赏中国工艺品的感谢,餐厅经理决定将您用过的这双景泰蓝食筷赠送给您,这是与之配套的锦盒,请笑纳。"

这位外宾听了此言,自然明白自己刚才的举动已被服务员尽收眼底,颇为惭愧,只好解释说自己喝多了一点,无意间误将食筷放入包中,感激之余更执意表示希望能出钱买下这双景泰蓝食筷,作为此行的纪念。餐厅经理亦顺水推舟,按最优惠的价格记在了客人的账上。

聪明的服务员既没有让餐厅受损失,又没有令客人难堪,圆满地解决了这一突发事件。

(资料来源:职业餐饮网. http://www.canyin168.com/.)

知识储备

宴请的种类

国际上通用的宴请形式有宴会、招待会、茶会、工作餐等,至于采取何种形式,一般根据活动目的、邀请对象以及经费开支等因素来决定。每种类型的宴请均有与之匹配的特定规格及要求。

1. 宴会

宴会是较常见的一种宴请方式。举行宴会的目的通常是欢迎、告别、答谢、庆祝或者联谊。宴会与其他形式的宴请活动最大的区别是安排座席,由招待员顺次上菜。宴会按其规格又有国宴、正式宴会、便宴和家宴之分。

(1) 国宴。国宴特指国家元首或政府首脑为国家庆典或为外国元首、政府首脑来访而举行的宴请活动,是规格最高的宴会。这种宴会庄严而隆重。按规定,宴会厅内悬挂国旗,宾主入席后乐队演奏国歌,主人与主宾先后发表讲话或祝酒词,奏席间音乐。菜单和座席卡上均印有国徽,出席者的身份规格高、代表性强,宾主均按身份排位就座,礼仪严格。

国宴有两个特点:一是讲究排场,对出席者的入场仪式及客人着装有一定规定,仪式隆重,着装规范;二是对宴会厅的陈设、菜肴的道数、品种及服务人员的仪态都有严格规范。

(2) 正式宴会。正式宴会通常是政府和团体等有关部门为欢迎应邀来访的宾客,或来访的宾客为答谢主人而举行的宴会。这种宴会形式除不挂国旗、不奏国歌以及出席者规格低于国宴外,其余的安排大致与国宴相同。正式宴会对赴宴者的着装、座次和席位的摆设均有较高的礼仪要求,宾主均按身份排座就位。正式宴会分为早餐、午宴和晚宴,其中,最正式的是晚宴,其次是午宴。西方国家一般将正式宴会安排在晚8时以后举行,我国一般在晚6—7时开始。正式晚宴要安排好座次，在请柬上注明着装要求，席间有祝词或祝酒。正式午宴一般在13时左右。

(3) 便宴。便宴多用于招待熟悉的宾朋好友，是一种非正式宴会。这种宴会形式简便，规模较小，不拘严格的礼仪，不用排席位，不作正式致辞或祝酒，宾主间较随便、亲切，用餐标准可高可低，由于其便于组织、气氛融洽、宾客可随意活动，有利于日常友好交往。常见的便宴按举办目的的不同，可分为迎送宴会、生日宴会、婚礼宴会、节日宴会等。

(4) 家宴。家宴，顾名思义就是在家中设宴招待客人，其特点是主人下厨烹调，家人共同招待，以示亲切、友好。它在社交和商务活动中发挥着促进人际交往的重要作用，各国人士都有举行家宴的习惯。

相对于正式宴会而言，家宴最重要的是要制造亲切、友好、自然的气氛，使赴宴的宾客轻松、自然、随意，彼此增进交流、加深理解、促进信任。

2. 招待会

招待会是一种灵活、经济实惠的宴请形式。一般备有食品和酒水，通常不排固定的席位，宾客可以自由活动，常见的招待会主要分为冷餐会、自助餐和酒会三种。

(1) 冷餐会。冷餐会的特点是采用立餐形式，不排座位。菜肴以冷食为主，也可冷热兼备，连同餐具一同摆设在餐桌上，供客人自取。客人可以多次取食，站立进餐，可自由活动，彼此交谈。当然，对于年老、体弱者要准备座椅，可由服务员接待。这种形式既节省费用又亲切随和，得到越来越广泛的应用。在我国，举行大型冷餐会往往用大圆桌，设座椅，主桌安排座位，其余各席并不固定座位。食品和饮料均事先放置在桌上，招待会开始后，自行进食。冷餐会一般在室内、院落或花园中举行。

(2) 自助餐。自助餐和冷餐会大致是相同的，只是现代自助餐样式比较丰富，而且有比较多的热菜，甚至有厨师当场制作。

(3) 酒会，也称鸡尾酒会，特点是活泼、方便。以酒水为主，略备小吃，不设座位，宾主皆可随意走动，自由交谈。这种形式比较灵活，便于宾客广泛接触、交谈。举行时间亦较灵活，中午、下午、晚上均可，持续时间两小时左右。在请柬规定的时间内，宾客出席和退席的时间不受限制，可以晚来早退。酒会多用于大型活动，因此，客人可利用这个机会进行社会交际和商务交际。

3. 茶会

茶会是一种简便的招待形式，一般在下午4时左右举行，也有的在上午10时左右进行。其地点通常设在客厅，厅内摆茶几、座椅，不排座席。但若是专为贵宾举行的茶会，在入座时，主人要有意识地与主宾坐在一起，其他出席者可相对随意。在西方一般有早、午茶时间，即上午10时和下午4时左右，以请客人品茶为主，可略备点心小吃，也可选咖啡做主饮料。宾客参加茶会的目的一般是交谈而非喝茶，因此不同于东方的茶道。

4. 工作餐

工作餐是现代国际交往中又一非正式宴请形式，按用餐时间可分为工作早餐、工作午餐和工作晚餐，进餐时边吃边谈。

这种形式多以快餐分食的形式出现，既简便快速，又符合卫生要求。其间讨论话题多与工作有关，故一般不请配偶。双边工作餐往往以长桌安排席位，便于宾主双方交谈、磋商。

知识储备

宴会邀请礼仪

各种宴请活动，一般均需对宴请对象发出邀请。这既是对宾客的通知，起到提醒、备忘的作用，同时又是宴请必备的礼貌形式。邀请方式通常有书面、电话和口头邀请三种。正式宴请活动多采用书面邀请的方式，由举办者发出请柬、邀请信或邀请电报；非正式宴会则可以电话或口头邀请。

1. 书面邀请

(1) 请柬。请柬是较常用的邀请形式。有市场统一印制的通用型，也有本单位特别印制的专用型，格式大同小异，常有精美的封面，内页写明宴请目的、被邀请人的姓名以及宴请的类型、地点和时间。若是涉外宴请，还应有中外文对照或直接用客人所在国文字印制。请柬一般不用标点符号，设计应美观大方，填写应字迹端正工整。请柬应视主宾之间的地理位置远近和联系的方便程度，提前一周送到为好，要在时间上给宾客留有余地，以便他们能安排好自己的工作。

正式宴会的请柬在制作和发送时，还应注意：如果事先已口头(或电话)预约过、通知过对方，仍应在宴会前正式发送一份请柬，以示正式和真诚；如能确定对方"一定会来"，可在请柬上注明客人在宴会上的桌号，以便他赴宴时落座不乱。一份精美的请柬，不仅能起到礼仪、通知、备忘的作用，还是一份珍贵的纪念品。

(2) 邀请信。和请柬相比，邀请信多为手写，也有电脑打印的。格式各不相同，内容要求详细，可以因事因人而异，文字可长可短。邀请信给人以亲切感，不像请柬那样显得刻板和公式化。

邀请信应写得诚恳热情，要把邀请目的、具体细节、邀请时间、地点交代清楚，还可以对应邀者提点有关服饰的建议和"回复"等方面的要求。具体包括：简短的问候和寒暄；阐明宴请的类型和设宴的原因；简略说明这次宴请安排的内容，如席间有无文艺表演和舞会的安排，是否要求客人做席间发言等；对远道客人的时间要求、服饰要求以及设宴地点的位置和交通车次介绍，并恳请对这次宴会给予协助和配合等；盛情邀请光临并要求回复，以便安排和落实座次。

2. 电话邀请

电话邀请和书面邀请一样，也要注重礼貌礼节。书面邀请在撰写时有推敲的时间，而电话邀请时间短促，通话时语言、语调必须使对方感受到盛情和诚意。所以通话前应写好说话提纲或打好腹稿，避免说话无层次，该表达的主要内容被遗漏。电话邀请用语比书面邀请的措辞要求更高，还要从语音、语调上让对方感受到诚挚、亲切，以加深对方印象。如果不是被邀请者本人接电话，要建议接话人做好记录备忘，以便转告被邀请者。

3. 口头邀请

口头邀请适用于非正式的或小范围的宴请。举办人有意设宴时，应先征询被邀主宾的意见，最好是彼此见面时，借机口头邀请。口头邀请有时不能马上得到对方的肯定答复，可再约时间敲定，或用电话表达邀请的诚意，以得到对方最后正式答复为准。口头邀请也可委托别人转告，并请转告者尽快将原意告诉被邀请者。口头邀请时，表达必须认真诚恳，一旦商定，双方务必遵守信用。

4.3.1 客餐服务礼仪

1. 订餐服务礼仪

服务人员在为客人提供订餐服务时，应注意以下几点。

(1) 客人前来订餐时，订餐服务员要主动接待，繁忙时要有礼貌地请客人稍候。

(2) 仔细询问客人的用餐时间、进餐人数、订餐内容、是否还有其他要求等，并认真记录。记录完毕应向客人重述一遍，看是否有遗漏或者有出入的地方。

(3) 认真回答客人的提问，并向客人说明餐厅的规定，特别要讲清楚最迟取消订餐的时限，请客人一定要准时前来。

(4) 客人订餐后，订餐服务员应及时与当天的领位服务员进行沟通，并根据客人的情况及要求安排好桌位，摆好"已预订"的牌子。

2. 迎宾服务礼仪

(1) 见到客人前来，迎宾领位人员应主动对客人说"欢迎光临"并主动为客人开门，引领客人进餐厅。若是男女客人一同前来，则应先问候女宾，然后再问候男宾。对于熟客或重要的客人，最好能称呼其姓名或职务。

(2) 若餐厅设有雨伞寄放桶、衣帽寄放间，迎宾服务人员则应先询问客人是否需要寄放物品；若客人有需要则应代为办理，注意对号入座，以免出错，造成不必要的麻烦。

(3) 询问客人是否已有预定，若有预定则应在询问清楚客人的姓名后，引领客人直接前去；若没有预定，则应根据实际情况灵活安排。

(4) 若餐厅客满，要有礼貌地请客人在门口稍候，安排好休息的座位，并告知客人大概的等候时间。若时间稍长，应给客人倒茶，或请客人看杂志，来打发等待的时间。重要的客人到来后，要先将客人引至贵宾室等候，再交由餐厅主管或酒店经理来接待。

3. 领位服务礼仪

服务人员在为客人领位时，要注意以下几点。

(1) 引领客人前往座位时，应注意引导的速度不可太快，并用言语提醒客人注意脚下及方向。

(2) 安排座位时应注意：夫妇、情侣来就餐，要把他们引领到比较安静的餐桌入座；一家人或是亲朋好友前来聚餐，可引领他们到餐厅中央的餐桌就餐；年老体弱的客人来用餐，应尽可能安排在出入比较方便，离入口较近的地方；对于有明显生理缺陷的客人，要考虑安排在适当的位置，最好能遮掩其生理缺陷。若餐厅较大，需同时注意座位的平均分配，不要集中在某一区域就座。

(3) 若无法满足客人选择桌位的要求，应有礼貌地向客人致歉、解释，并把客人引领到其他桌位，尽量使客人满意；靠近厨房出入口的桌位，往往不受客人欢迎，对那些被安排在这几张餐桌上就餐的客人要多说几句抱歉的话；客人中若有不喜欢吸烟的，应将客人安排到无烟区。

(4) 将客人引领到桌位后，领位人员应告知区域或看台服务员客人的用餐人数和需求，交接完毕方可离去。

4. 入座服务礼仪

服务人员在请客人入座时，应注意以下两点。

(1) 请客人入座时，区域或看台服务员应拉开座椅，协助客人入座。注意座椅拉开的距离不要太大，客人能走进即可，然后在配合客人坐下的同时，用双手将椅子往前推进。

(2) 注意安排入座的顺序，一般以女士、老者及尊者优先。若有儿童同行，则应安排儿童座椅，同时避免让儿童坐在上菜的位置。

5. 茶水服务礼仪

待客人都坐定后，服务人员要为客人提供茶水服务，此时，应注意以下两点。

(1) 服务人员应根据用餐人数增减餐具，并调整餐具摆放位置，以保证客人用餐舒适。

(2) 根据季节为客人送上冰水或者热茶，还可根据餐厅的服务方式，适时提供餐前小菜。

6. 点菜服务礼仪

在客人点菜时，服务人员应注意以下几点。

(1) 从客人右侧将菜单及酒水饮料单呈给客人，并将其打开，然后退到一旁等候，留给客人充裕的时间翻阅、思考、讨论。若是已订餐的宴席，餐单则应事先摆在餐桌上供客人参考。

(2) 呈上菜单后，服务人员应准备好点菜单和笔等点菜工具等候在一旁，待客人做出决定后，方可上前。

(3) 服务人员应熟知餐厅所提供菜肴的原料、制作方法、口味以及中式菜肴的一些基本知识，以应对客人的提问。

(4) 当客人提出咨询时，服务人员应充分参照用餐人数、预算、口味、偏好及用餐时间等提出适当的建议，为客人搭配出一桌好菜肴。

(5) 填写点菜单时，应注意分门别类，注明桌号、人数、开单人及菜肴的名称、分量、数量及特殊要求，并写上开单时间。中式点菜单一般是一式三联，一联交由柜台出纳入单结账用，一联送到厨房出菜用，一联则留在看台或区域服务员处，待菜上齐后交由客人过目。

(6) 客人点菜完毕，服务人员应向客人重述一遍，确认没有遗漏或错误。若客人点的菜餐厅已无法供应，应向客人说清楚，并向客人表示歉意；若客人列出菜单上没有的菜肴，应根据客人的描述，与厨房商量后尽量满足客人的要求，不可一口回绝；若有烹饪时间较长的菜肴，应向客人说明，征得客人的同意。

7. 酒水服务礼仪

将点菜单送到出纳柜台和传菜间以后，服务人员应为客人进行开酒服务。服务人员在酒水服务过程中，应注意的问题将会在下一学习任务中详细说明。

> **特别提示**
>
> 酒水需另外开点菜单，不可与菜单混开。

8. 跑菜服务礼仪

跑菜即取菜。跑菜服务员的主要工作是配合看台或区域服务员的工作，根据看台或区域服务员交给的点菜单，按照各餐桌客人点菜的先后顺序列好，并与厨房工作人员密切配合，为看台或区域服务员当好助手。跑菜服务员在服务过程中要注意以下几点。

(1) 一般应用左手托盘，右手背在身后，保持托盘的平稳，以免菜汤或油溢出。客人在用餐过程中撤下来的空盘等也要用托盘，不能直接用手拿。

(2) 走路要轻，以免将地上的灰尘扬起，影响客人的食欲。遇到客人要让客人先行，并对客人微笑致意。

(3) 一般来说，跑菜服务员不需亲自上菜，而应将菜交给看台或区域服务员。

(4) 要注意客人入座后点菜的时间，同时提醒厨房哪些客人的菜是需要先上的。

9. 上菜服务礼仪

服务员在为客人上菜时，应注意以下几点。

(1) 上菜前，看台或区域服务员应先将桌面清空，从跑菜服务员手中接过菜肴时，应先确认，仔细检查无误后再将菜肴端上桌。

(2) 服务人员上菜时应报出菜名，并慢慢顺时针转动转台，让在座的客人欣赏菜肴。最好的方式是一边转动转台，一边介绍菜肴的特色及烹饪要点。

(3) 当所有的菜肴都上完以后，服务人员应告知客人，并请客人慢慢享用。

10. 用餐服务礼仪

在客人用餐的过程中，服务人员应注意以下几个方面。

(1) 用餐过程中，若有需要客人用手食用的菜品，应同时送上盛有清水的净手盅。

(2) 根据客人的需要，适时将空盘撤下，及时撤换脏骨盘，并注意保持台面清洁。

(3) 每道菜肴快吃完时,都应将其更换为小盘,摆回转台上供客人取用。

(4) 出菜速度应配合客人的用餐速度,服务人员需配合客人的需求,指示跑菜服务员通知厨房配合。

(5) 若用餐过程中,客人需要加菜,同前面点菜的程序一样,看台服务员一定要仔细填写加菜单,同样一式三联,柜台出纳、厨房、服务人员各留一联。

特别提示

若一名看台服务员同时照顾几个桌位,一定不能顾此失彼,对其中一桌特别照顾,而对其他桌位冷淡至极,一定要一视同仁,照顾好每一位客人。

11. 结账服务礼仪

服务人员在为客人提供结账服务时,应注意以下几点。

(1) 客人用餐期间,服务人员应清点酒水、饮料等的空瓶,以待客人确认。

(2) 客人示意结账时,服务人员应主动询问客人对剩余饮料及餐点的处理方法,主动将多余未用的酒水退掉,并询问客人用餐是否满意。

(3) 从柜台出纳处领来账单,先行确认过后,再向客人解说消费项目,然后将账单交给客人过目,并解答相关疑问。

(4) 尽量采用客人愿意的方式结账(现金、刷卡、客房记账或外客签账),如无法满足客人的需要,应向客人解释清楚,取得谅解。

(5) 为客人送上发票、找零现金或信用卡及签单。

12. 送客服务礼仪

客人用餐完毕,服务人员在送客时,应注意以下两个方面。

(1) 结账完毕,当客人起身时,服务人员应主动为客人拉开座椅,提醒客人不要遗忘随身物品,并帮客人留意桌位附近是否有遗留物品。如果发现桌位附近有客人遗留的物品,应及时交给客人。

(2) 将客人送至门口,并对客人说:"欢迎您再次光临。"

4.3.2 中餐宴会服务礼仪

知识储备

中餐座次排序遵循的4项原则

排列便餐的座次,一般遵循以下4项原则。

1. 右高左低原则

两人并排就座,通常以右为上座,以左为下座。这是因为中餐上菜时多以顺时针方向为上菜方向，居右坐的人因此要比居左坐的人优先受到照顾。

2. 中座为尊原则

三人一同就座用餐，坐在中间的人在座次上高于两侧的人。

3. 面门为上原则

用餐时，按照礼仪惯例，面对正门的都是上座，背对门的都是下座。

4. 特殊原则

高档餐厅里，室内外往往有优美的景致或高雅的演出，供用餐者欣赏。这时，观赏角度最好的座位就是上座。在某些中低档餐厅用餐时，通常靠墙的位置为上座，靠过道的位置为下座。

1. 中式宴请桌次与座次

中国餐饮礼仪可谓源远流长。据文献记载，在周代，饮食礼仪已形成一套相当完善的制度。

作为汉族传统的古代宴饮礼仪，自有一套程序：主人折柬相邀，临时迎客于门外。宾客到时，互致问候，引入客厅小坐，敬以茶点。客齐后导客入席，以左为上，视为首席，相对首座为二座，首座之下为三座，二座之下为四座。客人坐定，由主人敬酒让菜，客人以礼相谢。席间斟酒上菜也有一定的讲究：先敬长者和主宾，最后才是主人。宴饮结束，引导客人入客厅小坐，上茶，直到辞别。如今，这种传统宴饮礼仪在我国大部分地区仍完整保留，如山东、香港及台湾等地。

清代受西餐传入的影响，一些西餐礼仪也被引入，如分菜、上汤、敬酒等方式也因合理卫生的食法被引入中餐礼仪中。中西餐饮食文化的交流，使得我国的餐饮礼仪更加科学合理。

现代较为流行的中餐宴请礼仪是在继承传统与参考国外礼仪的基础上发展而来的。

1) 中式宴请的尊位确定

在中式宴请中，确定尊位一般有两种方式。

(1) 一席宴请时，根据房门来确定尊位。一般情况下，面朝门的中央位置可作为尊位，见图4-1。

(2) 多席宴请时，尊位一定位于主桌。在主桌上，面向其他桌方向的中央位置可作为尊位，见图4-2。

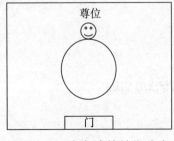
图4-1　一席宴请的尊位确定

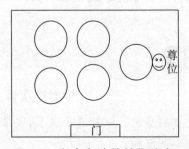
图4-2　多席宴请的尊位确定

2) 中式宴请的桌次排序

(1) 中式宴请桌次排序的原则。在中餐宴请活动中，往往采用圆桌形式。宴请时如果客人较多，就会出现多桌次宴请的情况。每个桌子的摆放次序，我们称之为桌次。在国际商务宴请中，一般遵循的桌次原则是，主桌在主席台边，根据餐厅形状，右高左低，高近低远，即桌次高低以离主桌位置远近而定，离主桌越近，桌次越高；离主桌越远，桌次越低。平行时的桌次排序为右高左低。

(2) 中式宴请的台形布置，具体分为以下几种情况。

① 两席宴请。当两席横排时，桌次以右为尊，左为卑，见图4-3。这里所说的左右，是通过进入房间后，面对正门的位置来确定的。当两席竖排时，桌次讲究以远为上，以近为下，见图4-4，这里所讲的远近，是对距离正门的远近而言的。

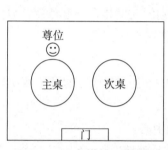
图4-3 两席横排时的桌次

图4-4 两席竖排时的桌次

② 三席及以上宴请。在安排多席宴请的桌次时，除了要注意"面门定位""以右为尊""以远为上"等原则外，还应兼顾其他各桌距离主桌的远近。通常，距离主桌越近的桌次越高，距离主桌越远的桌次越低，见图4-5。一般情况下，桌次的安排遵循以下规律。

三席宴请桌次设计：品字形，也称三角形。

四席宴请桌次设计：方形或菱形。

五席及五席以上宴请桌次设计：梅花形、梯形、长方形。

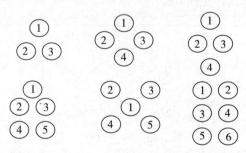

图 4-5 中式宴请三席及以上桌次设计图

> **特别提示**
>
> 在安排桌次时，所用餐桌的大小、形状要基本一致。除主桌可以略大外，其他餐桌都

不要过大或过小。

为了确保在宴请时赴宴者能够及时、准确地找到自己所在桌次，可以在请柬上注明对方所在的桌次，在宴会厅入口悬挂宴会桌次排列示意图，安排引位员引导来宾按桌就座，或者在每张餐桌上摆放用阿拉伯数字书写的桌次牌。

3) 中式宴请的座次排序

(1) 中式宴请座次排序的一般原则。商务宴请中的座次排序非常复杂，其中最重要的排序依据是职务的高低，其次是交际语言、业务类别和性别搭配。一般座次排序时，主客双方一、二号座次排序都尽可能按职位排列。后面人员的座位安排除职位外，还要兼顾是否有共同语言、是否有业务关系、是否性别相同等。

特别强调的是，在一些国家的商务宴请中，习惯于将不同性别的人交叉安排就座，以体现男女平等。还有些国家习惯于将相同性别的人安排在一起就座，以照顾不同性别之间不同的话题爱好。所以，具体操作应以现实情况而定。

(2) 中式宴请的座次排序有以下几个特点。

① 在宴请座次排序中，每张桌都同时安排主、客双方的顺序座次，即主方一号、二号、三号等和客方一号、二号、三号等。

② 每张桌的座次排序都以主方第一号为中心。

(3) 中式宴请的具体座次排序，分为以下几种情况。

① 男女主人共同宴请时的排序方法，见图4-6。这种排法是男主人坐上席，女主人位于男主人对面。主副相对，以右为贵。宾客通常随男女主人，按右高左低的顺序依次成对角线排列，同时要做到主客相间。国际惯例是男主宾安排在女主人右侧，女主宾安排在男主人右侧。

② 第一、第二主人均为同性别人士或正式场合宴请时的排序方法，见图4-7。这种排法主副相对，按"以右为贵"的原则，依次按顺时针排列座次，同时主客相间。

③ 单主人时的座次排序。这种排法以主人为中心，其余人员按"以右为贵"的原则，依次按"之"字形排列，见图4-8。

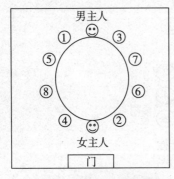

图4-6 男女主人共同
宴请时的座次排序

图4-7 两位主人同性别
时的座次排序

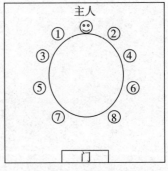

图4-8 单主人时的
座次排序

> 知识链接

中国国宴小常识

我国国宴一般都设在人民大会堂和钓鱼台,人民大会堂承担要多一些,这里的宴会厅能同时容纳5000人。国宴制定的菜谱,一般以清淡、荤素搭配为原则,基本上固定在四菜一汤,这是当年周总理定的标准,一直延续至今。

国宴的菜,汇集了全国各地的地方菜系,经几代厨师的潜心整理、改良、提炼而成,主要考虑到首长、外宾都能吃,像国宴的川菜,少了麻、辣、油腻,苏州、无锡等地的菜少放糖等。目前的国宴菜都在原来地方菜的基础上,做了改进。

如今,国宴的菜系已被称为"堂菜",讲究清淡、软烂、嫩滑、酥脆、香醇,以咸为主,较温和的刺激味辅之。据说这种烹调风格适应性很强,基本可满足中外大多数宾客的口味要求,如海参鸡块中的鸡块,既可烧也可蒸。

国宴菜品的菜名仍很"原始",除少数"引进"的地方菜保留原名(如佛跳墙、富贵蟹钳、孔雀开屏、喜鹊登梅),大多数菜名的命名比较务实,如麻辣鸡、芦笋鲍鱼等。菜名朴实,是国宴的一个特点,这样做原因有二:一是食用者一看菜单即可知是什么菜;二是可避免菜名太花哨,名实不副,同时在对外活动中,又有利于菜名翻译准确无误。

2. 中餐点菜与餐具使用礼仪

1) 中餐点菜思路

点菜是学问,又是艺术。根据我们的饮食习惯,与其说是"请吃饭",倒不如说成"请吃菜",因此在宴请来宾时对菜单的安排马虎不得。

(1) 投其所好。要考虑客人的口味和符合他们的审美取向。一般人都有尝鲜的心理,会品尝一些新颖但不怪诞的菜肴。因此在点菜时,可对外来宾客介绍一些本地的特色菜,对本地宾客介绍一些新颖的特色菜。

(2) 量力而行。根据宴请的规格,提供量力而行的最佳组合。点菜时不但要力求吃饱、吃好、吃出档次、吃出文化,而且应量力而行。如果为了讲究排场,在点菜时大点、特点,甚至乱点,不仅对自己没有好处,还会遭到来宾的嘲笑,尤其是外宾,他们极不提倡浪费。

(3) 点菜技法。有的情况下可以请专门的点菜师帮助点菜,在自己点菜时要注意以下几个方面。

① 中餐特色菜:在邀请外宾时,一定要注意选择一些有明显中国特色的菜品,如饺子、炸春卷、煮元宵等。

② 本地特色菜:在宴请外地客人时,可选择一些有名的地方菜品,如西安的羊肉泡馍,湖南的毛家红烧肉,北京的烤鸭、涮羊肉等。

③ 餐馆特色菜:选择一份本餐馆的特色菜,能表现主人的细心和对被请者的尊重。

④ 主人特色菜:在家里宴请宾客时,主人一般都是要露一手的。

2) 走菜顺序

各种菜肴在后厨准备好后，摆上餐桌的过程，称为走菜。宴会走菜顺序的合理与否，事关宴会的气氛、客人的食兴，更可以体现主人的文化素养和对客人的尊重。

宴会的上菜顺序要遵照当地的风俗习惯，同时要视客人情况适当调整，一般次序是冷菜、热炒或大菜、甜菜、点心，质量高的头菜较早上席。

中餐的走菜顺序主要有两种，这两种走菜顺序最大的区别是汤的位置。

其中，以粤菜为代表的顺序是先上头盘(也叫冷拼或者凉菜)，其次是老汤，然后是热菜，最后是果盘。在热菜部分，又分辅菜和主菜(有的地方又称主打菜)，主菜一般以鱼、海鲜、各种肉品为主，只有一道；辅菜以蔬菜为主，可以多上几盘。这一派菜系中，汤在热菜前上，一来可以暖胃，二来可以清口，三来可以保证食量有度。主食则可以随时取用。以川菜为代表的其他菜系，则将汤放在主菜之后，一般的走菜顺序是冷菜(冷拼)、热菜、主食、汤。这一派认为汤可以起到清口的作用，可以协调整个宴会的口味。

3) 上菜

(1) 上菜时机和服务位置，分为以下几种情况。

① 上菜时，可以将凉菜先行送上席。当客人落座开始就餐后，餐厅员工即可通知厨房做好出菜准备，待到凉菜剩下1/3左右时，餐厅员工即可送上第一道热菜。当前一道菜快吃完时，餐厅员工就要将下一道菜送上，不能一次送得过多，使宴席上放不下，更不能使桌上出现菜肴空缺的情况，让客人在桌旁干坐，这既容易使客人感到尴尬，也容易使其因没有下酒菜而喝醉。

② 餐厅员工给客人提供服务时，一般要以第二主人作为中心，从其左侧位置上菜，从其右侧位置撤盘。上菜或撤盘时，都不应当在第一主人或主宾的身边操作，以免影响主客之间的就餐和交谈。

(2) 上菜中的习惯与礼貌，具体应注意以下两点。

① 菜肴上有孔雀、凤凰图案等美好意象的拼盘，应当将其正面放在第一主人和主宾的面前，以方便第一主人与主宾欣赏。

② 第一道热菜应放在第一主人和主宾的前面，没有吃完的菜则应移向副主人一边，后面的菜可遵循同样的上菜原则。

特别提示

上菜时应遵循"鸡不献头，鸭不献尾，鱼不献脊"的传统礼貌习惯，即在给客人送上鸡、鸭、鱼一类的菜时，不要将鸡头、鸭尾、鱼脊对着主宾，而应当将鸡头等朝右边放置。上整鱼时，由于鱼腹的刺较少，肉味鲜美、肉质嫩滑，所以应将鱼腹而不是鱼脊对着主宾，表示对主宾的尊重。

4) 主要餐具的使用

(1) 筷子的使用礼仪，包括以下几方面。

① 忌敲筷。在等待就餐时，不能坐在餐桌边，一手拿一根筷子随意敲打，或用筷子敲打碗盏或茶杯。

② 忌掷筷。在餐前发放筷子时，要把筷子一双双理顺，然后轻轻地放在每个人的面前；距离较远时，可以请人递过去，不能随手掷在桌上。

③ 忌叉筷。筷子不能一横一竖交叉摆放，不能一根是大头，一根是小头。筷子要摆放在碗的旁边，不能搁在碗上。

④ 忌插筷。在用餐中途因故需暂时离开时，要把筷子轻轻搁在桌子上或餐碟边，不能插在饭碗里。

⑤ 忌挥筷。在夹菜时，不能把筷子在菜盘里挥来挥去，上下乱翻。遇到别人也来夹菜时，要有意避让，谨防"筷子打架"。

⑥ 忌舞筷。在说话时，不要把筷子当作刀具，在餐桌上乱舞；也不要在请别人用菜时，把筷子戳到别人面前，这样做是失礼的。

⑦ 忌舔筷。不要"品尝"筷子，不论筷子上是否残留食物，都不要去舔它。

⑧ 忌迷筷。不要在夹菜时，筷子持在空中，犹豫不定，不知夹取哪道菜。

⑨ 忌粘筷。在就餐过程中，即使很喜欢某道菜，也不要似筷子粘住了菜盘，不停地夹取。

⑩ 忌剔筷。不要将筷子当牙签使用。

(2) 匙的使用礼仪。在一般情况下，尽量不要单用匙去取菜。用匙取食物时，不宜过满，免得溢出来弄脏餐桌或自己的衣服。必要时，可在舀取食物后，在原处"暂停"片刻，待汤汁不再滴流后，再移向自己享用。使用匙时要注意下列4点事项。

① 使用汤勺时要用右手。一手执筷同时另一手执汤勺是最忌讳的。

② 用勺子取用食物后，应立即食用，不要把它再次倒回原处。

③ 若取用的食物过烫，不要用嘴吹来吹去。

④ 食用匙里盛放食物时，尽量不要把勺子塞入口中，或反复吮吸它。

> **特别提示**

中餐礼仪小常识

由于中餐的特点和食用习惯，参加中餐宴会或聚餐时，尤其要注意以下几点。

(1) 上菜后，不要先拿筷，应等主人邀请，主宾动筷时再拿筷。取菜时要相互礼让，依次进行，不要争抢。取菜要适量，不要把对自己口味的菜肴一人"包干"。

(2) 为表示友好、热情，彼此之间可以让菜，劝对方品尝，但不要为他人布菜；不要擅自做主，不论对方是否喜欢，主动为其夹菜、添饭，让对方为难。

(3) 不要挑菜，不要在共用的菜盘里翻来翻去、挑肥拣瘦。取菜时，要看准后夹住立即取走，不能夹起来又放下，或取走后又放回去。

3. 中餐就餐礼仪

1) 餐前礼仪

(1) 参加宴会，应把自己打扮得整洁大方，这是对别人也是对自己的尊重。要按主人邀请的时间准时赴宴。除了酒会，一般宴会都请客人提前半小时到达。如因故在宴会开始前几分钟到达，也不算失礼，但迟到就显得对主人不够尊敬，非常失礼。

(2) 当走进主人家或宴会厅时，应首先跟主人打招呼。同时，对其他客人，不管认不认识，都要微笑点头示意或握手问好；对长者要主动起立，让座问安；对女宾要举止庄重，彬彬有礼。

(3) 入席时，自己的座位应听从主人或招待人员的安排，因为有的宴会主人事先就安排好了座位。如果座位没定，应注意正对门口的座位是上座。应让身份高者、年长者以及女士先入座，自己再找适当的座位坐下。

(4) 入座宜从左侧进入，轻拉椅背，女士由男士或服务生代劳，然后慢慢入座。坐的姿势要端正，女士应双腿并拢，男士自然坐稳即可。双手不可靠在桌面或邻座的椅背上，更不要弯腰驼背，显得没有精神。坐姿要维持端正，但不要僵硬不自然，并注意与餐桌保持适当的距离。

(5) 用餐时应该着正装，不要中途脱外衣。脱下的长外套不可直接披在椅背上，大衣、外套等应交给服务员放置衣帽间保管。

(6) 手机最好关机，或转成振动模式，如有紧急电话需接，请离座至适当场地接听。

(7) 钥匙、手机、香烟、打火机等私人物品，不可放在桌上妨碍他人用餐，应放进手提包内，再将手提包放在背部与椅背间。

2) 就餐礼仪

(1) 一道菜上桌后，通常需等主人或长辈动手后再去取食。若需使用公筷，应先用公筷将菜肴夹到自己的盘中，然后再用自己的筷子慢慢食用。夹菜时，要等到菜转到自己面前时再动筷，夹菜一次不宜过多，也不要把夹起的菜再放回菜盘中，又伸筷夹另一道菜，这是非常不礼貌的动作。如果遇到邻座夹菜要避让，谨防"筷子打架"。

(2) 同桌如有外宾，不用反复劝菜，也不要为其夹菜，因为外宾一般没有这个习惯。应让外宾依自己的喜好取用菜品，合乎时宜也较卫生。

(3) 用餐时，碗盘器皿不可拿在手上，应用筷子取适量的食物送至口中，不可一次把过多的食物塞入口中。

(4) 骨、刺要吐出时，应用餐巾或以右手遮口，隐秘地吐在左手掌中，再轻置于骨盘中，不可抛弃在桌面或地上。

(5) 有骨或壳的食物，应避免用手剥咬，可用筷子或汤匙取食。

(6) 很烫的食物，不可用嘴吹冷匆忙送入口中，应等稍凉后再进食。

3) 餐后礼仪

(1) 用餐完毕，必须等男女主人开始送客之后，才能离座。

(2) 客人未离开前，绝对不可大声喧哗或批评客人。

(3) 送客时，应该提醒其带走所携带或是寄存的物品，并且鞠躬致意，尽量等客人完全离开视线后再返回座位。

(4) 餐后不宜当着客人面结账，也不宜拉拉扯扯抢着付账，如真要抢着付账，应找适当的时机悄悄地去结账。

4.3.3 西式宴请礼仪

1. 西式宴请座次

1) 西式宴请的准备

(1) 确定宴请对象、规格和范围，其依据是宴请的性质、目的、主宾的身份、国际惯例及经费等。

(2) 确定宴请的时间、地点。宴请的时间应对主、客双方都合适。驻外机构举行较大规模的活动，应与驻在国主管部门商定时间。注意不要选择对方的重大节日、有重要活动或有禁忌的日子和时间。宴请的地点可分为两种情况：如是官方正式隆重的活动，一般安排在政府、议会大厦或宾馆内举行；其余单位宴请则按活动性质、规模大小、形式等实际情况而定。

(3) 发出邀请及请柬。宴会邀请一般均发请柬，亦有手写短笺、电话邀请。邀请不论以何种形式发出，均应真心实意、热情真挚。

请柬内容包括活动时间、地点、形式、主人姓名等。行文不用标点符号，其中人名、单位名、节日和活动名称都应采用全称。中文请柬行文中不提被邀请人姓名(其姓名写在请柬信封上)，主人姓名放在落款处。请柬格式与行文方面，中外文本的差异较大，注意不能生硬照搬。请柬可以印刷也可手写，手写字迹要美观、清晰。西式请柬多半是白色单面印制，内容简明扼要。无论是字体还是格式，请柬的设计都要以大方得体为原则。发出请柬的时间一般以对方提前一周收到为宜。

请柬信封上被邀请人的姓名、职务要书写准确。国际上习惯对夫妇二人发一张请柬，我国如遇需凭请柬入场的场合则每人发一张。对于正式宴会，最好能在发请柬之前排好席次，并在信封下角注明席次号。请柬发出后，应及时落实出席情况，准确记录，以便调整席位。

西式请柬的左下角通常写着R.S.V.P.字样，附有电话号码和人名，这表示客人接到请柬后最好依照上面标注的电话给予回复，以便主人确认赴宴人数并做好准备。

另外，在请柬的右下角有简单的Dress Code，表示餐宴应该穿哪种衣服才不会失礼。要想穿着得体，赴宴前需了解此次宴请的性质和规格。西餐宴请的服装是依照宴会的规格而定的，通常的选择有以下几种。

Formal(正式)——男士穿燕尾服或晚礼服，女士穿晚礼服或国服。

Informal(非正式)——男士穿西服，女士穿洋装或是膝盖以下的礼服。

Formal Casual(正式休闲)——男士穿非正式休闲西服，女士穿过膝盖的套装或礼服。

(4) 订菜。宴请的菜谱根据宴请规格，在规定的预算标准内安排。选菜不应以主人的喜好为标准，主要考虑主宾的口味喜好与禁忌。菜的荤素、营养、品种及菜点与酒品饮料的搭配要力求适当、合理。不少外宾并不喜欢我国的山珍海味。地方上宜以地方食品招待，用本地名酒。菜单经主管负责人同意后，即可印制，菜单一桌应备二至三份，至少一份。

(5) 现场布置。宴会厅和休息厅的布置，取决于活动的性质和形式。官方正式活动场所的布置，应该严肃、庄重、大方，不宜用霓虹灯来装饰，可用少量鲜花(以短茎为佳)、盆景、刻花来点缀。如配有乐队演奏席间乐，乐队不要离得太近，乐声宜轻，最好能安排几首主宾家乡乐曲或他(她)喜欢的曲子。

2) 西式宴请座次排列

同一桌上，席位高低以离主人的座位远近而定。外国习惯男女穿插安排，以女主人为准，主宾在女主人右上方，主宾夫人在男主人右上方(见图4-9、图4-10)。我国习惯按客人的职务排列，以便于谈话。如夫人出席，通常把女士排在一起，即主宾坐男主人右上方，其夫人坐女主人右上方。礼宾顺序并不是排席位的唯一依据，尤其是多边活动，更要考虑到客人之间的政治关系，政见分歧大、两国关系紧张的客人要尽量避免安排在一起。此外，还要适当考虑各种实际情况。

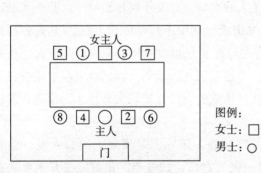

图4-9　西式宴请横桌座次排序

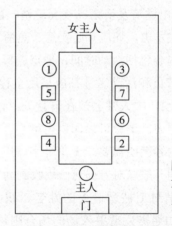

图4-10　西式宴请竖桌座次排序

2. 西餐摆台礼仪

从桌面的清理到台布的铺设，从转台的放置到桌椅的排列定位，西餐和中餐服务礼仪基本相同。在这里，我们主要就西餐礼仪与中餐礼仪的不同之处进行简单介绍。

1) 摆设餐具

摆放餐具时，应首先根据桌型、用餐人数等，准备足量的餐具，并将餐具平整摆起。

(1) 展示盘。西餐的展示盘和中餐的骨盘一样，也是其他一切餐具摆放的标准。以四人方桌为例，展示盘应置于桌边的正中间，且应与餐桌边缘保持约一指宽的距离，以避免客人起身或进出时发生碰撞。

(2) 餐刀、叉、汤匙。西餐为右手执刀，左手持叉，所以应在展示盘的右侧摆放餐刀，刀刃朝左；在展示盘的左侧摆放餐叉，叉齿朝上；在餐刀右侧约1厘米处摆放汤匙。注意餐刀和餐叉都应距展示盘约1厘米，距桌边缘1～2厘米。

(3) 面包盘、黄油刀。先将黄油刀放在面包盘上右侧，再将面包盘放在距餐叉左侧约1厘米处，距餐桌边缘1～2厘米处。

(4) 点心叉、点心匙。点心叉应摆放在展示盘上方正中央约2厘米处，叉柄朝左，叉齿面朝右；在点心叉上方约1厘米处摆放点心匙，匙柄朝右，匙面朝上。

如图4-11为西餐座位餐具酒具摆法，图4-12为西餐用餐中尚未吃完时刀叉摆放方法，图4-13为已吃完时的刀叉摆放方法。

图4-11　餐具酒具摆法　　　图4-12　尚未吃完时刀叉摆放方法　　　图4-13　已吃完时的刀叉摆放方法

2) 放置杯皿

在西餐中，各种杯子有不同的用途，大小也不同。一般来说，水杯较大，红酒杯次之，白酒杯最小。红酒杯是基准，应将其对齐，在展示盘右边的大餐刀上端的位置摆放，与点心叉和点心匙平行。然后在红酒杯斜左上方45°的位置摆设水杯，在其斜右下方45°的位置摆放白酒杯，依次体现出杯子的大小，同时也方便客人取用。

3) 摆放餐巾

在西式餐桌上，餐巾一般为白色，应将餐巾折叠出别致的造型或花样，为餐厅增加美感。

4) 摆设其他相关器皿

其他相关器皿的摆设应以简单、高雅为原则，大部分都应摆放在餐桌的中央，或是部分摆在中间、部分摆在一角。

西式餐桌的摆设，一般还会依照不同宴会的级别而做不同的安排，不同的菜也会有不同的摆设。所以，以上仅是基本的摆台礼仪，其他的餐具摆设规范还需要大家在平时的工作和生活中不断积累，尽量做到完美。

3. 西餐用餐过程服务礼仪

西餐的服务礼仪除西式餐饮服务礼仪不同，其他如迎宾、领位、入座、结账、送客等与中餐的服务礼仪相差无几，且服务精神基本相同。这里将主要针对与中餐服务礼仪不同的部分进行详细说明。

1) 倒水服务礼仪

(1) 客人就座之后，服务人员应立即用双手将餐巾摊开铺在客人腿上，尽量避免碰触客人的身体。

(2) 为客人倒水不宜太多，八分满即可。同时应注意顺序，女士、长者及主宾优先。摊开餐巾和倒水都从客人右侧进行。

2) 餐前酒服务礼仪

(1) 在正式享用西餐前，客人通常会先点餐前酒来助兴。因此，服务人员应先为客人呈上酒单以供客人挑选。

(2) 客人较多时，可以利用座次平面图记录客人所点的酒，并详细记录所点酒水名称、数量、配料和做法，记录完毕后应向客人复述一遍以确认无误。

(3) 点酒单一式三联，一联交由柜台出纳入单结账，一联交给酒吧准备酒水，一联服务人员自留。

(4) 客人用完餐前酒后，应及时将酒杯收走。

3) 点菜服务礼仪

西餐的点菜服务礼仪基本与中餐相同，只是应以座次平面图来为客人点菜，依照客人所点的前菜、汤、沙拉、主菜、甜点等，依序记录特点、数量、配菜、烹调熟度、搭配酱料、特殊需求等。同时，服务人员应在点菜单上注明上菜顺序，以方便厨房出菜。

4) 点佐餐酒服务礼仪

在点完菜肴之后，服务人员可适时询问客人是否点佐餐酒来搭配菜肴。这就要求服务人员具备食物和酒类搭配的基本知识，只有做足功课，才能根据客人所点菜肴的种类，为客人提出中肯的建议。

5) 餐具调整服务礼仪

开始上菜之前，应根据客人所点菜肴和酒类，收走不必要的餐具和酒杯，或增添必备的餐具和酒杯。若餐具过多，可先安排主菜之前所需的餐具，等上主菜时再增添餐具。

6) 上菜服务礼仪

西式餐饮对上菜顺序有着严格的要求，服务人员应给予高度重视，一般按下述顺序来上菜。

(1) 面包。面包应在开胃菜之前端上桌，与面包搭配的黄油、果酱等也需事先上桌。面包可以以派送方式或直接以篮装方式上桌，供客人取用。派送面包时，使用服务叉匙；若是以面包篮提供，则应等到收拾餐盘后或是服务餐后甜点前再收走。

(2) 佐餐酒。客人点好佐餐酒后，服务人员应立即帮客人准备好葡萄酒杯。将从酒架、酒库、酒窖或冰箱冷藏室取出的酒，用服务巾包覆或以酒篮、酒架装置，保持平稳，小心地送到客人面前，右手扣住瓶口，左手以服务巾托住瓶底，将酒标正面朝向客人，请客人确认。确认无误后，将酒放在客人面前的餐桌上，或将其放在酒篮内置于客人面前。

根据各类酒的适饮温度，将酒置于加了冰块及水的冰桶内，将冰桶置于桌上，或将冰桶及支架放在客人的右侧桌边,并将服务巾盖在冰桶上,以方便客人开瓶使用。

开启瓶盖后,服务人员应用右手持酒瓶,左手臂挂上服务巾,倒出约一盎司酒,并请点酒主人试酒。待点酒主人满意之后,再为其他宾客斟酒。

斟酒时,应遵照女士、长者、尊者优先的原则,最后为点酒主人斟酒。同时应注意使每位客人都能获得等量的酒。倒完酒后,应将剩余的酒放回冰桶内。

(3) 冷盘开胃菜。西餐的第一道菜便是冷盘开胃菜,上菜时,应直接将餐盘摆在客人面前的展示盘上。

(4) 汤。一般西餐的汤分两种:一种是清汤,以双耳汤碗搭配底盘盛放;另一种是浓汤,以汤碗盛装。上汤时要注意礼貌,应先告知客人,以防发生碰翻、烫伤等意外。

(5) 沙拉。服务人员应将沙拉刀叉分别放置于主菜刀叉的外侧,以供客人使用。在收拾沙拉盘时,应将展示盘一并收走。

(6) 开胃热菜。客人享用完开胃菜后,应先收走开胃菜的餐盘,并上一道冰果汁,让客人清舌润喉,准备继续享用接下来的主菜。等客人饮用冰果汁后,服务人员应收走盛冰果汁的器皿,并立即整理桌面,更换烟灰缸,补充面包及酒水,同时适时增加餐具。

(7) 主菜。上主菜前,服务人员应先检查餐桌上的餐具是否摆放正确、数量是否足够。上主菜时,应按照客人的需求将所有佐料、配菜一起摆放,并依序为客人添加。当客人用完主菜后,应将桌面上所有的面包盘、黄油刀、调味罐收走,桌面上应当只剩下水杯和点心餐具。

(8) 餐后点心。在客人用完主菜正餐后,服务人员应根据菜单为客人端上餐后点心。

(9) 饮料。在为客人上完餐后点心时,还应为客人提供饮料,一般为咖啡或红茶。

知识链接

西餐中水果的吃法

梨、苹果和柿子:不可用手拿起来大口大口地咬,应用水果刀切成多瓣后,用刀去皮和核,然后用叉取食。

西瓜、柚子:此类多汁的水果用匙取食,有子西瓜不宜列入正式餐宴的菜单,因为子太多,客人吃的时候必须不断地吐子,再用手将西瓜子放到盘子里,不太雅观,所以应选用无子西瓜较适宜。

木瓜:上桌前木瓜核应清除干净,可直接用汤匙挖果肉食用。

葡萄:此种粒状水果可用手拿来吃,方法有二:其一为用左手拿葡萄,右手持刀尖将子去除后食用;其二为将整颗葡萄送入口中咀嚼,如需吐皮和子,先吐入掌中,再放入盘内。

香蕉:用手剥皮后,放置盘内,用刀叉切片取食。

桃子及瓜类:通常餐厅会先削皮、切片,可用小叉子取食。

草莓:通常放在小碟中,用匙或叉取食均可。

新鲜菠萝:用一把利刀切去菠萝头尾两端及外皮,再将剩下的果肉分切成圆形的薄片,可用吃甜点的叉子取食。

学习任务4.4 酒吧、茶馆礼仪

> **参考案例**

毕生事茶的茶学家张天福

张天福(1910—2017),茶学家。他毕生事茶,为茶而历尽甘苦,因茶而胸怀大志。

研究茶叶是张老生前的工作,喝茶更是他生活中的一个重要组成部分。张老平均每天接待10批客人,请人喝茶也就成了一桩"例行公事"。古人云:茶为万病之药。它含有多种成分,具有调节生理功能和多方面的保健和药理作用。其中虽也有微量致癌物质亚硝胺,但茶叶中的茶多酚、维生素C、维生素E都能抑制亚硝胺的形成。喝茶虽可以养生、有助于长寿,但需要一个漫长的过程。张老每月约喝一斤茶,数十年如一日。

张老的茶室里,挂着他亲笔书写的条幅:俭清和静。这是他在长期事茶实践中形成的茶学理念,也是他对中国茶礼的理解和概括。他说:"茶尚俭,就是节俭朴素,唐朝陆羽在《茶经》里写道'茶之为饮,最宜精行俭德之人'。茶贵清,就是清正廉明;茶崇和,就是和衷共济;茶致静,就是宁静致远。在现代,尤其要以安静的心对待工作和生活。""俭清处世"和"和静待人"已成了张老的人生写照。

> **知识储备**

酒的分类

按照不同的标准,可以对酒进行不同的分类。

1. 按酒的生产工艺分类

(1) 发酵酒,又称为原汁酒,是指将酿造原料经过发酵酿制成的酒液。它的度数比较低,通常在15度以下。饭店里常用的发酵酒有葡萄酒、啤酒、黄酒、米酒等。

(2) 蒸馏酒,是指将发酵得到的酒液经过蒸馏提纯所得到的酒精含量较高的酒液。通常可经过一次、两次甚至多次蒸馏,以取得高浓度、高质量的酒液。蒸馏酒根据其原材料的不同又可分为以下几种。

谷物蒸馏酒:金酒、威士忌、伏特加酒、中国白酒。

水果蒸馏酒:白兰地。

果杂类蒸馏酒:朗姆酒、特其拉酒。

(3) 配制酒,是指以发酵酒或蒸馏酒为基酒,向里面加入药材、香料等物质,通过浸泡、混合、勾兑等方法加工而成的酒精饮料。

2. 按餐饮习惯分类

按西餐配餐的方式,酒可分为餐前酒、佐餐酒、甜食酒、餐后酒、蒸馏酒、啤酒、软饮料、混合饮料与鸡尾酒,这里重点介绍前4种。

(1) 餐前酒,也称开胃酒,是指在餐前饮用的能刺激胃口、增加食欲的酒精饮料。开胃酒通常用药材浸制而成，分为味美思、比特等品种。

(2) 佐餐酒，即葡萄酒，是西餐配餐的主要酒类，包括红葡萄酒、白葡萄酒、玫瑰红葡萄酒和汽酒。欧洲人的传统就餐习俗讲究只饮葡萄酒配餐而不饮其他酒水。葡萄酒是用新鲜的葡萄汁发酵制成的，含有酒精、天然色素、维生素、碳水化合物、矿物质、单宁酸等营养成分，对人体非常有益。

(3) 甜食酒，是指在西餐就餐过程中吃甜食时饮用的酒品。其口味较甜，常以葡萄酒为基酒加葡萄蒸馏酒配制而成。常见的甜食酒有波特酒、雪利酒等。

(4) 餐后酒。餐后酒即利口酒，是供餐后饮用且含糖分较多的酒类，具有促进消化的作用。这类酒有多种口味。

3. 按酒精含量分类

按酒精含量的多少，酒可分为低度酒、中度酒、高度酒和无酒精饮料。

(1) 低度酒。酒精度数在20度以下的酒为低度酒，常见的有葡萄酒、桂花陈酒和低度药酒以及部分黄酒和日本清酒。

(2) 中度酒。酒精度数在20～40度的酒被称为中度酒，常见的有餐前开胃酒(如味美思、茴香酒等)、甜食酒(波特酒、雪利酒)、餐后甜酒(薄荷酒、橙香酒)等。国产的竹叶青、米酒等属于此类。

(3) 高度酒。酒精度数在40度以上的烈性酒称为高度酒，一般国外的蒸馏酒都属于此类酒，国产的茅台、五粮液、汾酒、泸州老窖等白酒也属于此类酒。

(4) 无酒精饮料。不含酒精成分的饮品称为无酒精饮料，如乳饮料、矿泉水、果汁等。

4.4.1 酒吧招待员服务礼仪

1. 笑迎客人

(1) 客人到来，热情问候。

同餐厅服务一样，礼貌地引领客人到满意的座位，服务时应动作优雅、笑脸相迎、态度温和，以此显示自重及对客人的尊重。

(2) 恭敬地递上清洁的酒单，恭立一旁，听候客人吩咐。

呈递酒单时先要向客人问候，然后将酒单放在客人的右边。如果是单页酒单，应将酒单打开后递上；若是多页酒单，可合拢递上，同时将今日特色菜和特别介绍推荐给客人参考。听清、记牢客人提出的各项具体要求，特别要留心客人的细节要求，如"不要兑水""多加些冰块"等。一定要尊重客人的意见，并严格按照客人的要求去做。给客人开票时，站在客人右边记录，上身略前倾，保持适当距离，手中拿笔和单据，神情专注，切不可把票簿和笔放在客台上书写。记录后，要把客人所点饮料、食品等复述一遍并表示感谢。

(3) 当客人对选用哪种酒水饮料或小吃拿不定主意时，可热情推荐。

2. 调酒上酒

(1) 客人走到吧台前，调酒员应主动热情地打招呼，根据客人的要求斟倒或调制各种饮品。在客人面前放酒杯时，应由低向高、动作缓慢。

(2) 调酒服务和上酒服务时一般不背向客人。转身取后面的酒瓶时，也要斜着身子取。送酒时要记住客人，避免送错。了解酒吧的酒类牌号，别让客人浪费时间来询问。养成习惯，主动介绍酒吧各种酒类的牌号。

(3) 酒品服务的许多操作环节都要求当着客人的面进行，因此服务人员必须十分注意操作技术，讲究动作的正确、迅速和优美，使其具有浓厚的艺术色彩。摇晃调酒壶的动作不要过大或做作，要使各种动作做得恰到好处。服务人员要随时清洁调酒壶、调酒杯、过滤器、调酒匙、搅棒等用品。

(4) 为客人上饮品时，注意使用托盘端送，并应从客人右边送上，有女宾要先为女宾服务。摆放时，先放下杯垫后上酒或其他饮品。操作时一定要轻拿轻放，并注意手指不能触摸杯口，要拿杯子的下半部或杯脚，让客人感到礼貌、卫生。

3. 开瓶服务

(1) 开瓶时应站在男主人右侧，右腿伸入两把椅子中间，身体稍侧倾，显示出商标以后再开塞。要注意瓶口始终不能对着客人，以防酒喷出洒在客人身上。应将瓶口对着自己，并用手遮挡，以示礼貌。开瓶时动作要准确、敏捷、优美。开瓶后，将少许酒倒入男主人的酒杯内，等待主人试酒。如果主人表示满意，在其示意后就可以为客人倒酒。

(2) 如客人点整瓶酒，在开启之前应让客人过目，一是表示对客人的尊重；二是核实有无误差；三是证明酒品的可靠。

(3) 开香槟酒要格外小心。香槟酒瓶内有压力，大部分瓶塞压进瓶口，上有帽形的一段塞子露在瓶外，并用钻丝绕扎固定。在开瓶时要用左手斜着拿瓶颈，与地面约成45°角，大拇指压紧塞顶，用右手转动瓶颈上金属小环使之断裂，然后把金属丝和箔拔去，再用左手捏住瓶塞的上段，用右手转动酒瓶，让瓶内的压力轻轻地把塞子顶出来，随即会发出清脆的响声。当瓶塞拔出后，要让瓶身保持45°倾斜几秒，以防酒从瓶内溢出。

(4) 开红葡萄酒。将红葡萄酒呈示给客人以后，如室温条件允许，应在桌上直接开启，使酒与氧气接触，散发掉部分酸气，一般红葡萄酒随主菜一起上。

(5) 开启后的酒瓶一般放在主要客人的右侧。开启后的封皮、木塞等，不要直接放在餐桌上，一般以小盘盛之，服务员离开餐桌时一起带走。

4. 斟酒服务

(1) 在斟酒之前，服务员要将瓶身擦拭干净，特别要把塞子和瓶口部位擦净，嗅一下瓶塞的气味，变质的酒会有异味。用托盘摆放已开瓶的酒水饮料时，要将较高的瓶放在托盘里边靠近胸前的部位，较低的瓶放在外面，这样才容易掌握托盘的重心。

(2) 斟酒时，一般不要用抹布把瓶身包起来，因为客人通常都喜欢看到酒的商标。斟酒时，瓶口不要碰杯口，以防把杯口碰毛、碰碎或将杯碰翻，但也不要拿得太高，以免酒水溅出。当偶尔操作不慎将酒杯碰翻或碰碎时，应向客人致歉，主动调换，并迅速铺上布巾，将溢出的酒水吸干。斟酒时，用右手抓住瓶身下方，瓶口略高出酒杯1~2厘米，斟完后将瓶口提高3厘米，旋转45°后抽走，使最后一滴酒均匀分布于瓶口以免滴在桌上，斟酒完毕应用酒布擦干瓶口。

(3) 服务员斟酒时，要站在客人身后右侧，面向客人，左手托盘，右手持瓶，用右手侧身斟酒。注意身体不要紧贴客人，但也不要离得太远。所有的饮料包括酒、水、茶都应从客人的右边上，绝不可左右开弓。服务员要遵守斟酒的程序：如果是宴会，要先斟给坐在主人右边的那位，即主宾，再按顺时针方向绕桌斟酒；如果有携带夫人的外宾参加，要注意先给其夫人斟酒；高级宴会的斟酒顺序则是先主宾、后主人，然后再斟给其他客人。

(4) 如果有餐厅配制的特色酒，要重点向客人介绍。斟鸡尾酒时应核对一下，以免误上其他客人点的酒。上鸡尾酒应从右边上，把它们放在餐具的右边或底盘的前面。假如没有底盘，可直接放在客人面前。上鸡尾酒后应把清洁的菜单呈给客人。

(5) 中餐以满杯为敬酒，西餐则不同，斟白酒最好不超过酒杯容量的3/4，红酒不超过1/3杯，啤酒盛1/2杯左右即可。斟香槟酒时要分两次斟，第一次斟1/4杯，待泡沫平息再斟至2/3杯或3/4杯即可。斟啤酒或其他发泡酒时，因其泡沫较多，斟酒速度要慢，必要时亦可分两次斟，或将杯子倾斜，让酒沿着杯壁流下去，泡沫便会少一些。

特别提示

拿大玻璃杯时，要轻轻拿住靠近杯底的部分，注意不要在玻璃杯上留下手印。不管拿什么杯子都不要触摸客人与之接触的杯口边缘，这是基本礼貌。

(6) 上菜换杯。如果每一道菜需配用不同的酒，而这些不同的酒又需要不同的酒杯，那么就应该用托盘或推车将酒杯送到桌边，并从客人的右边把新上的杯子放在原先的杯子的左边，而后把原先的杯子取走。如果原先的杯子里还有剩酒，而客人又希望把它留下来，就不可马上拿走，除非客人有另外的要求。

特别提示

完成斟酒服务后，将酒瓶放在接手台上，并随时注意桌面情况，待客人杯中酒快饮完时，即可再次斟酒。

5. 周到照顾客人

1) 判断客人是否醉酒

(1) 对喝酒过量和缺乏节制的客人要有礼貌地劝阻。对酒吧服务员来说，酒吧只是一个普通环境,因为他们每天都在这里工作,但对一个被日常生活烦恼困扰的客人来说,酒吧则是逃避现实的天堂,酒吧服务员应创造一个与之适应的环境气氛,并判断客人是否醉酒,确保客人安全。

(2) 请主管出面解决。目前,我国餐厅和酒吧的服务员多为女性,对于酗酒的客人,如果其不听劝阻继续狂饮,甚至对服务员有越轨的苗头,那么应将事情的经过及客人的态度和行为立即告诉主管,由主管来处理。

(3) 主动照料客人。对已经醉酒的客人要主动照料,特别是当客人神志不清、站立不稳时,服务员应主动搀扶并护送其到房间。入房后,可先让客人喝一杯浓茶解酒,再用凉毛巾擦脸,使之清醒。

2) 与客人聊天

来酒吧的客人,尤其是单身客人,多数希望在饮酒之余与服务员聊天。服务员应注意场合,尽量不在柜台旁边聊天。

3) 考虑客人喜好

如酒吧提供电视或音响设备,在选择电视频道和音乐类型时应考虑客人喜好。

6. 推销酒水

1) 介绍酒吧优势

服务员应记住酒的名称、品种、箱号和价格等信息,并适时介绍酒吧优势。

2) 呈示酒单

有些餐厅,点菜和点酒是同时进行的,但更多的是在点菜后点酒。在客人点完菜后,服务员将酒单呈递给客人,请客人根据所点的食物来选择佐餐酒。

> **特别提示**
>
> 在服务过程中,服务员要注意站立的姿态和位置,不要将胳膊搭在吧台上,也不要和同事聊天或读书看报等。不要听客人的谈话,不要踩在椅架上,也不要将手搭在椅背或客人身上。

4.4.2 饮品服务礼仪

1. 白葡萄酒服务礼仪

饮用前需冰镇,温度应为7℃~13℃,过度冷却会使酒的香味减少。在冰酒桶内装入1/3的冰,然后注满水,再将白葡萄酒瓶放入冰桶中冷却15分钟,一般可达到适宜温度。冰桶应放在主人的右后方,不要放在餐桌上。对冰镇过的酒,倒酒时要用餐巾包住酒瓶,防止水滴下,同时防止酒的温度上升。

2. 香槟酒服务礼仪

先将香槟酒放在冰桶内冷却半小时。冰镇香槟酒的时间比白葡萄酒长，是因为香槟酒瓶较厚。倒完酒后，应把香槟酒放入冰桶，防止酒温上升而影响口感。

3. 啤酒服务礼仪

服务员应首先学会辨别啤酒的优劣，为客人提供优质的啤酒，让客人喝得放心、喝得开心。

质量好的啤酒应是淡黄色或是金黄色，清亮透明，无沉淀；将啤酒倒入干净杯中应有洁白、细腻的泡沫升起，时间持续4～5分钟；闻起来有酒花的幽香和麦芽的芳香，入口感觉酒味醇正，清冽爽口。反之，如泡沫粗，呈微黄色，持续时间短，不挂杯，则质量差。

要留意酒瓶的标签上有无商标、产品合格证、酒名、规格、生产厂名、地址、执行标准、产品质量等级、保质期、生产日期等信息。若购买进口啤酒，要留意有无中文标签、经销商名称、经销商地址以及上述内容，要留意啤酒瓶底上方20毫米处有没有"B"字标记、瓶子的生产日期，国家规定啤酒瓶的使用年限为两年。

倒啤酒时，服务员应将啤酒瓶口紧贴杯口边缘，防止啤酒外溢。如果杯内泡沫太多，应稍停片刻，待泡沫消退后，再将杯子倒满。

4. 米酒服务礼仪

米酒由稻米酿造而成，其酒精含量约17%。中国的黄酒属典型的米酒。

饮米酒可提升餐厅的喜庆气氛，米酒还可以当作调料来调和菜肴的味道。米酒有许多品种，为了品尝米酒的精髓，最好在饮用前将酒加温，一般用热水将酒烫至37.5℃左右，略高于人体体温即可。

5. 咖啡服务礼仪

服务员应注意包装日期，不要超过有效保存期，也不要将咖啡同其他气味强烈的食物放在一起。为了保证咖啡的香味和质量，咖啡豆必须适当焙制。焙制时间过短，显示不出产品特点，味较淡；焙制时间越长，味越浓。

咖啡的最佳冲饮温度是96℃。咖啡不应煮得太久，否则会破坏香味。大多数酒吧都使用咖啡壶煮咖啡，然后再倒入客人的咖啡杯中，并准备好奶与糖。应从客人的右边送上咖啡，咖啡杯把手向右放在底碟上，咖啡勺放在咖啡杯右边的位置。

6. 瓶装矿泉水服务礼仪

瓶装矿泉水的适宜饮用温度为4℃左右。瓶装矿泉水应当着客人的面打开，而后倒入客人的杯中，除非客人提出要求，否则不要在客人的杯中加冰块和柠檬片。

特别提示

在饮料服务中，需注意杯子的温度。盛装冷饮料的杯子要预先降温，盛装热饮料的杯子应预先加热。

4.4.3 茶馆服务礼仪

1. 茶文化

茶文化大致上可分为都市茶文化与乡镇茶文化两大类。由于地域的差异，文化、经济、民俗的不同，不同的茶文化都有其文化特征。都市茶文化更贴近时代的脉搏，崇尚新潮，其理念定位以艺能至上，服务多层，具有开放性、宽容性；乡镇茶文化则更注重风土人情，又顺其自然，富于传统特色和浓厚的乡土气息。

茶文化在茶馆里是通过服务人员的服务表现出来的，所以要求茶馆服务人员具备良好的从业素质。除了基本的礼仪、礼节，还要有丰富的茶文化知识。茶艺师可以营造一种祥和、温馨的气氛，将喝茶上升到品茶的境界，使人们从茶中感受到平和、宁静，体味人生的真谛。茶艺师举手投足间的优雅、准确到位的冲泡、栩栩如生的讲解、赏心悦目的表演，对茶客而言，都是一种享受。茶艺师的基本接待礼仪要求见表4-1。

表4-1　茶艺师的基本接待礼仪要求

工作内容	技 能 要 求	相 关 知 识
礼仪	1. 仪容、仪表大方整洁 2. 正确运用礼貌服务用语	1. 仪容、仪表、仪态常识 2. 语言应用基本知识
接待	1. 做好营业环境准备 2. 做好营业用具准备 3. 做好茶艺人员准备 4. 主动热情接待客人	1. 环境美常识 2. 准备营业用具的注意事项 3. 茶艺人员的基本要求 4. 接待程序和基本常识

知识链接

品茶礼中的扣指礼

在我国南方和港澳台地区，至今广泛流传着一种茶礼：主人敬茶或给茶杯中续水时，客人以中指和食指在桌上轻轻点几下，以示谢意，这就是叩指礼，也叫叩谢礼。

相传这种礼节源于乾隆下江南的故事：乾隆在苏州时，某日与几位侍从微服私访，行至一家茶馆时，他茶兴大发，也不等服务员照料，拿起茶壶为自己和侍从斟起茶来。侍从见状不知所措，下跪接茶怕暴露了身份，不跪又违反了宫中礼节。这时，一位侍从灵机一动，伸出手来弯曲中指和食指，朝皇上轻叩三下，形似双膝下跪，以叩谢圣恩，有"三跪九叩"的意思。乾隆一见龙颜大悦，表示嘉许。这一茶礼从此便逐渐流传起来，至今不废。

正规的"叩指礼"是这样的：右手握拳，大拇指的指尖对食指的第二指节，弯曲食指和中指，握拳立起来，用食指和中指的第二个指节，轻轻叩击桌面三下。

现今叩指礼在日常茶事中已经相当简化。茶客在主人添茶续杯时，通常用食指或者中指轻轻敲击桌面两次，便可表达感谢之意。

2. 现代茶艺服务

下面以冲泡乌龙茶为例，介绍茶艺服务主要包括的内容。

(1) 备器：炉、水、杯、壶等。茶艺师先净手，然后引茶入荷，请客人赏茶。

(2) 烫杯温壶("关公巡城")：将水倒入紫砂壶、公道杯、闻香杯、品茗杯中，顺时针转三圈。

(3) 倾茶入则("乌龙入宫")：将茶叶放入茶壶。

(4) 洗茶("悬壶高冲")：将沸水倒入壶中，然后迅速倒出。

(5) 冲泡：沸水再次入壶。倒水过程中要注意：一是"凤凰三点头"，即壶嘴"点头"三次，向客人示敬；二是"春风拂面"，水要高出壶口，用壶盖拂去茶末儿；三是封壶，即盖上壶盖，用沸水(温盅水)遍浇壶身；四是洁器分杯，即用茶夹将闻香杯、品茗杯顺时针转三圈，倾斜倒出，用茶巾拭干、分组，放在茶托上。

(6) "玉液回壶"：将茶漏放在公道杯上，将壶中茶汤倒入公道杯，使每个人都能品到色、香、味一致的茶，并用茶巾拭干。

(7) 分壶：将茶汤分别倒入闻香杯，茶斟七分满，留下三分是情谊。

(8) 奉茶：双手捧茶奉客。

(9) 闻香：客人将茶汤顺转倒入品茗杯，两手反复转动闻香杯，轻嗅杯底余香。

(10) 品茗：客人用三指取茗茶杯，又称"三龙护鼎"，分三口轻啜慢饮，三品才能品其味，称为"三番才能动心"。茶冲泡4～5壶后倒掉。

(11) 茶艺服务人员向客人道谢，鞠躬退场。

特别提示

我国旧时有以"再三请茶"作为提醒客人应当告辞的做法，即端茶送客。因此，在招待老年人或海外华人时要注意，不要一直劝其饮茶。

实战演练

训练项目1：前厅接待礼仪训练

8名学生为一组，每组出3名学生分别扮演前厅的迎宾、领宾、总台接待员，其他学生扮演客人，每组依次进行接待练习，之后教师点评。

要求：按照课堂讲解和演示要求，掌握不同岗位角色的礼仪。

训练项目2：客房接待礼仪训练

5名学生为一组，每组出3名学生分别扮演行李员、楼层服务员、客房服务员，其他学生扮演客人，每组依次进行接待练习，之后教师点评。

要求：按照课堂讲解和演示要求，掌握不同岗位角色礼仪。

训练项目3：中西餐礼仪训练

10名学生为一组，由部分学生扮演主人，另一部分学生扮演客人，进行中西餐迎客、座次安排、就餐的模拟训练。

要求：按照课堂讲解和演示要求，掌握不同身份人员的就餐礼仪。

训练项目4：敬茶训练

5名学生为一组，1人敬茶，其余4人扮演不同身份的客人，根据实际情况进行敬茶训练。

要求：熟悉敬茶的步骤和上茶的先后顺序。

习题与练习

一、判断题

1. 吃西餐时，香蕉可以用手拿起来剥皮并食用。（ ）

2. 喝咖啡时，盘子和咖啡杯应该一起端起来。（ ）

3. 迎宾员帮客人关上车门后，应站在车斜前方1米处，上身前倾15°，注视客人。（ ）

4. 接待客人时，应尽量满足客人的要求。（ ）

5. 进入客房后，无论客人是否在房间都应将门关严。（ ）

6. 宴会开始前或进行一段时间后，可为餐者准备湿毛巾，用于擦脸擦汗。（ ）

7. 桌次礼仪的判断方式是以背对餐厅或礼堂的厅堂为正位，横向以右为大，以左为小，纵向以前为大，以后为小。（ ）

8. 宴会规格一般应考虑宴会出席者的最高身份、人数、目的、主人情况等因素。（ ）

9. 正式西餐宴请有服饰要求。（ ）

10. 西餐菜单可以包括汤、开胃菜、主菜、面包、点心甜品、咖啡。（ ）

二、选择题

1. 就餐时，以下选项不正确的是（ ）。

　　A. 宜从左侧入座　　　　　　　　B. 背对门口的座位是上座

　　C. 如有紧急电话可离座至适当场地接听　　D. 手机最好关机或转成震动模式

2. 下列选项中，不属于中餐座次排序原则的是（ ）。

　　A. 右高左低原则　B. 中座为尊原则　　C. 面门为上原则　　D. 左高右低原则

3. 喝咖啡时，小茶匙的正确用法是（ ）。

　　A. 饮过咖啡后，可将匙放入杯中

　　B. 小茶匙可用于搅拌方糖，不能用来舀饮

　　C. 茶匙只能用来搅拌，不能用于舀方糖

　　D. 小茶匙用完后可随意放置

学习项目 5
旅行社、景区接待礼仪

知识目标

1. 掌握导游接待服务过程中的各项礼仪；
2. 熟悉门市部业务员旅游接待礼仪；
3. 掌握旅行社特殊团队接待礼仪；
4. 熟悉旅行社商务接待礼仪；
5. 熟悉景区接待人员的基本业务要求；
6. 了解提高景区服务质量的方法。

技能与德育目标

1. 在旅游服务工作中，能够按照旅游接待程序接待旅游团队，并能对特殊团队提供有针对性的接待服务；
2. 在旅游服务工作中，能够在旅行社门市部岗位提供规范的接待服务；
3. 在旅游服务工作中，将自己塑造成为合格的景区接待人员。
4. 要坚守旅游接待中的职业道德底线。

学习任务

1. 本项目训练针对旅行社的各个岗位展开，锻炼学生带团和处理突发事件的能力；
2. 使学生学会在旅行社门市部接待客人的流程，掌握景区接待人员应知的礼仪礼节，锻炼自己成为合格的旅游工作人员。

学习任务5.1 导游接待礼仪

参考案例

善意的"谎言"

某年夏天，北京某地接社的导游小廖带着一行10人的加拿大旅游团在北京游览。当旅游车行驶到长安街时，一位客人指着街道上方悬挂的彩旗询问："那些彩旗是欢迎何人的？"小廖不知道那天有哪国的贵宾来访，此前也没有经过悬挂彩旗的地方，随即灵机一动，说："今天有一个加拿大来的旅游团访问北京，这些彩旗是专门欢迎他们的。"大家先是一愣，然后恍然大悟，开怀大笑，纷纷鼓掌。

在去往颐和园的途中，一位游客嫌车速太慢，要求司机加速超车。小廖连忙提示大家看窗外的警察："那可不行，要是让警察看到了，不但要吊销司机的驾驶证，还要把他作为责任人带走，那么谁来给大家开车啊？"听完，那位客人连连点头。

当旅游团在公园附近一家酒店吃晚饭时，司机提醒小廖，最近那里治安不好，曾有旅游团留在车内的物品被盗，所以请游客下车把自己的相机带上。小廖想到直接告诉大家容易引起紧张情绪，而且有损首都的形象。于是他对游客说："今天我们要在一个景致优美的公园旁边用餐，用完餐后司机师傅还要去加点汽油，大家可以利用这段时间拍拍照，所以请大家随身携带相机。"

(资料来源：https://www.wangxiao.cn.)

知识储备

导游接待礼仪是指导游在接待游客服务工作中应遵守的行为规范，具体指从接团开始至送团结束的一次完整的服务过程所涉及的礼仪。它包括准备迎接游客、将游客迎接至饭店、带领游客游览景点、为游客进行讲解、与游客进行沟通、为特殊游客提供服务等活动。导游接待礼仪是一套程序化礼仪，它体现了导游对游客的尊重、关心、热情和导游的服务质量。导游人员只有掌握了相关的服务礼仪，才能为游客提供优质的服务。

5.1.1 导游接团礼仪

迎接旅游团是导游人员一项重要的工作，迎接服务是否优质，直接影响着游客对旅行社和导游的评价。

1. 接待前的准备礼仪

为了能向游客提供良好的服务，导游人员在接到旅行社下达的接待旅游团任务后，要充分做好以下准备。

1) 熟悉接待计划

在导游人员接受旅游团的接待任务后，首先应认真阅读接待计划和有关资料，全面掌握旅游团的基本情况，如人数、性别、年龄、国籍、民族、领队情况等，研究旅游团成员的特点和特殊要求，以便提供有针对性的服务，并对重要事宜做好记录。

2) 落实接待事宜

导游人员应在旅游团来之前落实、检查旅游团的交通、食宿、行李运输等接待事宜。在接团时携带旅游接待计划、导游IC卡、胸卡、导游旗、接站牌、手提扩音器(在景点的室内讲解时不宜用扩音器,以免影响其他游客)、结算单、团队结算凭证、行李牌(或行李标签)、必要的费用、记事本、意见表等物品。

3) 语言和知识准备

语言和知识准备是导游人员做好讲解工作的前提,导游员应根据接待计划上确定的参观游览项目,对翻译、导游等重要内容做好外语和介绍资料的准备;如接待有专业要求的团队,要做好相关专业知识、词汇的准备;做好当前热门话题、国内外重大新闻、旅游者可能感兴趣的话题等方面的准备;掌握一些接待国的谚语、俚语和习惯用语,国内外的重要新闻,必要时向游客介绍,可收到良好的效果。

4) 形象和心理准备

(1) 导游人员的形象准备。导游人员着装要简洁、整齐、大方、自然,佩戴首饰要适度,要符合导游人员的身份,方便导游开展服务工作。工作中应穿制服或比较正式的服装,女性导游员不宜穿过短或过长的衣裙,不浓妆艳抹。导游员带团时,必须佩戴导游胸卡,随身携带导游证。

(2) 导游人员的心理准备。导游工作是一项复杂而细致的工作,要求导游人员具有较高的心理素质:一方面要做到周到缜密,导游人员负责一个团队在旅游过程中的各项事宜,任何一个环节都不允许出现纰漏,对各方面的问题都要考虑周全,能够预测可能发生的意外事件,同时做好应对突发事件的心理准备;另一方面,导游人员接待的游客是个复杂的群体,涉及社会的各个阶层、各类性格的人群,游客的要求多种多样,尽管已经做了很周密的准备和安排,在工作过程中也难免会出现一些问题,而游客对导游员的期望值一般又比较高,发生问题以后往往容易将矛头指向导游员,因此,导游人员要做好承受压力和委屈的心理准备。

特别提示

导游人员接受任务是导游工作的开始,在这一环节,要尽可能多地了解团队的有关资料以及行程安排,以便为下一步工作做好充分的准备。

相关链接

导游人员的分类

1. 海外领队

海外领队是指经国家旅游行政主管部门批准,可以接受经营出境旅游业务的旅行社的委派,全权代表该旅游团从事旅游活动的工作人员。

2. 全程陪同导游

全程陪同导游人员(简称全陪),是指受组团旅行社委派,作为组团社的代表,在领队和地方陪同导游人员的配合下实施接待计划,为旅游团(个人)提供全程陪同服务的工作人员。这里的组团社或组团旅行社是指接受旅游团(个人)或海外旅行社预订,制订和下达接待计划,并可提供全程陪同导游服务的旅行社。这里的领队是指受旅行社委派,全程代表该旅行社带领旅游团从事旅游活动的工作人员。

3. 地方陪同导游人员

地方陪同导游人员(简称地陪),是指受接待的旅行社委派,代表接待社实施接待计划,为旅游团(个人)提供当地旅游活动安排、讲解、翻译等服务的工作人员。这里的接待社或接待旅行社是指接受组团社的委派,按照接待计划委派地方陪同导游人员负责组织安排旅游团(个人)在当地参观游览等活动的旅行社。

4. 景区景点导游人员

景区景点导游人员,也称讲解员,是指在旅游景区景点,如在自然保护区、博物馆等景区景点为游客进行导游讲解的工作人员。

2. 导游迎客礼仪

迎客事关旅行社和导游甚至旅游目的地在游客心中的第一印象。良好的开端是宾主合作成功的一半;糟糕的第一印象,将在游客心头蒙上阴影,而抹去阴影需要导游人员在工作中比平时付出数倍的努力。因此,导游活动中的迎客礼仪十分重要。

就团队而言,导游的迎接对象可分为一般旅游团队和VIP旅游团队两种。

1) 一般旅游团队的迎接礼仪

(1) 旅游团抵达前的服务安排,具体包括以下几个方面。

① 确认旅游团所乘交通工具抵达的准确时间,以免漏接。提前落实旅游团计划有无变化,出发前向机场、车站、码头的问讯处确认所接旅游团所乘交通工具的准确抵达时间。

② 与旅行车司机联络。对有预约的接待计划,应事先准备好足够游客乘坐的旅游车。接团导游人员应督促和协助司机清扫车辆,使其保持整洁、干净,并通知司机出发的时间,确定碰头地点,并告知活动日程和具体时间。

③ 提前抵达迎接地点。应提前半小时抵达机场、车站、码头,举着接站牌站在出口醒目处迎接旅游团。

(2) 旅游团抵达后的接待服务,具体包括以下几个方面。

① 认找旅游团。确认是自己应接的旅游团后,导游应面带微笑,情绪饱满,热情、积极地举起接团标志,向到达的客人致意。与客人见面时,导游人员应首先作自我介绍,主动、热情地问候客人"各位辛苦了"或"大家辛苦了",而且要保证在场的全体客人都能听到问候。

② 核实人数,集中清点行李。导游应及时向领队核实实到人数,协助本团游客将行李集中放在指定位置,核对行李件数。

③ 集合登车。在游客上车时,导游人员要恭候在车门旁,面带微笑并协助游客上车。游客落座后认真清点人数,待游客到齐坐稳后,方可请司机开车。在行车过程中,导游人员一般应站在车辆前部的驾驶员侧面或近门处,这样既与游客相互可见,便于情感交

流,又便于与司机联系,以处理随时发生的变故。

> **特别提示**
>
> 导游人员清点人数时,用手指着游客,嘴里还数着"1,2,3…",这是极为不礼貌的行为,只有数家禽或物品时才采用这种方法,用导游旗指着游客也是非常不礼貌的。正确的做法是从车头到车尾,一边走一边用两手轻扶椅背,在心中默数人数。

(3) 致欢迎词。欢迎词是导游员与旅游团第一次见面时,为表达欢迎、祝福以及自我介绍时所做的简短口头演说。欢迎词好比一场戏的序幕,一篇文章的序言。导游员在接团时,有准备地致一篇有水准的欢迎词,很容易突破游客的心理防线,使自己与旅游团各成员的关系变得亲密,同时使自己处于主动、有利的位置。

专业水平的欢迎词一般包括以下内容。问候客人,并代表所在单位表示热烈欢迎之意;介绍自己的姓名和职务,介绍参加接待人员的姓名和职务,如在游览车上,还应介绍司机的姓名及车牌号;简单介绍当地的风土人情和旅游目的地的基本情况及日程安排,让游客心中有数;表明自己的工作态度,表示提供服务的诚挚愿望;祝愿游客旅行愉快、顺利,并希望得到游客的合作和谅解。

欢迎词的形式可根据具体情况而定,通常有两种形式:一是风趣式,目的在于通过欢迎词来增进与游客之间的感情,制造一种轻松、愉快的氛围,振奋游客的心情,通常在导游人员与团队客人之间有某种联系或关系时使用;二是简明扼要式,其形式简洁、明快,适用于在时间紧迫、游客长途旅行疲劳、渴望休息的情况或晚间接待。

致完欢迎词后,要注意观察游客的精神状态,进行首次沿途导游。如果是白天,游客的精神状态又较好,导游人员则可就沿途街景、下榻饭店等作一些介绍;如客人较为疲劳,尤其在夜晚,则可让客人休息。但对一步一个故事、一景一段历史的名城,则要简洁说明所要经过的景点,并告诉游客在接下来的游览过程中有机会看到,这样做一方面满足了游客渴望了解该地景点的愿望,另一方面也让游客感受到了导游员工作的主动。

> **特别提示**
>
> 地陪必须做好首次沿途导游服务,以满足游客的好奇心和求知欲。这也是显示导游员知识、导游技能和工作能力的大好机会。精彩成功的首次沿途导游服务会使游客对导游员产生信任感和满足感,从而在游客中树立良好的第一印象。

(4) 入住饭店。到达饭店后,协助游客登记入住,并借机了解游客的情况,同时与领队商讨第二天出游的细节问题。待一切手续办完后,召集游客宣布第二天的行程及注意事项,如起床时间、出发时间、早上开饭时间、停车地点、车牌号码。如果有游泳的可能,提醒游泳爱好者携带或准备泳具。将每一位游客安排妥当后,再一次与领队就应注意的问题进行沟通协调。

(5) 对游客的走访。首先要和领队一起走访每一个游客所住的房间，向游客问好，询问游客的健康状况，如游客中有身体不适者，应及时表示关心；其次要提醒游客不要忘记随身携带药品，如心脏病患者所服用的速效救心丸等，如游客需要，应想办法为游客提供必要的药物，进行预防和治疗；最后与游客告别，祝游客晚安，并将自己的房间号码告诉游客，让游客有事及时联系自己，表示自己愿意随时为游客提供服务，同时记住游客所住房间号。

2) VIP旅游团队的迎接礼仪

VIP指的是重要客人，VIP团队即指由重要客人组成的旅游团队。对旅行社而言，VIP主要指4种人：一是对本旅行社经营和管理有极大帮助者；二是各国部长及以上的领导人；三是社会知名人士；四是旅游行业、旅游企事业单位的各级经理和高级职员。

对VIP旅游团队的迎接应注意以下几点。

(1) 旅行社的总经理及相关人员一般应亲自率导游人员到机场、车站或码头迎接客人，并应事先在机场、车站或码头安排贵客休息室，准备好饮料和鲜花。

(2) 如有条件，在游客到达之前可将饭店的客房号码及所乘车辆的牌号通知游客。

(3) 派专人协助办理出入关手续。

(4) 游客抵达前，应派专人配合饭店对游客准备入住的客房卫生和布置进行检查，并通知饭店在游客准备入住的房间内摆放鲜花、水果等。

(5) 游客抵达住所后，一般不宜马上安排活动，陪同人员或导游人员不宜在房间内久留，以便游客休息或更衣。

5.1.2 导游带团礼仪

在参观游览的过程中，导游应努力使旅游团参观游览全程安全、顺利，使游客详细了解参观景点的特色、历史背景等其他他们可能感兴趣的方面。在具体的导游过程中，导游员应做到以下几点。

1. 导游过程中的礼仪

(1) 着装整齐规范，佩戴导游证；仪态举止自然大方，仪容保持整洁，女性化淡妆；始终保持情绪饱满，乐观自信，微笑服务。

(2) 提前10分钟到达集合地点，展示导游标志并有礼貌地招呼早到的游客。

(3) 游客上下车时应站在车门前迎候，对上下车不便的游客应主动相助。

(4) 游客落座后应及时清点人数，清点人数时，切忌用手指点游客。

(5) 在游览过程中，应随时提醒游客注意行路安全，遇到道路不好走的路段要放慢脚步，提醒游客注意。导游要自始至终与游客在一起，要注意随时清点人数，防止游客走失和意外事件的发生。

(6) 与游客碰面应主动热情地打招呼。与游客交谈，态度应诚恳，举止要大方，话语要得体。要尊重游客的风俗习惯、宗教及民族信仰。

(7) 游客在游览过程中，会选购一些当地土特产以作纪念或馈赠亲友，导游员应积极主动给游客当好向导和参谋，将他们带到质量好、物价公平合理的商店。

(8) 当游客对导游员的工作提出意见或要求时，应做到认真倾听，耐心解释，以理服人，尽量满足游客的合理要求。

(9) 每次到达一个新的目的地前，应提前将即将进行的活动、集合时间和地点等相关信息明白无误地向全体游客通告，并告知旅游车的车牌号码及司机姓名，以方便掉队者寻找。

(10) 一天的游览结束，应将游客送至宾馆休息。

特别提示

在游览过程中，导游要从细微之处关心游客，注意游客的情绪变化，使游客保持愉快的心情和高昂的兴致。

2. 导游讲解礼仪

1) 导游讲解服务规范

规范化的导游讲解包括4个阶段：游前讲解、途中讲解、景点讲解和游后讲解。游前讲解指的是在车上或下车后对景区的总体介绍，时间控制在5~10分钟。途中讲解主要是介绍沿途的山川景物、名胜古迹、民俗风情等，以增加途中游兴。景点讲解主要是在游览点结合具体情况作介绍，是讲解服务的主体。游后讲解是在游程结束后，对游程情况的归纳小结，以引起游客的回味，并以此作为景点讲解的补充。

导游要把握好讲解时间。一般来讲，导游人员讲解时间应占整个游程的60%~75%，如少于60%的时间，导游人员的讲解内容将不被游客关注，游客则开始依赖于同座同伴的评论。

2) 导游讲解姿势

导游人员的讲解是直接面对游客的，所以讲解姿势一定要端正、优美，给人落落大方的感觉。除了在礼貌、礼节、仪容、仪表等方面要高标准、严要求，导游人员还要根据具体情况灵活把握自己的姿态。如在旅游车上讲解时，应面对游客站立讲解，而不能坐着讲解；在景点讲解中，即便需用手指点某处，也应侧身指点，不能背向游客。讲解时的目光要巡视全体游客，不可仅注视一两个人，面部表情要亲切、自然。

3) 导游讲解语音语调的艺术

(1) 控制好讲解声音的强弱。导游讲解时，应根据游客人数的多少和导游点周边的环境、讲解的内容，来调整自己的音量，使每一位游客都能清楚地听到讲解的声音。

(2) 控制好讲解的语速。语速是一个人说话时吐字的快慢程度。比较理想的导游语速应是语速适中，有快有慢，富有变化性。语调轻快，游客不易听清；语速较慢，又不易激起游客的兴致。同时还要注意根据情况运用不同的语速，一般来说，对中青年游客语速可以快一些,对老年游客语速应慢一些;重要内容可以慢一些,其他内容语速可以适当放快。

(3) 富有吸引力的语言停顿。停顿是说话时语音上的间歇或暂时的中断。科学的停顿能突出说话时的节奏感,使讲解抑扬顿挫,更好地表达情感,吸引游客,激起游客的兴趣。

4) 导游讲解的语言要求

语言是导游人员最主要的工具。导游人员应尽可能地使自己的语言艺术化、规范化,通过自己深入浅出、形象生动、博古通今、妙趣横生的介绍来满足游客的观赏要求。为此,导游讲解的语言要注意以下几点。

(1) 口语通俗。语言要力求口语化,避免使用死记硬背的书面语言,即使是熟背的导游词,也应以口语短句的形式去表达,做到通俗易懂。

(2) 流畅恰当。用词要得当,衔接自如,切忌空洞和华而不实的语言。

(3) 鲜明生动。词汇要丰富,句式要灵活,要富有表现力,具有文学色彩。

(4) 幽默活泼。要善于借题、借景、借事发挥,善于用夸张、比喻、讽刺、双关语等修辞手法去调动游客情绪,活跃气氛。

(5) 充分运用体态语言。导游讲解多为走动式讲解,因此,要善于借助手势、体态及面部表情,来强化语言效果,但要注意克服表达与内容无关的动作。

相关链接

导游员语言的"八有"

导游员语言要达到"八有",即言之有物、言之有理、言之有趣、言之有神、言之有情、言之有喻、言之有礼、言之有据。

3. 带客购物服务礼仪

(1) 根据游客要求,合理安排游客购物。如旅游团多数人要求增加购物次数,经与领队协商并告知接团社后应予以满足。如多数人无此要求,不得强加于人。如少数人有特殊要求,一般自理出租车前往,但必须经过领队同意。

(2) 带团购物必须去旅游定点商店。游客下车前,要向游客讲清停留时间和有关购物的注意事项;游客购物时,可陪同游客介绍商品。如服务人员不懂外语,导游要协助服务人员做好翻译工作。

(3) 如遇小贩强拉强卖,导游有责任提醒游客不要上当受骗。导游本人不应向游客直接销售商品,不得要求游客为自己选购商品,不得从购物商店拿回扣或索取小费,不带游客去非旅游定点商店购物或向游客推销假冒伪劣商品。

(4) 商品如出现不按质论价、抛售假冒伪劣等情况,导游有责任维护消费者权益,向商店经理直接反映情况,要求商店向游客赔礼道歉,并退还、赔偿所购商品。

> **特别提示**
>
> 导游人员安排游客购物是导游工作的一个重要环节，在这一环节要尽可能多地和游客沟通，同时还要采纳游客的购物意见，以便为下一次安排购物服务做好充分准备。

4. 沟通协调礼仪

导游带团，是导游工作的重心，涵盖旅游六大要素——吃、住、行、游、购、娱的方方面面。在游览过程中，游客的一切需求都属于导游的工作范畴。对于导游人员来说，要做好沟通协调工作，照顾到各方，需遵循一定的礼仪规范，重点把握以下几个方面。

1) 洞悉游客心理

俗话说："凡事预则立。"一名合格的导游，要圆满完成带团任务，并尽量使每个游客玩得开心、游得满意，应对所接团成员的姓名、国籍、种族、身份、年龄、性别、职业、文化程度等方面的资料进行详细了解，并对他们的旅游动机、心理需求、游览偏好等情况做出大致的预测，从而对合理安排旅游路线、合理分配景点停留时间、确定景点介绍侧重点有一个全面的把握，对整个接团工作做到心中有数。

2) 调节游客的情绪

情绪是人对于客观事物是否符合本身需要而产生的一种态度和体验。旅游活动中，有相当多的不确定因素和不可控因素随时都会导致计划的改变。例如，由于客观原因游览景点要减少，游客感兴趣的景点停留时间要缩短；预订好的中餐因为某些不可控因素不得不改为西餐；订好的机票因大风、大雾停飞，只得临时改乘火车……类似事件在接团和陪团时会经常发生，这些都会直接或间接影响到游客的情绪。导游应善于运用幽默、风趣的语言，化解游客的不满情绪。

3) 激发游客的兴趣

游客游兴如何是评判导游工作成败的关键。游客的游兴可以激发导游的灵感，使导游在整个游程中和游客心灵相通，一路欢声笑语；相反，如果游客兴味索然，表情冷漠，尽管导游竭尽所能，也会毫无成效。

游客兴趣具有多样性和复杂性，同时也有能动性的特点。如何使游客的兴趣由弱到强，并具有相对的持久性和稳定性，与导游的积极调动、引导有很大的关系。激发游客游兴的因素包括两个方面：一是景观本身的吸引力；二是导游借助语言功能调动和引导的作用。俗话说："祖国山河美不美，全靠导游一张嘴。"说的就是这个道理。

导游介绍景点，一定要注意讲解的针对性、科学性和语言表达主动性的完美结合，应根据不同的景点(人文景观如故宫、颐和园；自然景观如桂林山水)进行详略不同的介绍，有的具体详尽，有的轻描淡写，有的构思严谨，有的通俗易懂。总之，景点介绍的风格特点和内容取舍，始终应以游客的兴趣为前提。

另外，在游览过程中，要善于变换游客感兴趣的话题，可根据不同游客的心理特点，选择不同的话题，如满足求知欲的话题、刺激好奇心理的话题、决定行动的话题、满足优越感的话题、娱乐性话题等。

4) 搞好与领队的关系

领队是组团旅行社派出的代表,是旅游团中游客的代言人。带团过程中,导游人员要与领队沟通协调好关系,得到领队的理解、合作和支持。在整个游程中,要尊重领队,支持、配合领队的工作,遇事经常与领队商量,充分尊重领队的意见。

5) 讲究沟通协调技巧

(1) 回答问题的技巧。游客来自世界各地,兴趣爱好不同,游览动机不同,提问方式五花八门,提出的问题稀奇古怪,对不同问题所采取的立场态度和所选择的回答方法,是检验一个导游人员灵活运用语言能力和临场应变能力的标准之一。回答疑难问题可以运用下列技巧。

① 原则问题是非分明。客人提出的某些问题涉及一定的原则立场,一定要给予明确的回答。这些问题有些涉及民族尊严,有些涉及中国的国际形象,要是非分明、毫不隐讳,并力求用正确的回答澄清对方的误解和模糊认识。

例如,西方游客在游览河北承德时,有人问"承德以前是内蒙古人住的地方,因为它在长城以外,对吗?"导游员答:"是的,现在有些村落还是内蒙古名字。"游客又问:"那么,是不是可以说,现在汉人侵略了内蒙古人的地盘呢?"导游答:"不应该这么说,应该叫民族融合。中国的北方有汉人,同样南方也有内蒙古人。就像法国的阿拉伯人一样,是由于历史的原因形成的,并不是侵略。现在的中国不是哪一个民族的国家,而是一个统一的多民族国家。"客人听了连连点头。

② 诱导否定。对方提出问题以后,不马上回答,而是讲一点理由,提出一些条件或反问一个问题,诱使对方自我否定,放弃原来提出的问题。

③ 曲语回避。有些客人提出的问题很刁钻,导游给出肯定或否定的回答都有漏洞,可以以静制动,或以曲折含蓄的语言予以回避。

(2) 拒绝的技巧。游客的性格各异,要求五花八门,有些合理要求导游人员应当尽量予以满足,而有些要求不尽合理,按照礼貌服务的要求,导游又不能轻易对客人说"不"。如何让客人在要求得不到满足时不至陷入尴尬境地呢?以下是几种符合礼貌服务的拒绝艺术。

① 微笑不语。遭人拒绝是令人尴尬难堪的事,为了避免遭遇这种难堪,一般人通常选择不轻易求人。所以不论是何种情况,导游人员都不应直截了当地拒绝游客的要求。但有时游客提出的一些要求,我们又不得不拒绝,此时,微笑不语是最佳选择。满怀歉意地微笑不语,本身就向客人传达了一种"我真的想帮你,但是我无能为力"的信号。微笑不语有时还含有未置可否的意味。

② 先是后非。在必须就某个问题向客人表示拒绝时,可采取先肯定对方的动机,或表明自己与对方主观一致的愿望,然后再以无可奈何的客观理由为借口予以回绝。

例如,在故宫博物院,一批外国游客看到中国皇宫建筑的雄伟壮观,纷纷要求摄影拍照,而故宫的有些景点是不允许拍照的,此时导游员可诚恳地对游客说:"从感情上讲,我真想帮助大家,但这里有规定不许拍照,所以我无能为力。"这种先"是"后"非"的拒绝法，可以缓解对方的紧张情绪，使对方感到你并没有从情感上拒绝他的愿望，而是出于无奈，这样在心理上更容易接受。

③ 婉言谢绝。婉言谢绝是指以诚恳的态度、委婉的方式，回避他人所提要求或问题的技巧，即运用模糊语言暗示游客，或从侧面提示游客，其要求虽然可以理解，但由于某些客观原因不便答复，为此只能表示遗憾和歉意，感谢大家的理解和支持。

拒绝游客的方法还有不少，如顺水推舟法，即拒绝对方时，以对方言语中的某一点作为拒绝的理由，顺其逻辑得出拒绝的结果。顺水推舟式的拒绝，显得极有涵养，既能达到断然拒绝的目的，又不至于伤害对方的面子。

总之，多数情况下，拒绝游客是不得已而为之，只要措辞得当、态度诚恳并把握分寸，游客是会理解和接受的。

5. 处理特殊情况礼仪

由于旅游活动中有很多不确定因素，加之需要协调、衔接的部门和环节较多，很难预料在组织游览的过程中，会发生怎样的突发事件。任何问题、事故的发生都是不愉快甚至是不幸的，都会给游客带来烦恼和痛苦，甚至是灾难。因此，旅游计划的执行者和实施者应该具有一定的预见性，对于可能发生的事件应事先准备好处理方法，尽量避免意外的发生。事故一旦发生，导游人员必须沉着冷静，当机立断，在领导的指示下合情合理地处理问题，力争将事故的损失和影响降低到最低限度。

1) 计划变更

(1) 凡遇改变旅游路线的要求，包括增减或变更参观城市，增减旅行天数或改变交通工具等，必须由领队提出，经与接团社研究认为有变更可行性，并提出意见请示组团社后，陪同才可实施新的旅游计划。

(2) 凡涉外团队，如个别游客要求在全团旅行结束后延长在华时间，又不需延长签证期限，经请示接团社、组团社后，可同意延长；需要延长签证期限的，由接团社办妥签证手续，延长期间费用由本人自理。如全团持集体签证，而有要求延长或中途离团者，必须尽早在出境前一站城市办妥分离签证，以免在抵达出境城市时，因时间仓促而耽误全团出境。

(3) 如接团社没有预订上规定的航班、车次的机票、车票，而更改了航班、车次或日期，应向游客解释，并提醒接团社，及时通知下站。

(4) 遇天气或其他原因，临时取消航班，不能离开所在城市时，应注意争取领队的合作，稳定游客情绪，并立即与内勤联系，配合民航安排好游客当天的食宿。

2) 漏接、空接、错接游客

(1) 漏接游客。漏接，是指旅游团(个人)抵达一站后，无导游人员迎接的现象。出现漏接游客的情况，导游人员可采取下列措施。

① 导游人员应立即与旅行社有关部门联系以查明原因。

② 向游客耐心细致地解释，以防引起误解。

③ 尽量采取弥补措施，努力完成接待计划，使游客的损失降低到最低程度。必要

时，可请旅行社领导出面赔礼道歉或酌情给予游客一定的物质补偿。

(2) 空接客人。空接，是指由于某种原因旅游团推迟抵达某站，导游人员仍按原计划预订的班次或车次接站而没有接到旅游团。出现这种情况时，导游人员可采取以下措施。

① 立即与旅行社有关部门联系，查明原因。

② 如推迟时间不长，导游人员可留在接站地点继续等候，迎接旅游团的到来；如推迟时间较长，导游人员要听从旅行社有关部门的安排，重新落实接团事宜。

(3) 错接游客。错接游客包括以下两种情况。

① 若错接发生在同一家旅行社接待的两个旅游团时，导游人员应立即向领导汇报，陪同对换与否由社里决定。

② 若与外社接错，应尽快查访找回接错的外社团，尽快交接并向游客道歉。

3) 误机(车、船)

(1) 导游人员应立即向旅行社领导及有关部门报告并请求指示与协助，立即提醒通知下一站，对相应日程作调整。

(2) 向全团赔礼道歉，安抚游客情绪，并安排好游客滞留期间的食宿、游览等事宜。

(3) 向机场、车站或码头直接了解后续航次、车次情况并争取乘下一航班(车次)，或改乘其他交通工具离开车站。

(4) 通过领队向全团告知最终离赴下一站所搭乘的变通工具与时间，争取游客谅解与支持并热情欢送全团，必要时由旅行社有关负责人通过适当方式(宴请或赠送纪念品等)再次表示歉意与送行。

4) 行李丢失和损坏

(1) 在机场发现行李丢失，导游人员应带失主凭机票及行李牌在机场行李查询处挂失，详细说明行李件数、大小、形状、颜色、标记、特征等，留下住宿饭店的名称、电话、导游员或全陪的房号，并记下行李丢失登记处的电话和联系人。保存好挂失单和行李单，并与机场保持密切联系，督促机场追查。

(2) 抵达酒店才发现行李丢失，应按行李交接手续从最近环节查起，并向失主表示歉意，帮助其解决因行李丢失而带来的生活困难，做好对游客的安抚工作。

(3) 行李损坏，应遵循谁损坏谁赔偿的原则。一时查不清责任，应先答应给受损失者修理或赔偿，费用控制在规定标准内，请游客留下书面说明，发票由地陪签字，以便向保险公司办理索赔。

5) 游客患病

(1) 注意预防疾病。安排游览活动要劳逸结合，坚持每天根据天气预报，及时提醒游客增减衣服或携带雨具；遇潮热干燥的季节，提醒游客多喝水、多食水果；注意饮食卫生，积极主动照顾老弱病残游客。

(2) 游客患病要劝其及早治疗，并在游览过程中给予关心照顾。

(3) 游客突患重病，导游员要问清情况，进行急救，并妥善办理相关手续。患者住院期间，导游要与旅行社相关领导前去探望，并协助海外游客办理出院、订购机票或更改乘飞机日期、机位等事宜。

> **相关链接**

安全服务礼仪

1. 乘车安全服务礼仪

(1) 导游人员要照顾好游客上下车，然后清点人数，游客到齐坐稳后再示意司机开车。汽车行驶中，不得停车让无关人员乘车，遇有不明身份者拦车，不得停车。

(2) 导游人员要提醒司机注意安全，如发现司机身体欠佳、情绪不好或酒后开车，要及时予以劝阻，并调换司机；如遇雨、雪、雾天或路况较差时，要劝告司机减速慢行，并提醒游客坐稳扶好。

(3) 待汽车停稳后，再招呼游客下车，向游客讲清下次乘车时间和地点，向司机交代清楚下次活动的乘车时间、地点和日程安排。

(4) 当发生车祸时，全陪、地陪、司机要全力保护游客，迅速将游客从车内救出，随后迅速拦住过往的车辆将受伤的游客送至医院救护。如无过往的车辆，要迅速打电话给当地急救中心、医院和接团地，请求火速救援。事发后，要向领导详尽汇报事故和救护过程，并妥善处理一切善后工作。

2. 住宿安全服务礼仪

(1) 导游人员要了解游客所住房间的位置、领队的房间号和酒店的安全通道位置等，一旦发生意外情况要能组织游客迅速、安全地撤离现场，尽量避免发生不必要的伤亡事件。

(2) 要提醒游客锁好房门。不明身份者来访时，切不可贸然开门让对方闯入。要提醒游客晚上外出注意安全，要看管好自己的财物，防止发生被盗、被抢等事件。

(3) 发生意外情况时，导游人员要沉着冷静，果断采取措施处理。如游客突发疾病，要迅速将其送往医院救治；如游客发生意外伤亡，要在做好游客救护工作的同时，保护好现场，并及时向接团社和公安部门报告情况，寻求处理方法等。

(4) 全陪要与游客同住一个酒店，如有事需要离开，必须通知领队、地陪和游客。

3. 就餐安全服务礼仪

(1) 导游人员要带游客安全抵达餐馆。若在抵达过程中发现商贩或可疑人员追随、拦阻、围挤游客，要出面加以阻止，并带游客迅速离去。带游客通过餐厅通道、楼梯时，如发现地面油腻、台阶破损、地毯卷曲，要适时提醒游客注意脚下安全。

(2) 游客进餐时，导游人员要了解游客对餐饮的反应和其供应情况。如发现有饭菜不洁、变质、发霉情况，要主动与餐厅主管交涉，要求其按标准重新提供，并向游客赔礼道歉。

(3) 如发现游客就餐后出现头晕、头痛、恶心、呕吐等不适症状，导游除立即劝阻游客停止进餐外，应迅速护送游客前往医院就诊，同时尽快报告接团社和卫生检疫部门，妥善安排善后事宜。

4. 活动安全服务礼仪

(1) 游客在游览、购物、观看文娱节目时，导游要适时提醒游客看管好财物，防止被抢、被盗以及人身伤亡事故的发生；导游要随时提醒游客注意行路安全，特别在登山时，要格外照顾好年老体弱者，要随同这些游客一起活动，给予充分关怀，热情提供帮助。

(2) 导游要随时注意不让与本团无关的人随团活动。导游要始终跟随游客一起活动，要注意维持好活动秩序，经常清点人数，防止游客走失。

(3) 导游每天要向游客公布当日或次日的天气预报，提醒游客增减衣服，防止游客患病。天气不好时，要及时了解前往地点是否安全。如遇刮风、下雨、下雪造成路况危险，要当即请示领导，变更活动计划，同时向游客做好解释工作。

(4) 游客在活动中一旦发生意外情况，导游要立即带领游客迅速撤离现场。如遇到坏人威胁或伤害游客，导游应挺身而出，保护游客的安全；如发现游客财物被抢、被盗，导游应立即报告所在地的相关管理部门或公安机关，配合开展侦破；如游客突发疾病，导游应将游客迅速送往医院救治，并向接团社汇报所发生的情况，请求派人前往医院看护病人并处理有关事宜。切记，导游不能轻易给游客用药。

6) 交通事故

在途中突发交通事故，如撞车、翻车等，旅行社必须迅速派人前往出事地点，指挥现场救护，及时处理事故。同时，导游需采取如下措施。

(1) 要立即将伤员送往距出事地点最近的医院抢救。陪同应立即向接团社和组团社汇报，并请示事后处理意见。

(2) 保护现场，并尽快报告交通警察和治安部门。

(3) 做好全团人员的安全工作。事故发生后，除有关人员留在医院外，应尽可能使其他团员按原定日程继续活动。

(4) 做好事故善后工作。交通事故的善后工作将由交通公安和旅行社出面处理，导游应照顾好受伤游客，写好事后情况报告，请医院开具诊断和治疗书，并请公安局开出交通事故证明书，以供游客向保险公司索赔。

(5) 交通事故处理就绪或该团接待工作结束后，导游应立即写出事故发生及处理的书面报告。

7) 游客财物被盗

(1) 游客如丢失护照，陪同应首先详细了解丢失情况，找出有关线索，努力寻觅。如确实找不回，应尽快报告当地旅行社开具证明，由陪同协助游客快速照相，取得照片后去其护照国使领馆办理临时护照；没有使领馆的地区，到当地公安机关开具出境证明。

(2) 迅速了解物品丢失前后经过，做出正确判断，确认是失主不慎丢失，还是被盗。如有盗窃可能，要注意保护好现场，迅速向公安部门报告。

> **相关链接**

各种证件补办手续

1. 外国护照和签证

(1) 由接待旅行社出具证明,并请失主准备照片。

(2) 失主本人持证明去当地公安局外国人出入境管理处报失,由公安局出具证明。

(3) 持公安局的证明去所在国驻华使、领馆申请补办新护照。

(4) 领到新护照后,再去公安局办理签证手续。

2. 团队签证

需有身份证副本或团队成员护照,并重新打印全体成员名单,填写有关申请表(可由一名游客填写,其他成员附名单),然后再到公安局外国人出入境管理处进行补办。

3. 中国护照和签证

1) 华侨丢失护照和签证

(1) 由当地接待旅行社开具证明,并请失主准备照片。

(2) 失主持遗失证明到省、自治区、直辖市公安局(厅)或授权的公安机关报失并申请办理新护照。

(3) 持新护照去其侨居国驻华使、领馆办理入境签证手续。

2) 中国公民出境旅游时丢失护照、签证

(1) 请当地陪同协助在接待旅行社开具遗失证明,再持遗失证明到当地警察机关报案,取得警察机关开具的证明。

(2) 持当地警察机关的证明和遗失者照片及办理护照有关资料到我国驻该国使、领馆办理新护照。

(3) 新护照领到后,携带必要的材料和证明到所在国移民局办理新签证。

4. 我国港澳同胞回乡证(港澳居民来往内地通行证)

失主持当地接待旅行社的证明向遗失地的市、县公安部门报失,经查实后由公安机关的出入境管理部门签发一次性有效的中华人民共和国出境通行证。

5. 我国台湾同胞旅游证明

失主向遗失地的大陆旅行社、户口管理部门或侨办报失,核实后发给一次性有效的出入境通行证。

6. 中华人民共和国居民身份证

由当地旅行社核实后开具证明,失主持证明到当地公安局报失,经核实后开具身份证明,机场安检人员核准放行。

5.1.3 导游送团礼仪

在旅游接待工作中,不仅要有合乎礼仪的迎接,还要有合乎礼仪的送行,完美周到的告别仪式，将使整个旅程锦上添花，给整个旅游接待工作画上一个圆满的句号。

导游员应在送行的途中或在机场(车站、码头)向旅游团致欢送词，表达友好的惜别和祝福，此为带团导游人员在结束所有计划安排的景点游程后，在即将与游客告别之时所说的最后一段话。一段好的欢送词犹如一篇好文章的精彩结尾，会给游客留下长久的回味，有时甚至可能激发他们"故地重游"的愿望。

欢送词的内容通常包括以下几个方面：一是回顾旅游活动，感谢大家的合作；二是表达友谊和惜别之情；三是诚恳征求游客对接待工作的意见和建议；四是若旅游活动中有不顺利或服务中有不尽如人意之处，导游人员可借此机会再次向游客赔礼道歉；五是期待下一次重逢，表达美好祝愿。

欢送词的形式和内容，要因团而异。在内容上要充分考虑人与人的心理差异，还要考虑游客的不同层次和职业，做到恰如其分。如对东方人可以讲一些关怀体贴的话语，而对西方人则大可不必。因为东方人需要关怀和温暖，而这在西方人看来，是对他自理能力的怀疑和轻视。

最后，向游客依依惜别。对于乘国内航班(车、船)的旅游团，在其所乘的交通工具启动后，应向客人挥手致意，祝游客一路顺风，然后方可离开；对于乘坐国际航班(车、船)离境的旅游团，在游客进入隔离区后才可离开。

特别提示

导游人员送团服务是导游工作的结束，在这一环节要尽可能多地了解团队活动过程中的不足之处，以便为下一次带团工作做好准备。

学习任务5.2 门市部业务接待礼仪

参考案例

南京古南都饭店总机接线员的促销意识

2006年圣诞节前夕，南京古南都饭店总机当班小李接到某外资公司一位客人的电话，询问圣诞活动预订事宜，并说曾打电话给另一家酒店，因该店总机接线员告之订票处已经下班，于是便打电话到古南都询问。

问讯并非小李的工作范围，但她立即意识到这事关饭店形象，处理得当还能促进饭店的圣诞销售。小李是个有心人，平时已将饭店的圣诞活动安排了解得一清二楚，于是她马上热情、细致地把有关情况向客人一一作了介绍。客人听后非常满意，并表示他们公司的平安夜活动就定在古南都，若中了奖就送给总机小姐。第二天，他们果然来饭店买了160

张欢度圣诞平安夜的套票。

旅游相关部门所倡导的全员营销意识就是要让每一名员工懂得，自己的工作质量直接关系到单位的形象、声誉。人人做好本职工作就是在促销单位产品，在此基础上有意识地针对客人需求，推销单位的产品和服务，通过客人满意来实现最佳的销售效果，这才是真正意义上的"全员营销"。

(资料来源: https://wenku.baidu.com/)

知识储备

旅行社门市是旅行社销售产品和服务的主要场所，是连接旅行社与公众关系的枢纽，是塑造旅行社形象，体现旅行社管理水平和精神面貌的窗口。旅行社门市接待是旅行社重要的业务之一。旅行社可通过门市柜台向客人提供旅游咨询服务；向客人介绍并推销旅游产品；根据客人的需要为其设计、组合旅游产品；为散客代办各种旅游委托服务等。可以说，旅行社门市接待不仅是门市部业务人员、管理人员工作的地方，还是旅行社对内科学管理、对外广泛联系的重要窗口，更是接待外来客人的场所。注意门市部礼仪的运用，有助于塑造旅行社的良好形象，从而促进业务活动的顺利开展。

5.2.1 门市部礼仪内容

1. 门市部的环境

门市部是旅行社的"脸面"，应通过内部和外部的精心设计，营造一种典雅、舒适、幽静的环境气氛，给来访者留下良好的第一印象。

1) 外部设计

旅行社门市是旅行社实现旅游产品销售的主要部门，也是旅行社面向旅游者的经营场所。旅行社门市选址的便利性，对旅行社经营业绩有着重大的影响。门市选址的设立首先要考虑的是接近目标市场，一般宜选择客源相对集中的机场、车站、码头、饭店、社区、闹市街区等；其次要考虑方便，一般以选择交通干线的临街店面为宜；最后考虑选择旅行社门市相对集中的区域，这样既有利于借鉴同行经验、取长补短，又有助于变竞争压力为动力，拓展经营，也符合客人"货比三家"的购买心理。

门市外部应有醒目且一眼能及的招牌，同一旅行社的门市招牌的大小、样式应统一，以给旅游者标准一致的企业形象。门市临街的橱窗可张贴旅游产品海报并定期更新，方便感兴趣的行人了解旅行社的产品动态，刺激人们的旅游需求。

2) 内部设计

门市柜台一般设有写字台、电话、传真机、复印机、办公电脑等设备，其摆放应整齐合理，以美观、方便、高效、安全为原则。门市柜台上不要堆放过多的书报、文件，常用的材料要摆放整齐。若用玻璃台板，应注意玻璃板的整洁，不要横七竖八地压着各种车票、请柬、发票等。同时尽量增加客人服务区域，通过科学的管理实现最佳的工作效率。

此外，应特别重视门市部的卫生。试想一下，客人来联系、洽谈业务，门市部到处都是烟头、果皮，连找个比较干净的沙发都难以如愿，这笔业务还能顺利做成吗？门市部的布置也应给人以宁静、整洁的印象，墙上可悬挂各地的风景名胜图片、地图、旅行社获得的荣誉奖状、旅行社徽标等，还可张贴工作计划表、经营图表等，以示公司的业绩和员工的勤勉。

旅行社门市的"5S管理"可提高工作效率，减少资源成本的浪费，提高员工士气，提升企业形象。"5S管理"起源于日本，是5个管理方法的日语罗马拼音字母的缩写，它适用于各类现场管理，具体如下所述。

清理(Seirl)——坚决清理不必要的东西，腾出有效使用空间，防止工作中误用或掩盖需要的物件。

整理(Seiton)——合理放置必要物品。

清洁(Selso)——彻底清洁工作场所内物品，杜绝污染源(污迹、废物、噪声)，达到"四无"(无废物、无污迹、无灰尘、无死角)。

维持(Setketsu)——制度化、规范化，监督检查。

素养(Shitsuke)——员工良好的职业习惯，积极向上的工作态度和状态。从小事做起，养成讲究的习惯，从而营造一个干净、整洁、舒适的工作场所和空间环境。

2. 门市部业务员礼仪

一家旅行社员工的素质、待人接物的水平是从业务员的言谈举止中体现出来的。门市部虽然不大，但它既是工作的地方，又是社交的场所。所以，门市部业务员的礼仪如何，往往是客人评价旅行社的重要依据。

(1) 服饰整洁大方。一般来说，门市部业务员服装必须干净、平整、合体、大方，不能太艳、太奇、太随便。休闲装、运动装、牛仔服等都不适宜在门市部穿着。在门市部工作，业务员应当适当修饰自己，男士不要留胡须、蓄长发、挂项链，头发应梳理得美观大方，衬托出自己良好的精神状态。女士最好能施以淡妆，不俗不媚，衣饰和发饰不宜太复杂，发型以雅为准，不能过于新潮，以展现自己端庄文雅、自尊自信的良好形象。

(2) 遵守制度，礼貌待人。各旅行社都有自己的管理制度，这是旅行社工作正常运行的重要保证。比如，不迟到、不早退、不无故旷工；办公时不拨打或接听私人电话，不占用工作时间办私事等。门市柜台业务员对这些制度应自觉遵守，尽管在具体执行中有可能遇上特殊情况，或偶尔必须接打一些私人电话等，但一定要自觉，设法把这种违反制度的情况降到最低限度。

(3) 注意保持安静。门市部业务员与同事谈工作时声音不宜太高，不要在过道里、走廊中大声呼唤同事。拨打或接听电话时语调要平和、文明，时刻注意保持环境安静。

5.2.2 门市部业务员旅游接待礼仪

旅行社门市部经常会有客人来访,进行旅游咨询或办理各种旅游委托事项,因此对门市部业务员的素质要求就比较高。门市接待人员应热情、礼貌地接待客人,对客人的询问要迅速、准确地解答,并提出合理的建议,力争给客人留下良好的印象,以促成业务的达成。

1. 接待客人的礼仪

当客人来访时,门市部前排的职员应起身招呼,亲切问好,问明客人来意,同时向客人自报姓名。一般来说,客人有了出游动机才会光顾旅行社门市部,门市部业务员应不失时机地向客人介绍旅游产品,尽力促成客人的购买行为。如客人不能马上决定购买,应表示欢迎其再次光临,事后将有关资料整理归档。业务员要随时观察客人的动向,倾听他们的主张。

2. 办理散客代办业务的礼仪

(1) 当门市部业务员接到散客委托代办业务时,首先要了解代办客人的有关情况,详细记录对方(委托方)旅行社名称、委托人姓名及通话时间等,以便有据可查。根据实际情况认真填写《任务通知书》并立即按内容进行预订,若客人需要导游服务,应及时落实导游人员。委托的某些项目如无法提供,应在24小时内通知委托方,以便委托方及时处理。

(2) 代办散客赴外地的委托业务。门市部业务员在接受和办理赴外地旅游的委托业务时应热情周到,耐心询问客人的要求,并详细记录。要认真检查客人证件,并有礼貌地请客人本人填写委托书等表格,对客人不明白的事项要耐心解释。如果委托书中有不能办到的事情,应事先向客人说明,请其自行划除,并向其道歉。

(3) 受理散客在本地的单项旅游委托业务。门市部业务员应热情主动地询问客人的要求,耐心地说明旅行社所能提供的各种服务项目和收费标准,拿出委托书请客人自行填写。当客人办妥单项委托服务手续后,应礼貌地与客人道别,并及时通知有关部门。

学习任务5.3 旅行社其他环节接待礼仪

参考案例

听到鹦鹉叫声已令我兴奋

从事盲人按摩的胡女士说,从小到大自己的眼中都是一片灰色。2007年5月1日,她参加了由广州日报、广州市残疾人联合会组织、广之旅和南湖国旅等单位联合举行的"南粤阳光游"活动，开启了香江野生动物园之旅。这是她第一次走进动物园，尽管看不见动物，但是听到鹦鹉的叫声，听到狮子的吼声，她还是特别兴奋。好多盲人同事不能同来，于是让她带上了录音笔，把这些动物的声音"带"回去，和他们一同分享。她说，本来以为出来旅游会遇到很多麻烦，但是没有想到导游很专业，起码让自己对鹦鹉的模样有了一个具体的形象，希望这些活动能多多举办，社会对残疾人的关心也要"与时俱进"。

(资料来源：http://www.ce.cn)

5.3.1 旅行社特殊团队接待礼仪

特殊团队是指有别于一般旅游团、观光团，具有其自身特点的旅游团队。旅行社在安排组织接待特殊团队时，应根据他们的特点，有针对性地开展组织接待工作。

1. 新闻记者或旅游代理商接待礼仪

旅行社组织接待新闻记者或旅游代理商，目的是介绍自己设计的旅游路线，使其通过亲身体验了解并熟悉本社的业务和旅游目的地的情况，产生组团消费本社旅游产品的愿望，宣传并介绍本社的旅游业务。旅行社组织新闻记者或旅游代理商旅游需注意以下几点。

(1) 精心设计最佳的旅游线路。旅行社应派专人预先按线路采访一下，并落实各地的准备工作。如每个地方的景点、交通、住宿、膳食的安排等，都要反复检查确认。

(2) 邀请团在考察过程中的活动，尤其是交通、食宿、参观游览、文娱活动等，应与将来旅行社组团的活动基本一致。

(3) 配备最佳导游。导游是邀请团活动成功与否的关键。旅行社要选择有经验和学识丰富的导游带团游览，讲解既要深入浅出，又要诙谐动听、妙趣横生，让代理商或记者们感到这是一次很好的享受，以便其更好地宣传旅行社和旅游产品，起到扩大影响、吸引游客的作用。

2. 大型团队接待礼仪

接待大型团队的旅游活动，其难度及要求比接待一般旅游团队都要高。接待人员必须同时具备较高的业务水平、宏观控制能力与严谨的工作作风，才能够圆满完成接待任务。接待大型团队应注意以下方面。

(1) 及时与各有关单位确认活动日程。

(2) 检查接待人员的准备工作情况，通知其游客的具体情况。

(3) 部门经理亲临机场或码头查看迎接团队的场地、乐队站立的位置及停车点。

(4) 事先安排专人入住饭店，与饭店客房部经理等共同检查房间内的各种设施是否完备可用。

(5) 与车队联系，确定出车顺序，在车上贴上醒目车号和标志。

3. 残障人士团队接待礼仪

接待残障人士旅游团队，最重要的是要有满腔热忱，时刻注意保护其自尊心。导游在生活服务方面一定要细心周到，想方设法为他们提供方便；在游览过程中，应尽量满足他们的要求；在日程安排方面，要考虑到他们的身体条件和特殊需要，时间应宽松些，所去景点应便于残障人士活动。

5.3.2 旅行社商务接待礼仪

商务接待是旅行社接待人员日常工作的重要组成部分。有客来访，尤其是有业务伙伴到访，预示着新一轮的业务工作即将开始。作为接待方，旅行社接待人员必须全力展示企业形象，提升企业信誉度。

1. 约见客人的礼仪

约见客人是指旅行社接待人员事先征得客人同意，协调见面的各项活动。约见礼仪要求具体如下所述。

(1) 约见的时间要适宜。接待人员约见客人时应以方便客人为标准，而不是由自己单方面做出决定。时间一旦约定，要注意守时。

(2) 认真细致地做好准备工作。当接待人员确定旅行社将有客人来访时，首先应去会客室做相关待客准备，在客人到来之前把准备工作做好。

(3) 提前到达约定地点。约见客人不可出现让客人等待自己的情况。

(4) 约见地点要方便。约见地点的选择最好尊重客人的意见，如果商务洽谈活动不方便在旅行社进行，可以约客人到合适的场所会面洽谈。

2. 面见客人的礼仪

(1) 服装整洁，仪表端庄。着装要符合职业特点，既不要太过保守，又不能太过新潮。面见客人时，姿态要优雅、端庄。交谈时与客人保持适当的距离，不要有不良习惯和小动作。大方、得体的仪容仪表能给客人留下稳重、可靠的印象，进而赢得客人的好感和信任。

(2) 保持微笑，优雅行礼。旅行社的接待人员要时刻保持饱满的精神并面带微笑，为客人营造愉悦的洽谈氛围。行礼是诚心的表现，商务接待最讲究真诚信用。所谓优雅行礼，不但是指外形上要有规矩，而且还要表现诚心诚意的内涵。

(3) 用握手表示真诚。礼貌地握手能增添会谈双方的亲切感。握手时姿势要端正，正视对方的眼睛，并表现出诚意。

(4) 问候、说话要谦和亲切。对于来访的同行或业务伙伴，应该像招呼老朋友一样热情、亲切，让其感到被重视。但是这种热情也要把握分寸，过分的热情只会适得其反，让客人产生一种高度戒备的心理。

3. 商务洽谈的礼仪

(1) 营造融洽友好的气氛。在旅行社的商务洽谈中，融洽友好的气氛是洽谈得以顺利进行的重要条件。接洽者的语言表达应分寸得当，使洽谈双方始终处于一种友好和谐的气氛中。出言不逊、表达不当都会引起对方的反感和不满，会阻碍谈判，甚至导致洽谈的破裂。

(2) 平等待客，慎重洽谈。接待人员对旅行社的客人应该平等相待，有差别地对待客人是很不礼貌的行为。客人未离开时，不要谈论该客人的事。有些来访者的真正目的不在于商务洽谈，而在于打探情报或商业机密。因此，洽谈人员对客人的询问要慎重处理。接待客人时，说话要谨慎，在会谈中如有来客可用字条代替说话，一来避免破坏会场气氛，二来可保密。

(3) 仔细倾听，注意观察。在商务接洽过程中，除了仔细倾听对方的发言，还要注意观察对方的举止、神情、仪态，以此调整自己的语言表达方式，通过适当的语言投石问路，探查对方的想法，以获得必要的信息。

(4) 注意分寸，留有余地。旅行社接洽人员在洽谈时一定要注意分寸，说话时给客人留有余地，也要给自己留下进退的空间。洽谈中如对某些复杂的问题或意料之外的事情不能马上做出准确判断，可以运用模糊语言给出有弹性的回答，以争取时间做必要的研究和制定应对方案。

(5) 要表现得有风度。洽谈人员在介绍旅行社业务时要做到客观真实，在洽谈过程中不要急于求成，应始终保持一颗平常心，洽谈工作进行得较为顺利时不要喜形于色，遇到客人推辞拒绝时也不要垂头丧气。总之，凡事要表现得有风度、有涵养。接待人员往往是先推销形象，再推销产品。

4. 展示区接待礼仪

旅行社经常组织门市部参加不同地区、不同等级的旅游交易会。旅游交易会是旅游企业集中展示并销售旅游产品的阵地，也是树立良好企业形象的重要场所。因此，对参加展会的工作人员有较高的礼仪要求。

(1) 展示区工作人员应以合乎礼仪的站姿做好为客人服务的准备，不能有把手叉到衣兜里或坐在展位上等不佳仪态，这些举止使人显得漫不经心、缺乏热情。

(2) 坚持微笑服务，保持服饰整洁美观，精神饱满。

(3) 保持优美仪态，不要和同事闲聊，不得坐在展位上吃东西、喝水或在展台附近走来走去阻碍交通。

(4) 注重展台美观整洁，不要把所有资料都摆放出来，以免使展台凌乱不堪。

(5) 应该主动向前来咨询的客人问好，用规范的礼仪引领客人入座，并做简单的自我介绍。

(6) 在第一时间判断客人类型，引导客人并认真倾听他们的谈话，鼓励客人回忆旅游经历，尽可能了解客人的旅游喜好及服务需求。

(7) 引导客人在多个旅游产品方案中选择，谈话时多使用短句，口齿清晰，语速适中，专业术语的使用应通俗化，这样既方便客人理解，又展示了自身的专业素质。

5. 接待国外客户礼仪

接待外国客户除了遵循一般的礼仪规范，还可运用多种技巧。注重细节会给客人留下非常好的印象，为之后的合作增加成功的把握。

(1) 喝咖啡还是喝茶(Coffee or Tea)。客人来到旅行社后，带他到会议室或者展厅里就座，此时不妨询问Can I bring you something to drink (您想喝点什么)，或者Coffee or tea(喝咖啡还是喝茶)。一般来说，很多客人在中国的时间安排都比较紧张，早餐吃得比较仓促，有的餐厅早上没有咖啡供应，对于他们来说是很难受的。如果在正式谈话之前给他们来杯咖啡，不但有助于提神，还会使他们心情变得很好。

(2) 会议室的小糖果。会议室里与其放水果，不如放点小糖果(薄荷糖或者咖啡糖，小袋包装的巧克力也可以)。外国人大多喜欢甜食，对中国的饮食不习惯也导致他们比较容易有饥饿感。这个时候，小糖果就能起到大作用。

(3) 下午的小点心。如果外国客人到来的时间是下午三四点，那么可提供一些做工精致的小蛋糕。如果在展会上，接待人员陪外宾在展位上洽谈了很长时间，这个时候有工作人员送上一盒巧克力慕斯蛋糕，一定会让外宾的心情变好。

5.3.3 旅游汽车司机服务礼仪

旅游汽车司机服务礼仪同样也是旅游接待礼仪的重要组成部分。旅游司机的职责是安全、准时、舒适地将客人送抵目的地，服务时要秉承"宾客第一、信誉第一"的宗旨。在服务中与导游密切配合，做到服务周到、主动、耐心、热情、安全，注重礼貌礼节，保证旅游接待活动的顺利进行。

1. 仪表举止礼仪

细致入微、快捷安全的服务是游客在游览过程中对司机的要求。司机的仪表举止会给游客留下深刻的印象。如果司机驾驶的旅游车座套皱巴巴的，会让人感到不舒服；如果司机光着膀子开车，不由得使人怀疑旅行社人员的素质；如果司机拖拖拉拉、迟到，会让游客感到烦躁不安；如果司机态度粗暴、冷若冰霜，会让游客觉得受到怠慢。

(1) 司机在整个驾驶接待服务过程中要做到穿着端庄整洁、举止文雅、精神饱满。

(2) 司机的服饰要大方规整，营运时应统一穿工作服，佩戴工作标志，手套要干净，不得佩戴首饰；男士头发不过耳，不留胡须；女士头发不披肩，不染彩发。司机要注意个人卫生，勤洗澡、剃须、理发、剪指甲。上岗时不吸烟，不吃带有刺激性气味的食物。

(3) 在与游客谈话时要摘下墨镜和手套，目视对方，站姿端正，使用敬语。

(4) 在与游客发生矛盾时要冷静，礼貌地解释，不可与游客争执。在岗位上，尤其是在游客面前要避免打哈欠、打喷嚏、撩头发、挖耳鼻等不文明行为。

(5) 司机要与翻译、导游人员主动配合。进入饭店、商场时要遵守社会公德。如果应游客之邀陪同购物，一定要热情公正，切不可贪图私利。当与游客一同进餐时，要注意不饮酒、不敬酒，并应尽早结束用餐，提前离开餐厅并在车内等候。

2. 游览中服务礼仪

(1) 司机在接待游客之前应认真做好出车前的准备工作。检查车辆状况，打扫车内外卫生。车内要通风换气，座套应平整干净，无油垢、指印。玻璃无灰尘，车身无尘土泥垢。

(2) 迎接游客时应面带微笑，站在车门一侧引客上车，帮助有需要的游客拿行李，并真诚地向游客问好，表示欢迎。在导游介绍到自己时应有所回应，并热情地向所有人问好。

(3) 司机要时刻有安全意识，不违反交通规则，行车途中力求安全平稳，在遇到特殊路况的时候，要提醒游客扶好扶手、注意安全。

(4) 游客之间交谈时，不可做倾听状，更不可插嘴。车上的收音机在打开前应征求游客的意见，打开时要注意控制音量，使声音轻柔适度，不可声音过大，使游客烦躁。

(5) 途中若发生意外情况，要有礼貌地向游客解释并表示歉意。若发生交通堵塞，意欲绕道行驶时，应先征求游客意见，待游客同意后方可绕行。

(6) 游客下车时，司机一般是先下，对需要照顾的游客主动搀扶，协助导游做好游客的疏导工作，并热情地回答游客的提问。

(7) 游客游览时，司机应耐心等待，无特殊情况不轻易将车挪往它处；不翻阅游客留在车内的文件、书刊等物品，保持车内物品的原状。

(8) 游客结束行程离开时，司机应真诚感谢大家的配合，并送上美好的祝愿。

学习任务5.4 旅游景区接待礼仪

参考案例

丽江老君山垃圾换早餐

"每捡回一塑料袋垃圾交到回收点，即可获得一张价值10元的早餐券，或凭券兑换10元现金。"这是风光旖旎的丽江老君山旅游风景区在全国首创的"垃圾换早餐"环保措施。

据老君山旅游开发公司总经理李树成介绍，老君山旅游风景区在丽江市有关部门的扶持下，经过10多年的考察开发，已初具规模，形成了以原始森林风光为主的生态旅游风景区，吸引了大批中外游客纷至沓来。然而，一些环保意识差的游客随手丢弃垃圾，给风景区造成了环境污染。景区管委会此前也实施了一些环保措施，如在景区增加垃圾桶，安排清洁人员沿途收集垃圾等，投入较大，但收效甚微。

2000年起，风景区管委会在全国首创"垃圾换早餐"的环保措施，在风景区入口给游客发放一个塑料袋并承诺：凡捡回一塑料袋垃圾，交到回收点，即可获得一张价值10元的早餐券，也可凭早餐券兑换10元现金。此举实施后，风景区内一天比一天干净。如今，想捡垃圾兑换早餐或现金，反成了不易之事。据悉，丽江有关部门对老君山旅游风景区的环保措施给予了充分肯定，准备在其他风景区加以推广。

（资料来源：https://news.sina.com.cn/c/2002-06-01/1112593439.html.）

5.4.1 景区员工的素质要求

素质是指一个人的文化修养、涵养和分析问题、解决问题的综合能力。景区从业人员一般可分为两大类，即管理人员和工作人员。由于他们所处的岗位和从事的具体工作内容不同，因此，对其素质的要求也有所差异。

1. 对管理人员的素质要求

1) 对管理人员的能力要求

景区是一个具有较强开放性的"小社会"，其对管理人员的要求与其他企业领导干部不同。

(1) 应具有完善而高尚的人格。这种人格不但表现在中华民族谦虚谨慎、知书达理的思想观念上，而且表现在勇于创新、敢于开拓的开放性意识上，体现一切为游客服务的精神。

(2) 应具有领导才能。这种才能表现在两个方面：一是组织方面，管理人员能够切实有效地组织安排旅游景区的工作；二是凝聚力方面，管理人员能够将大多数员工团结在自己的周围，以人格魅力影响员工。

(3) 心胸开阔。具体表现为：工作第一，不计较个人得失；能倾听各种意见，态度随和，坦诚待人。

(4) 有协调能力，能够协调与各方面的关系，解决内部矛盾。

(5) 有丰富的业务知识和熟练的服务技能。这种能力要求表现为既要懂得旅游业务、景观知识，又要懂得消费心理，还要熟悉提供服务的一些专业知识，以便于组织和指挥工作人员。

(6) 要有开拓精神。旅游业是一个与市场紧密联系的行业，市场需求时有变化，新的热点不断出现。因此，风景旅游区经营管理人员必须具有开拓精神和创新精神。

2) 对管理人员的业务素质要求

风景旅游区的经营管理是一项专业性很强的工作，管理人员必须具有全面的专业技术知识，具体包括以下几个方面。

(1) 旅游业的总体知识。

(2) 旅游资源和景观知识。
(3) 旅游开发的基本理论。
(4) 客源市场的分类知识。
(5) 客源市场的变化规律。
(6) 经济管理和税法知识。
(7) 涉外管理知识。
(8) 服务理论和服务技术。

2. 对工作人员的素质要求

景区的工作人员一般可分为三类：技术人员、旅游服务人员和其他服务人员。

1) 对工作人员的品德素质要求
(1) 树立正确的人生观和世界观，全心全意为游客服务。
(2) 巩固专业知识，热爱并努力做好本职工作。
(3) 树立高尚的职业道德，遵守各项规章制度，了解并遵守涉外纪律；热情友好、宾客至上；真诚公道、信誉第一；文明礼貌、优质服务；不卑不亢、一视同仁；团结合作、顾全大局；遵纪守法、廉洁奉公；钻研业务、提高技能。

2) 对工作人员的业务素质要求
(1) 具有一定的文化修养和外语能力。
(2) 熟知本岗位的业务和工作要求，了解相关知识。
(3) 有积极向上、努力进取的精神，不断提高自己的业务能力和知识水平。

3) 对工作人员的身体和容貌要求
(1) 身体健康，无传染疾病。
(2) 五官端正、气质端庄。
(3) 精力充沛。
(4) 有良好的仪容和仪表。

> **特别提示**
>
> 服务形象是景区最好的名片，景区服务形象直接影响景区的品牌信誉和长远发展。

5.4.2 景区旅游服务质量的提高

旅游活动是一项综合性的活动，旅游服务也是一项综合性的服务，这种综合性既体现在服务内容上，又体现在服务的表现形式上。因此，旅游服务质量是一种整体性的体现，具有综合效果。根据景区旅游活动和旅游服务的特点，应从以下三个方面入手来提高服务质量。

1. 服务设施及环境必须配套

任何旅游企业提高服务质量都是以设施、设备及其环境为基础的。只有做到设施配套、设备舒适、环境优美，符合旅游企业的等级规格，满足企业所选目标市场的需要，才能为提高服务质量提供良好的物质条件，为保证服务质量创造基础。

2. 服务人员必须具备良好素质

在旅游业中，游客所需要的各项服务主要是由各企业、各部门的服务人员来提供的。服务人员自身素质的高低，执行"宾客至上，服务第一"的经营理念的自觉程度等都直接影响着服务的质量。只有整个旅游业和各级各类旅游企业都对旅游培训给予足够的重视，努力提高服务人员的素质，才能提高旅游业整体的服务质量。

3. 服务质量管理必须具有全局观念

服务质量的整体效果是由与旅游活动有关的各部门、各行业及职工共同创造的。树立全局观念、提高服务质量的整体效果包括4个层次：一是国家旅游主管部门必须面向全行业，统一制定方针政策，做好各地区、各部门、各行业的联系工作；二是各旅游服务企业、各上级主管部门必须树立全局观念，切实贯彻国家旅游主管部门制定的行业管理方针政策，顾全大局；三是各级各类旅游企业要加强联系和配合，沟通协调，互相支持，特别是要保证旅游团队旅游日程安排的顺利实施；四是各旅游企业的服务人员要树立"一盘棋"思想，做好每一个环节、每一个岗位的工作，确保旅游服务质量的整体效果。

实战演练

训练项目1：导游讲解训练

训练要求：

1. 由一位学生扮演导游，带领其他扮演游客的学生游览校园；
2. 老师对学生的现场表现进行评议并打分。

训练提示：

1. 注意仪表仪态；
2. 注意导游讲解技巧。

训练项目2：处理特殊情况训练

训练要求：

1. 由一位学生扮演导游，由其他多名学生扮演游客，模拟多种突发事件，由学生导游来处理；
2. 老师对学生的现场表现进行评议并打分。

训练提示：

1. 注意处理突发事件的方法；
2. 注意处理突发事件的礼仪要求。

训练项目3：特殊团队接待训练

训练要求：

1. 将班级学生分为三组，每组分别扮演新闻记者团、旅游代理商、残障人士团队，由学生进行三种旅游团队的接待训练；

2. 老师对学生的现场表现进行评议并打分。

训练提示：

1. 注意语言表达和沟通；

2. 注意特殊团队接待的礼仪要求。

训练项目4：门市部业务员训练

训练要求：

1. 将班级学生分组，各组学生分别扮演门市部业务员、团队客人或散客，模拟门市部的接待服务；

2. 老师对每组学生的表现进行评议并打分。

训练提示：

1. 注意仪表仪态；

2. 注意语言表达和沟通。

习题与练习

一、分析题

"尊敬的各位团友，大家好，我是××旅行社的导游，我叫许峰。许峰，请大家记住。嗯，在这辆旅游车上一同为大家服务的还有王师傅。王师傅是位老司机，驾车经验非常丰富。嗯，这样，请大家给王师傅一些掌声(大家鼓掌)。嗯，下面我为大家介绍一下……"没等他介绍完，车上的游客就开始窃窃私语，有人干脆对许峰说："导游，你的口头语太多了，听着有点烦，让我们清静一下吧！"车厢里的空气顿时凝固了。许峰放下手中的话筒，回到了导游座位上，心里好像打翻了五味瓶。尽管如此，由于许峰对待游客的态度非常认真，事后游客并没有提出更换导游的要求，可许峰心里一直不好受。

请分析许峰的导游讲解词为什么不受欢迎？

二、综合题

假设你是一名导游，旅游团因订不到火车卧铺票而改乘轮船，游客十分不满，在情绪上与导游形成了强烈的对立，你将如何安抚他们？

学习项目 6
会务礼仪

知识目标

1. 了解有关会议、仪式的相关知识；
2. 掌握大型会议、签字仪式等会议礼仪的相关知识；
3. 掌握各类交通工具乘坐礼仪的相关知识。

技能与德育目标

1. 学会大型会议的接待礼仪规范；
2. 能够在舞会和各类演出中按照礼仪要求提供规范服务；
3. 学会各类交通礼仪，并能够在旅游服务工作中熟练运用。
4. 在接待礼仪的实施中，体会用"心"去服务。

实战目标

1. 通过练习，让学生学会大型会议的座次安排及服务流程；
2. 通过练习，让学生掌握舞会礼仪和交通礼仪的相关知识；
3. 通过练习，使学生将各种理论知识运用于实践，并能从中发现问题、解决问题，锻炼学生的实际操作能力。

学习任务6.1 会议服务礼仪

参考案例

"中东和平会议"中的座位安排

1991年10月30日，中东和平会议在西班牙首都马德里开幕。这次会议由美苏两国联合发起，是以色列和阿拉伯国家经过40多年交战状态和经历了5次战争后第一次坐在一起。

该会议座位的安排既体现主办者微妙的心态又符合谈判礼仪。会议的开幕式在西班牙老王宫的圆柱大厅举行。会议采用"T"型会议桌,这是主办者绞尽脑汁想出来的。

在"T"型会议桌顶部就座的是以美国总统布什为首的美国代表团、以苏联总统戈尔巴乔夫为首的苏联代表团以及东道主西班牙首相冈萨雷斯等。左边为欧共体、约旦和叙利亚代表团。约旦、叙利亚与以色列积怨较深,万不可以坐在一起,所以以色列代表团坐在对面,即"T"型会议桌右侧。

知识储备

会议,又称集会或聚会。会议的概念有狭义和广义之分。狭义的会议是指为实现一定目的,由主办或主持单位组织的,由不同层次和不同数量的人们参加的一种事务性活动;广义的会议泛指一切集会。

狭义的会议接待服务,专指为各类会议,如党的代表会议、政府工作会议、总结会、研讨会、现场会、报告会、座谈会、经验交流会、洽谈会等提供服务;广义的会议接待服务,是指为各种聚会或大型活动,如各种类型的展览会、博览会、运动会、联欢会、文艺会演等提供全方位的服务。

6.1.1 大型会议礼仪

1. 大型会议主席台座次

大型会议,一般是指与会者众多、规模较大的会议,例如企业职工代表大会、报告会、经验交流会、庆祝会等。它的最大特点是会场上分设主席台与群众席。前者必须认真排座,后者的座次则可排可不排。

1) 按国内惯例安排主席台座位

(1) 我国除大型商务会议外,我国政府、人大及党政机关召开的大型会议,主席台的位置安排都遵循中国传统做法——"以左为尊"(以下均以主席台视角为准),即将客人安排在主人的左侧。在会议结束合影留念时,也通常采用这种排法。其他企事业单位的大型会议基本参照这一做法执行。

目前,国内排定主席团位次的三项基本原则如下所述。

① 前排高于后排;
② 中央高于两侧;
③ 左侧高于右侧。

(2) 身份最高的领导人(有时可以是声望较高的来宾)安排在主席台前排中央就座。

(3) 其他人员按先左后右、一左一右的顺序依次排列。

(4) 当领导人数为奇数时,1号首长居中,2号首长排在1号首长左边,3号首长排右边,其他依次排列(见图6-1)。

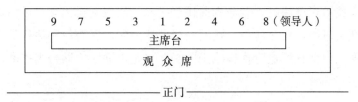

图6-1　按国内惯例安排主席台座位

2) 按国际惯例安排主席台座位

按照国际惯例，排定主席团位次的三项基本原则如下所述，见图6-2。

(1) 前排高于后排；

(2) 中央高于两侧；

(3) 右侧高于左侧。

图6-2　按国际惯例安排主席台座位

3) 主持人座席

会议主持人，又称为大会主席，其具体位置安排有三种方式可供选择：一是居于前排正中央；二是居于前排的两侧；三是按其具体身份排座，但不宜令其就座于后排。

4) 发言者席位

发言者席位，又称为发言席。在正式会议上，发言者发言时不宜就座于原处。发言席的常规位置有两种：一是主席团的正前方(见图6-3)；二是主席台的右前方(见图6-4)。

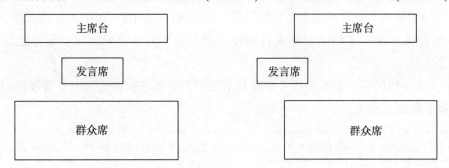

图6-3　发言席位于主席台正前方　　图6-4　发言席位于主席台右前方

5) 群众席排座

在大型会议上，主席台之下的一切座席均称为群众席。群众席的具体排座方式有两种。

(1) 自由式择座，即不进行统一安排，由大家自行择位就座。

(2) 按单位就座，即与会者在群众席上按单位、部门或者地位、行业就座。它的具体依据，既可以是与会单位、部门的汉字笔画的多少或者汉语拼音字母的前后，又可以是约定俗成的序列。按单位就座时,若分为前排后排,一般以前排为高,以后排为低;若分为不同楼层,则楼层越高,排序越低。在同一楼层排座时,又有两种通行的方式:一是以面对主席台为基准,自前往后进行横排(见图6-5);二是以面对主席台为基准,自左而右进行竖排(见图6-6)。

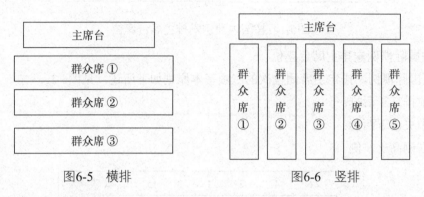

图6-5　横排　　　　　　　　图6-6　竖排

2. 会议与会人员礼仪

1) 主持人礼仪

会议主持人是整个会议的中心,一般由具有一定职位的人员来担任。主持人应能掌控会议的气氛和进程,让与会者齐心协力,使会议达到预期的目的。

(1) 主持人基本礼仪规范,具体包括以下几个方面。

① 主持人应衣着整洁,大方庄重,精神饱满,切忌不修边幅。

② 入席后,如果是站立主持,应双腿并拢,腰背挺直。持稿时,一手持稿件的底中部,一手并拢自然下垂。双手持稿时,稿件应与胸齐高。以坐姿主持时,应身体挺直,双臂前伸,两手轻放于桌沿。主持过程中,切忌出现搔头、揉眼等不雅动作。

③ 主持人应口齿清晰,思维敏捷,发言简明扼要。

④ 主持人应根据会议性质调节会议气氛,或庄重,或幽默,或沉稳,或活泼。

⑤ 主持人不能对会场上的熟人打招呼,更不能与其寒暄闲谈,会议开始前,可点头、微笑致意。

(2) 会议主持程序。作为主持人应时刻牢记职责,并在会议进程中自觉履行职责。会议主持程序如图6-7所示。

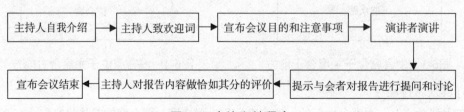

图6-7　会议主持程序

① 主持人自我介绍。通常,在很多场合中,主持人不用介绍自己。但如果觉得在场有很多人不一定认识自己,可以对自己作简单介绍,如说"请允许我作一下自我介绍,我是……

能主持今天的会议我感到十分荣幸"。自我介绍的关键是要向大家介绍姓名和身份。

② 主持人致欢迎词。

③ 宣布会议目的和注意事项。

④ 演讲者演讲。如果演讲者有很高的知名度,那么主持人不必费时对演讲者作特别介绍,只需对演讲者作热情邀请即可。

⑤ 提示与会者对报告进行提问和讨论。在演讲者结束报告时,主持人应对报告人表示感谢,并宣布进入提问和讨论环节。主持人应尽量让所有人都能自由地提问或发表意见。如果有人偏离了会议的主题,主持人应礼貌地给予提醒。提问或讨论也应控制在规定的时间内。

⑥ 主持人对报告内容作恰如其分的评价。对于很有价值的报告,主持人应用恭敬、诚恳的语气进行赞美;对于一般性的报告,也应给予礼节性的肯定,并对报告人再次表示感谢。如果接下去还有其他演讲者,就继续为大家介绍下一位演讲者,并请演讲人作报告。

⑦ 宣布会议结束。在会议结束之前,主持人应对会议作简要的总结。如果就某些问题,大家达成了一致的意见,在结束前应予以重申。会议结束时,主持人应对前来出席会议并提供帮助的人表示感谢,另外还要对协助组织会议的工作人员或单位表示感谢。

2) 会议演讲者礼仪

演讲者或发言人是会场的中心人物,演讲者礼仪即演讲者在演讲前后和演讲中对听众的礼节,主要有以下几个方面。

(1) 进入会场时的礼仪,分为两种情况。

① 有人陪同时。听众可能已经坐好,几位演讲者同时进入会场,不可在门口推托谦让,而应以原有的顺序进入会场;听众如果起立、鼓掌欢迎,演讲者应边走边挥手表示谢意,不可东张西望,更不要止步与熟人打招呼、握手。

② 没人陪同时。听众可能没有完全入场,演讲者要寻找靠近讲台的边座坐好,不要在门口观望或等听众坐好后进场。

(2) 入座前后的礼仪。有人陪同时,要等陪同人指示座位,并应等待与其他演讲者同时落座,如果先坐下会有失礼节。如果先进入会场,被会议主持人发现时给安排座位,应马上服从,按指定座位坐好,并表示谢意。坐好后不要左顾右盼找熟人,更不要主动与别人打招呼,那样会显得轻浮。

(3) 介绍时的礼仪。演讲前主持人常常要向听众介绍演讲者。主持人提到名字,演讲者应主动站起来,立直身体,面向听众,并微笑致意,估计听众可以认清自己后再转身坐下。如果主持人介绍了演讲者的成绩或事迹,听众反响强烈,演讲者应再次起身,向听众致谢,并向主持人表示"不敢当""谢谢"之意。如果反响一般,就不必再次起身致意。

(4) 走上讲台时的礼仪。当主持人提到名字时,演讲者应站起身来,先向主持人点头致意,然后走向讲台。走路时,目视前方,虚光看路。头要正,不偏不摇,双手自然摆动。走上讲台后要放慢脚步,自然转弯,面向听众站好,正面扫视全场,与听众进行目光交流,然后以诚恳、恭敬的态度向听众致鞠躬礼或点头礼,稍稍稳定一下情绪之后再开始演讲。

(5) 站立和目光。站位不但要考虑演讲时活动的方便,而且要考虑听众观察演讲者的方便。要使听众无论在什么地方都能看到演讲者的演示,方便情感的双向交流。演讲时,目光要散到全场,落到每位听众的脸上,使听众感觉到被关注。

(6) 走下讲台时的礼仪。演讲完毕后,要向听众敬礼,向主持人致意,如果听到掌声,应再次向听众表示谢意,然后下台回到原座位,走路姿态要和上台时一样,做到仪态端装、从容不迫。

知识链接

出席国际会议时的一些礼仪常识

常识一:准时抵达会场,按照会场指定的座位或区域落座。

常识二:正式会议开始以后,尽量避免频繁进出会场。

常识三:进出会场或上下电梯时要遵循女士优先的原则,不管那位女士是什么身份。

常识四:不在会场和餐厅里大声喧哗,不在客人面前大声接打电话。

常识五:无论是在主席台上,还是在台下,坐姿要端正。

常识六:出席正式会议和宴请,要穿正装。男士着深色西服,女士穿中长裙和长裤均可。男士要贴身穿衬衣,衬衣和领带要及时更换,袜子应是深色的。女士的衣服最好每天换一套。

常识七:集体行动时,相互之间保持距离,尤其同性之间不能太亲密,不能勾肩搭背。领导不要戴墨镜,否则,会影响自己的公众形象。

3. 会议服务人员礼仪

负责会议具体工作的服务人员,其工作程序如图6-8所示。

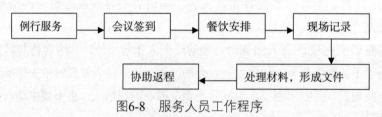

图6-8 服务人员工作程序

现代会议服务应该是全方位、立体化的服务,应该将礼仪服务贯穿会议始终。

1) 例行服务

(1) 安排专人负责接待与会者,为其办理登记和入住手续,并热情做好引导、介绍服务。对于远道而来的客人,需要接站的,应派人到车站、码头、机场等地按相应接待规格迎接,接站牌要醒目。

(2) 服务人员提前到达会场,反复检查会场准备情况,做好迎接准备,并主动为与会者引座。指路时右手抬起,四指并拢,拇指与其余四指自然分开,手心向着客人,示意所指方向时说"请这边走"或"请那边走"。

(3) 落实主席台领导、发言人是否到齐。

(4) 按预定方案组织与会人员由前向后依次就座。

(5) 维持好会场秩序。会议开始前5分钟，关闭会场大门，与会人员入座就绪，无关人员离开会场；开会期间关闭手机，一般不允许找人，无关人员不准进入会场。

(6) 会议开始后，应根据会议规模配备适当数目的服务人员。服务人员应站在适当的位置观察会场内的情况。会场内有人招呼要及时应答。若会场上因工作不当发生差错，服务人员应不动声色，尽快处理，不能惊动其他人，更不能慌慌张张、来回奔跑，以免影响会议气氛和正常秩序。

(7) 当与会人员落座后，服务人员应及时倒茶递茶。递茶要用双手，茶杯把手要放在与会者的右手处。倒茶要轻而规范，杯盖的内口不能接触桌面，手指不能按住杯口，可左手拿开杯盖，右手持水壶，将开水准确倒入杯中。茶水倒至八分满为宜，然后将杯盖盖上。有条件的可先递上热毛巾，等待客人用完后适时收回。

在会议期间，服务人员一般应每30分钟给宾客续水一次。续水时应带小暖瓶并带小毛巾一块，准备用来擦干洒在杯子外的水。会议结束后，服务人员应及时打开门并检查活动现场。发现未灭的烟头要及时熄灭，发现与会人员遗忘的物品要立即送归原主。如物主已离开，可上交主办负责人处理。

会议厅中的温度，夏天一般控制在24℃～25℃，冬天为20℃～22℃。

(8) 会议如有颁奖内容，服务人员应迅速组织受奖人按顺序列队站好，礼仪人员及时送上奖状或荣誉证书，由领导颁发给受奖者。

(9) 如果有电话或有事相告，服务人员应走到相关人员身边，轻声转告。如果要通知主席台上的领导，最好用字条传递通知，避免因服务人员在台上频繁走动或用耳语而分散他人注意力，影响会议效果。服务人员在会场内不要随意走动，不要使用手机。

2) 会议签到

为了掌握到会人数，严肃会议纪律，凡大型会议或重要会议，通常要求与会者在入场时签名报到。负责此项工作的人员，应及时向会议负责人进行通报。会议签到的方式一般有以下三种。

(1) 簿式签到。与会人员在会议工作人员预先备好的签到簿上按要求签名，表示到会。签到簿上的内容一般有姓名、职务、所代表的单位等。簿式签到的优点是利于保存，便于查找；缺点是这种方式只适用于小型会议。一些大型会议，参加会议的人数较多，采用簿式签到就不太方便。

(2) 证卡签到。会议工作人员将印好的签证卡事先发给每位与会人员，签证卡上一般印有会议的名称、日期、座次号、编号等，与会人员在签证卡上写好自己的姓名，进入会场时，将签证卡交给会议工作人员，表示到会。证卡签到的优点是比较方便，避免临开会时签到造成拥挤；缺点是不便保存查找。证卡签到多用于大中型会议。

(3) 电脑签到。电脑签到快速、准确、简便，参加会议的人员进入会场时，只要把特制的签到卡放入签到机内，签到机就能将与会人员的姓名、号码传到中心，与会者的签到手续在几秒内即可完成,然后将签到卡退还本人,参加会议人员的到会结果由计算机准确、迅速地统计并显示出来。电脑签到是先进的签到手段,一些大型会议都会采用这种方式。

3) 餐饮安排

举行较长时间的会议时,一般会为与会者安排会间工作餐。与此同时,还应为与会者提供卫生可口的饮料。会场所提供的饮料,最好便于与会者自助饮用,不提倡为其频频斟茶续水。那样做既不卫生、安全,又有可能妨碍对方。如有必要,还应为外来的与会者在住宿、交通等方面提供力所能及、符合规定的服务。

4) 现场记录

凡重要的会议,均应进行现场记录,具体方式有笔记、打印、录音、录像等。可单用某一种,也可交叉使用。选择笔记方式时,对会议名称、出席人数、时间地点、发言内容、讨论事项、临时动议、表决选举等基本内容力求做到完整、准确、清晰。

5) 处理材料,形成文件

在会议结束后,一般应对与其有关的一切图文、影像等材料进行收集、整理。收集、整理会议材料时,应遵守规定与惯例,应该汇总的材料,一定要认真汇总;应该存档的材料,一律归档;应该回收的材料,一定要如数回收;应该销毁的材料,则一定要仔细销毁。

为了给会后工作提供借鉴和依据,每次会议的全部文件,诸如通知、报告、简报、决议、纪要、记录、群众来信、新闻报道等,都应立卷归档,妥善保存。

6) 协助返程

会议结束后,主办单位一般应为外来的与会者提供返程便利服务。若有必要,应主动为对方联络,提供交通工具,或是替对方订购返程机票、船票、车票。当团队与会者或与会的特殊人士离开本地时,还应安排专人为其送行,并帮助其托运行李。

如果所订返程票不能完全满足与会者的要求,应优先照顾年老体弱者、女士,并对其他人耐心解释,取得谅解。对个别因故暂时滞留的与会者,也要一如既往地关照,并尽可能地向其解释实际困难,不能一推了之。

6.1.2 签字仪式礼仪

1. 签字仪式准备

1) 布置签字厅

签字厅有常设专用的,也有临时以会议厅、会客室来代替的。布置它的总原则是庄重、整洁、清净。

一间标准的签字厅,室内应当铺设地毯,除了必要的签字用桌,其他一切陈设都不需要。正规的签字桌应为长桌,上面最好铺设深色台布。按照仪式规范,签字桌应当横放。

在签字桌上,应事先放好待签的合同文本,以及签字笔、吸墨器等签字时所用的一切物品。

2) 预备待签的合同文本

在正式签署合同之前,应由举行签字仪式的主方负责准备待签合同的正式文本。它应当是正式的,不再进行任何更改的标准文本。

负责为签字仪式提供待签的合同文本的主方,应会同有关各方一同指定专人,共同负责合同的定稿、校对、印刷与装订。按常规,应为在合同上正式签字的有关各方提供一份待签的合同文本。必要时,还可再向各方提供一份副本。

待签的合同文本,应以精美的白纸印制而成,按大八开的规格装订成册,并以高档质料,如真皮、金属、软木等作为封面。

3) 确定签字仪式的出席人员

在举行签字仪式之前,有关各方应预先确定好参加签字仪式的人员,并向其有关方面通报。客方要将自己一方出席签字仪式的人数提前报给主方,以便主方安排。一般情况下,出席签字仪式的人员如图6-9所示。

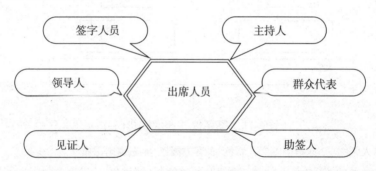

图6-9　出席签字仪式的人员

4) 规范签字人员的服饰

按照规定,签字人、助签人以及随员,在出席签字仪式时,男士应当穿着具有礼服性质的深色西装套装、中山装,女士则应着西装套裙。男士还应系上单色领带,以示正规。

在签字仪式上露面的礼仪人员、接待人员,可以穿自己的工作制服,或是旗袍一类的礼仪性服装。

签字仪式是签署合同的关键环节,它的时间不长,但程序必须规范、庄重。

2. 签字仪式座次安排

根据"面门为上"的原则,签字桌前的座位应主左客右。桌上摆放的是各自保存的文本,文本前面放有签字文具。桌子中间摆一个旗架,悬挂双方国旗,双方助签人员分别站在各自团队的外侧,双方参加仪式的其他人员,按身份顺序排列于各自签字人员的座位之后,如图6-10所示。

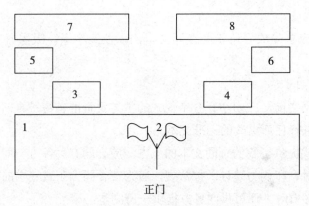

图6-10 签字仪式座次安排(一)

1-签字桌 2-双方国旗 3-客方签字人 4-东道国签字人 5-客方助签人
6-东道国助签人 7-客方参加签字仪式人员 8-东道国参加签字仪式人员

有些国家则在签字厅内安放两张方桌作为签字桌，双方签字人各坐一桌，双方的小国旗分别悬挂在各自的签字桌上，参加仪式的人员坐在签字桌的对面，如图6-11所示。

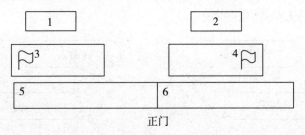

图6-11 签字仪式座次安排(二)

1-客方签字人席位 2-东道国签字人席位 3-客方国旗 4-东道国国旗
5-客方参加签字仪式人员席位 6-东道国参加签字仪式人员席位

还有的国家则是安排一张长方桌为签字桌，签字人分坐左右，国旗分别悬挂在签字人身后，参加签字仪式的人员分坐在签字桌前方两旁，如图6-12所示。

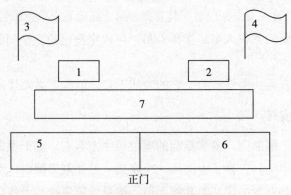

图6-12 签字仪式座次安排(三)

1-客方签字人席位 2-东道国签字人席位 3-客方国旗 4-东道国国旗
5-客方参加签字仪式人员席位 6-东道国参加签字仪式人员席位 7-签字桌

多边签字仪式与双边签字仪式大体相似，若涉及三四个国家，一般只相应多配备签字人员席位、签字文具、国旗等物。如果签字国家众多，通常只签一份正本，签字人员座次可按国家英文名称首字母顺序排列，排列最前的国家居中，其余按先右后左的顺序排开。

3. 签字仪式程序

1) 签字仪式正式开始

有关各方人员进入签字厅，找到既定的位次。

2) 签字人正式签署合同文本

通常的做法是首先签署己方保存的合同文本，再接着签署他方保存的合同文本。

特别提示

每个签字人在由己方保留的合同文本上签字时，按惯例应当名列首位。因此，每个签字人均应首先签署己方保存的合同文本，然后再交由他方签字人签字。这一做法，在礼仪上称为"轮换制"。它的含义是在位次排列上，轮流使有关各方均有机会居于首位一次，以显示机会均等、各方平等。

3) 签字人正式交换各方正式签署的合同文本

此时，各方签字人应热情握手，互致祝贺，并相互交换各自一方刚才使用过的签字笔，以示纪念。全场人员热烈鼓掌，表示祝贺。

4) 共饮香槟酒，互相道贺

交换已签的合同文本后，有关人员，尤其是签字人应当场共饮香槟酒，这是国际上通行的用以增添喜庆色彩的做法。

5) 礼毕退场

主持人宣布仪式结束后，应让双方最高领导及宾客先退场，然后东道主再退场。

学习任务6.2 舞会及观看演出礼仪

参考案例

在悉尼歌剧院看演出

每年在悉尼歌剧院举行的表演大约有3000场，约有200万观众前往观看，它是全世界最大的表演艺术中心之一。音乐厅是悉尼歌剧院最大的厅堂，可容纳2679名观众，通常用于举办交响乐、室内乐、歌剧、舞蹈、合唱、流行乐、爵士乐等多种表演。

在悉尼歌剧院只要有音乐会就会满座，因为低水平的演出是进不了这个世界知名的音乐圣殿的。不少人提前几个小时就到了歌剧院外，那里有美丽的港湾，迷人的山坡，整洁的马路，飘香的咖啡座，可观景、留影、交友、聊天，是难得的好去处。来此欣赏歌剧的男女，都打扮入时，靓丽耀眼，仿佛时装展示，亦如节日出行。平时穿戴随便的悉尼人，此时此刻好像都成了歌星、影星，令舞台上的乐队和指挥、演员也相形见绌。悉尼人上班穿戴很简单，穿西装、打领带的多是打工者，老板们的衣着大多很随便。但是，只要外出参加正式场合的活动，他们个个都将自己最好的服装、饰品穿戴出来。演出结束后，人们会非常有秩序地离开。环顾四周，没有一片纸屑，没有一个空瓶，没有一点垃圾，就像刚打扫过一样。

（资料来源：http://www.chinanews.com/news/2005/2005-02-02/26/536173.shtml.）

知识储备

舞会的类型

舞会是一种较为常见的社交场合，它能促进人际交往并增进友谊。

1. 私人舞会

举办私人舞会需要有一定的人力和财力。舞会可以在家中举行，也可以在旅馆或俱乐部租场地举行。在美国，有很多家庭喜欢举办私人舞会，因此舞会举办十分频繁，向俱乐部和旅馆租借房间往往需要提前一年预约。如果想在近期内举行舞会，可以打电话同经理联系，请求帮助。

时间和地点确定后，应该联系乐队，确定客人名单并发送请柬。舞会的请柬通常以女主人的名义发出。独身男子也可以举办舞会发送请柬。舞会上应邀请男宾多于女宾，以免女宾无人伴舞。在舞会前，男宾可以打电话给主人，请求带另一男伴参加，但不能要求带另一女伴。

舞会上，女主人可以为来宾安排好座位姓名卡，并联系花商前来送花，当场把鲜花送给每位客人。

(1) 正餐舞会。正餐舞会通常于傍晚举行。舞会开始约一小时后吃晚饭。参加正餐舞会的客人最迟应于舞会开始后半小时内到达，一般按座位姓名卡就座。

客人基本到齐就座后就可以开始跳舞。晚餐上每道菜都上得很慢。正餐结束后，上各种饮料。咖啡一般放在桌子上，其他饮料则由服务员递送。这时客人可以随便坐，舞会持续到午夜时分。

如果在家里举行正餐舞会，晚餐可以选用自助餐的形式。宾客可以自取食物，随意地围坐在桌旁选择谈话的伴侣。

(2) 晚餐舞会。晚餐舞会不论开始还是结束都比正餐舞会晚得多，在晚上10点到11点开始，直至次日凌晨结束。

晚餐舞会上并不准备正餐，而是从午夜12点或凌晨1点开始供应一些简单的食物。客人要先吃过晚饭才能前去参加舞会。晚餐舞会没有固定的座位，客人也不需要坐在桌子旁。但舞厅和隔壁房间有足够的椅子，可供客人休息。

参加晚餐舞会，可以比规定时间晚到一小时，也不必非留到舞会结束不可。在传统的舞会上，最后一遍华尔兹跳过后就可离去。

2. 募捐舞会

募捐舞会是一种靠组织舞会来集资的商业性活动。美国许多慈善组织和基金会都靠举行一年一度的募捐舞会来增加收入，舞会是他们积累资金的主要途径之一。

美国一些著名的福利组织往往以名人，如总统夫人、副总统夫人或其他高级官员做后台，组织募捐舞会，其收益用来救济贫民、帮助外国移民或办慈善事业。所以不少美国人对这类募捐舞会很热心，乐于慷慨解囊。许多外国驻美使馆也愿意为募捐舞会提供场所，给予支持。

6.2.1 舞会礼仪

1. 组织舞会礼仪

1) 布置舞场

舞场的大小应根据客人多少而定。舞场布置要求典雅、大方，灯光强度适中。如果是专场舞会，应在舞场周围张贴"欢迎"字样，以示主人热情友好之意。舞场周围要摆放足够的座椅，备好饮料、水果等。

2) 选好舞曲

好的舞曲是创造高雅、美妙气氛的保证。舞会组织者可根据主要来宾的素质、年龄、喜好等特点选择舞曲，不同舞曲穿插播放。如来宾以中老年人居多，可多选择世界名曲或节奏稍缓的曲目；如来宾中以年轻人居多，则可多选择节奏感较强、音律较快的流行曲目，其中穿插较长时间的跳迪斯科时间，使年轻人尽情、尽兴，活跃舞场气氛。

3) 安排舞伴

交谊舞一般是男女相伴而跳。舞会组织者应事先考虑来宾的男女比例，根据需要有意安排一定数量的伴舞人。对主要宾客可适当安排舞伴，轮流邀舞，使其尽兴。

4) 做好安全保卫工作

在舞会进行过程中，应做好安全保卫工作。安排专人把门，闲散人员、衣冠不整者谢绝入场。安排专人保管衣物。如发现个别宾客因醉酒有失风范，应礼貌得体地劝阻，严重者劝其退场。

2. 参加舞会礼仪

1) 讲究仪容仪表

参加舞会者应讲究仪容仪表。级别较高的舞会在请柬上通常会注明男女宾服饰要求。一般而言,要求穿正式服饰参加舞会。男士着西装、打领带,装扮整齐。女士穿质地讲究的晚礼服,也可以穿裙装代替,配以合适的首饰。女士化妆可比白天的淡妆稍浓,在灯光暗的舞场中才有美化效果。

仪容方面,舞会的参加者均应沐浴,并梳理适当的发型。男士务必要剃须,女士在穿无袖装时需剃去腋毛。注意个人口腔卫生,认真清除口臭,并禁食气味刺激的食物。感冒患者以及其他传染病患者,应自觉地不参加舞会。

2) 邀舞、应邀礼仪

正式的舞会,第一曲舞是主人夫妇、主宾夫妇共舞,第二曲舞是男主人邀主宾夫人、男主宾邀女主人共舞。接下来,男主人还需依次邀请在礼宾序列上排位第二、第三的男士的女伴各跳一支舞,而那些被男主人依照礼宾序列相邀共舞的女士的男伴,则应同时回请女主人共舞。就来宾方面而言,下列女士是男宾应当依礼相邀,共舞一曲的:舞会的女主人,被介绍相识的女士,偶遇的旧交女伴,坐在自己身旁的女士。

舞曲开始,一般由男士主动邀请女士共舞。邀舞时,男士向女士行鞠躬礼,伸出右手邀舞,同时伴随语言:"请您跳个舞,行吗?"女士受到邀请后,回应起身。如果女士已有舞伴,应礼貌解释:"谢谢,已约好别人了,等下一曲,好吗?"如因某种原因不能接受邀请时,可委婉推辞:"对不起,我很累了,想休息一下。"为尊重邀舞者,此舞曲响起后,女士不应再接受别的男士邀请,直到此曲终了。

男士在邀请不相识的女士时,应先观察其是否有男士相伴,如果有,一般不宜上前邀请;如果前去邀请,则应先向其男伴点头致意,再向女士邀舞。

> **特别提示**
>
> 同性不应共舞,男士不要一个晚上只同一位女士跳舞。

3) 跳舞礼仪

(1) 舞姿要端正、大方、活泼、美观。整个身体应始终保持平、正、直、稳,无论是进是退,还是向前、后、左、右方向移动,都要掌握好重心。如果身体摇摇晃晃,肩膀一高一低,甚至踩了对方的脚,都是很失礼的行为。跳舞中,男女双方都应面带微笑,说话和气,声音轻细,不要旁若无人地大声谈笑。

(2) 在跳舞时,男女双方的神情姿态要轻盈自若,给人以欢乐感受;表情应谦和悦目,给人以优美感;动作协调舒展,和谐默契。男方不要强拉硬拽,女方不可挂在或扑在对方身上,或耸肩挺腹、驼背屈身。这样使对方有不胜负担之苦,自己也有失雅观。

(3) 跳舞时,男士用右手扶着女方腰肢时,正确的手势是手掌心紧贴女方腰部。男方的左手应让左臂以弧形向上与肩部成水平举起,掌心向上,手指平展,只将女伴的右手轻轻托住，而不是随意地捏紧或握住。女方的左手应轻轻放在男方的右臂上，而不应勾住男方的脖颈。跳舞时双方握得或搂得过紧，都是有失风度的。

(4) 跳舞时，双方身体应保持一定距离。跳四步舞(勃鲁斯)时，舞步可稍微大些，表现出庄重、典雅和明快的姿态。跳三步舞(华尔兹)时，双方应保持一臂的距离，让身体略微昂起向后，使旋转时重心适当，表现出热情、舒展和流畅的情绪与节奏。跳探戈舞时，随着乐曲中切分音所含节拍的弹性跳跃，因男女双方的步伐与舞姿变化较多，舞步可稍大些，但男方应注意不可将脚伸到女方两脚间过远，回旋时，也不要把女方拉来拖去。跳伦巴时，男女双方可随着音乐节奏轻轻摆动腿部及脚踝，但臀部不应大幅度地摆动。

(5) 当一曲结束后，男方应热情大方地对女方说一声"谢谢"，然后再离开，也可以伴送女方回到原来的座位，并适当地交谈。但如果女方已有男伴，切不要造次硬挤过去，特别是不要始终盯牢一位舞伴，以免发生误会。

特别提示

参加舞会时要自觉维护舞场卫生与秩序，不乱扔果皮、纸屑，跳舞时不嚼口香糖，不在舞场中大声喧哗，不借酒闹事，不在舞池中穿行或聊天。

在舞会上结识新友之后，一般不宜长时间交谈。舞会结束，向主人道谢告辞。男士可护送女士回家，但不应勉强，更不应勉强女士留下联络方式。

6.2.2 观看演出礼仪

1. 专场演出的组织

在旅游接待活动中，特别是在接待外国贵宾和代表团时，为其专门组织一场文艺晚会，既是一种娱乐活动，又是给予对方的一种礼遇。

1) 选定节目

首先要选好演出的形式，是戏剧、舞蹈、音乐，还是曲艺、杂技、综合性演出。一定要先确定演出形式，再确定具体的节目。选定节目，要根据访问的性质和活动的目的，也要尊重外宾的风俗习惯和兴趣爱好。演出的节目中，一般应以反映本国特点和民族风格的音乐、歌舞、戏剧为主，同时，可加演一两个来宾所在国的知名节目或来宾本人喜爱的节目，以示对客人的尊重。

为保证质量，避免出现问题，正式演出前应组织专人审看；还应专门印制节目单，让客人更好地了解节目内容，同时可将其作为一种纪念品。

2) 发出邀请

活动和节目确定后，要正式向来宾发出邀请。邀请分口头邀请和书面邀请，邀请时应将活动的目的、名义、时间、地点及有无附加要求清楚地告诉对方。

应邀者接到邀请后，不论参加与否，都应及时礼貌地给予答复，以便邀请方及时做好准备。参加活动前，应邀者务必认真核对相关信息，以免出现差错。

3) 座位安排

为便于外宾欣赏节目，要为外宾安排好观看演出时的座位。选择座位时，重点应当兼顾四个方面：其一，要便于安全保卫，此乃头等重要之事；其二，座位位置应当最佳，在正规的剧场内观看文艺演出，通常较好的座位为第七排至第九排，并以其中间的座位为最佳；其三，应当使宾主集中就座，分散就座或者仅请外宾自己观看而无人作陪，都是不合礼仪的；其四，外宾的进场与退场应当比较方便。

4) 专场演出的主要程序

在一般情况下，为外宾安排的专场文艺晚会大致包括下列程序：一是在外宾抵达时，礼宾人员与陪同人员应在剧场门口迎候；二是宾主一起进入休息厅，稍事休息与交谈；三是主人陪同外宾步入剧场就座，其他观众起立鼓掌欢迎；四是文艺演出正式开始；五是演出结束，主人陪同外宾一起走上舞台，向演员致谢献花，并与主要演职人员见面、合影；六是主人陪同外宾退场，演职人员与其他观众一起欢送。

2. 观看演出礼仪要求

1) 注意仪容和服饰

观看演出是社会上公认的层次较高的社交形式之一，故此参加者要注意自己的仪容仪表。参加者应选择适当的服饰、妆容、发型，且在观看演出时自觉地穿着正装，基本要求是：干净、整洁、端庄、文明、大方，绝对不准许穿背心、短裤、拖鞋，更不能打赤膊。

由于演出内容不同，观看时的要求又有所不同。一般对于观看戏剧、舞蹈、音乐或综合性文艺晚会时的着装要求较高。若观看曲艺、杂技，或与演出相类似的电影，则只要遵守观看演出的着装基本要求就行了。

如果前往场面隆重的会场观赏高雅的演出，如观看京剧、舞剧、歌剧、文艺晚会或欣赏古典音乐会时，特别是陪同他人前往或者应邀前往时，不但要穿正装，而且要穿具有礼服性质的正装，即男士应穿深色的中山服或西服套装，配深色袜子与黑色皮鞋，若打领带，则宜选黑色，并着白衬衫；女士应着单色的旗袍、连衣裙或深色的西服套裙，下装尽量不要穿长裤。假如演出规定参加者要穿礼服，这样做才不算失礼。在国外，这种场合穿的礼服其实是有一定规格的，具体是指男士着黑色燕尾服、白色翼领衬衫，配同色的蝴蝶结与腰封，穿黑色系带皮鞋；女士着晚礼服，配面纱、长袖手套，穿长筒丝袜和高跟皮鞋。在我国，中山服与旗袍均可作为礼服。此时若着牛仔服、运动服、沙滩服之类的便装入场是绝对不行的。

特别提示

观看正式演出时携带家人同往，不仅要在着装上合乎规范，还要注意本人与家人的着装是否协调，切勿对比强烈、反差太大。

2) 提前进场、对号入座

观看正式演出,有一项基本规定,即演出一旦正式开始,观众便不宜再陆续入场,而应候至演出中场休息时方可再度入场,否则不但会直接影响演出,而且会妨碍其他观众欣赏演出。

许多高档演出场所为了方便观众,都设有专门的衣帽厅。若与他人一同寄存衣帽,则职位低者、主人、晚辈、年轻者、男士、未婚者,要主动协助与自己相约而来的职位高者、客人、长辈、年长者、女士、已婚者。在演出结束后领取衣帽时,亦是如此。

演出的预备铃一响,即应进入演出厅,在自己的座位上安稳坐定。

进出演出厅时,应不慌不忙,依次而行。走得可以稍许快一些,免得挡道,但是不要奔跑。倘若演出厅门口人员一时过多,应当稍候片刻,不要争先恐后地上前拥挤。

> **特别提示**

若拟邀请他人与自己一同观看演出,应至少提前一周通知对方。在一般情况下,请人观看演出时,入场券可由本人保管,而不必一一发至被邀请者之手。

3) 保持安静

演出开始后,就要马上安静下来,绝对不能在演出场所内吸烟、吃零食、嗑瓜子,不要嚼口香糖,不要"咯吱咯吱"地吃糖,也不要让你手中拿的节目单、门票、食品包装纸等发出声音。

在音乐厅,咳嗽也是不允许的。如果你喉咙不舒服,试试尽量吞口水。如果需要吐痰,应吐在纸巾上,然后放在包里,不要随便扔在地上,等离开音乐厅之后处理掉。如果要打哈欠,应用手挡在嘴上。如果要打喷嚏,则一定要用手遮挡。

4) 看节目时不聊天

在交响音乐会、歌剧或其他正式的演出中,不能与旁人说话,即便轻声耳语也不行。对一个真正喜欢音乐的人来说,当他正在仔细聆听台上的演奏时,他不能容忍一点细微的"杂"音。尽管你可能压低了嗓子在说话,但是这一点点声音,照样会影响到旁边的人。有些音乐会的老听众,他们在演奏时翻看节目单都是小心翼翼的,不会发出一点声音。即使是很小的声音、很短暂的声音,也可能影响到别人。连续不断、絮絮叨叨的谈话更不被允许。

> **特别提示**

入场前,手机一定要处于关机或静音状态。

学习任务6.3 交通礼仪

> **参考案例**

一次被错过的晋升机会

　　某公司的何先生年轻能干，点子又多，很快就引起了总经理的注意，拟提拔为营销部经理。为了慎重起见，总经理决定对他再进行一次考查。恰巧总经理要去省城参加一个商品交易会，需要带两名助手，总经理选择了公关部杜经理和何先生。何先生也很珍惜这次机会，想好好表现一下。

　　出发前，由于司机小王乘火车先行到省城安排一些事务，尚未回来，所以他们临时改为搭乘董事长亲自驾驶的轿车一同前往。上车时，何先生麻利地打开了前车门，坐在驾车的董事长旁边的位置上，董事长看了他一眼，但何先生并没有在意。

　　上路后，董事长驾车很少说话，总经理好像也没有兴致，似乎在闭目养神。为活跃气氛，何先生寻找了一个话题："董事长驾车技术不错，有机会也教教我们，如果我们自己都会开车，办事效率肯定会更高。"董事长专注地开车，不置可否，其他人均无反应，何先生感到无趣，便也不再说话。一路上，除董事长向总经理询问了几件事，总经理简单地回答后，车内再无人说话。到达省城后，何先生悄悄问杜经理："董事长和总经理好像都不太高兴？"杜经理告诉他原委，他才恍然大悟。

　　会后从省城返回，车子改由司机小王驾驶，杜经理由于还有些事要处理，需要在省城多住一天，同车返回的还是四人。这次不能再犯类似的错误了，何先生想。于是，他打开了前车门，请总经理上车，总经理坚持要与董事长一起坐在后排，何先生诚恳地说："总经理您如果不坐前面，就是不肯原谅我来时的失礼之处。"他坚持让总经理坐在前排才肯上车。

　　回到公司，同事们知道何先生这次是同董事长、总经理一道出差，猜他肯定要得到提升，都纷纷表示祝贺，但最终此事竟不了了之。

　　(资料来源：陆纯梅. 现代礼仪实训教程[M]. 北京：清华大学出版社，2008.)

> **知识储备**

行路的一般礼则

　　遵守当地交通规则，服从交警的指挥。在我国应遵守靠右行走，不逆向行走，不占用盲道，过马路要走人行横道、天桥或地下通道等原则。

　　二人行，前为尊，后为次；右为上，左为下；内侧为上，外侧为下。三人并行，中为尊，右为次，左为再次。如果一位男士和一位女士一同外出，应让女士走在右侧，男士应走在靠近行车道的一侧以示尊重。

6.3.1 行路礼仪和乘车礼仪

1. 行路礼仪

1) 公共场合行进礼仪

公共场合的行进，可分为并排行进和单行行进两种情况。

在并排行进时，总的原则是中央高于两侧，内侧高于外侧。一般情况下，应把内侧(靠墙一侧)让给职位高者、长辈或客人，把方便留给尊者。服务人员在引领时的标准位置是在客人的斜前方约1米处。

2) 上下楼梯礼仪

上下楼梯时宜单行行进。服务人员为客人引路时，不管是上楼还是下楼，都应走在前面，同时，应把楼梯扶手的一侧让给客人并给予必要的帮助。

3) 出入房间礼仪

一般情况下，出入房间时应让尊者(职位高者、长辈或客人)先进或先出。如果尊者对道路不熟或光线昏暗时，标准做法是服务人员先进去，为客人开门、开灯；出来时也是服务人员先出去，为客人拉门引导。同时，出入房间还要做好以下几点。

(1) 礼貌敲门。在进入他人房间时一定要先有节奏地轻声敲门，经允许后再进入。不能未经允许破门而入，也不能把门敲得很响。

(2) 轻声入门。出入房间时，应轻拉、轻推、轻关房门，不能用脚踢门、用背撞门、用肘和膝推门。

(3) 进出有礼。经人允许进入房间后，正面侧向客人关门；出房间时，应面对房间轻声把门拉上，切忌不礼貌地背对客人关门。

4) 搭乘自动扶梯礼仪

在公共场合搭乘自动扶梯时，应保持良好姿势，握住扶手，靠边站立，让出一侧通道给急需快速通过的人。在我国应遵守"左行右立"的规则，在英国等国家则正好相反。

2. 乘车礼仪

轿车的类型不同，其座次的尊卑也不一样。在我国，车辆座次排序有以下几种情况。

1) 双排5人座轿车座次

若乘坐小双排座轿车，驾驶座居左，由专职司机开车时，座次的尊卑应当是：后排上，前排下，右为尊，左为卑。具体而言，除驾驶座外，车上其余4个座位的顺序，由尊而卑依次应为：后排右座，后排左座，后排中座，前排副驾驶座，如图6-13所示。应当特别说明的是，按照国际惯例，乘坐有专职司机驾驶的轿车时，通常不应当让女士在副驾驶座上就座。

由主人亲自驾驶双排座轿车时，车上其余4个座位的顺序，由尊而卑依次应为：副驾驶座，后排右座，后排左座，后排中座，如图6-14所示。

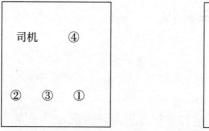 

图6-13　双排5人座轿车座次(一)　　图6-14　双排5人座轿车座次(二)

2) 三排7人座轿车座次

由专职司机驾驶三排7人座轿车时，车上其余6个座位(中排为两个折叠座椅)的顺序，由尊而卑依次应为：后排右座，后排左座，后排中座，中排右座，中排左座，副驾驶座，如图6-15所示。

由主人亲自驾驶三排7人座轿车时，车上其余6个座位的顺序，由尊而卑依次应为：副驾驶座，后排右座，后排左座，后排中座，中排右座，中排左座，如图6-16所示。

图6-15　三排7人座轿车座次(一)　　图6-16　三排7人座轿车座次(二)

3) 三排9人座轿车座次

由专职司机驾驶三排9人座轿车时，车上其余8个座位的顺序，由尊而卑依次应为：中排右座，中排中座，中排左座，后排右座，后排中座，后排左座，前排右座，前排中座，如图6-17所示。

由主人亲自驾驶的三排9人座轿车座次，车上其余8个座位的顺序，由尊而卑依次应为：前排右座，前排中座，中排右座，中排中座，中排左座，后排右座，后排中座，后排左座，如图6-18所示。

图6-17　三排9人座轿车座次(一)　　图6-18　三排9人座轿车座次(二)

📖 **特别提示**

如果不是出席一些重大的礼仪性场合,对于轿车座次的尊卑,不宜过分地墨守成规。具体应当尊重嘉宾本人对轿车座次的选择,嘉宾坐在哪里,哪里就是上座。即使嘉宾不明白座次,坐错了地方,也不要指出或纠正。

4) 越野车和其他多排座客车座次

越野车,又叫吉普车,属轻型越野客车,大多是4座车。不管由谁驾驶,越野车座次由尊而卑均依次为:副驾驶座,后排右座,后排左座,如图6-19所示。

图6-19 越野车座次

多排座客车,指的是4排及4排以上座位的大中型客车。不论由何人驾驶,均以前排为上,以后排为下;以右为尊,以左为卑;以距离前门的远近来排定其具体座次的尊卑。

📖 **特别提示**

为了更好地体现对客人的尊重,乘轿车时,应让尊者先上车;乘一般客车时,应让尊者后上车。

若宾主不乘坐同一辆轿车,依照礼仪规范,主人乘坐的车辆应行驶在前,目的是开道和带路。若宾主双方乘坐的车辆不止一辆时,仍应当是主人乘坐的车辆在前,客人乘坐的车辆居后。它们各自的先后顺序,亦应由尊而卑地由前往后排列,只不过主方要派一辆车垫后,以防止客方的车辆掉队。

6.3.2 乘船礼仪和乘机礼仪

1. 乘船礼仪

1) 乘船须知

(1) 对号入座。国内轮船分为头等舱、一等舱、二等舱、三等舱、四等舱、五等舱共6个等级。乘客上船后应按所购船票上的座号或铺号对号入座,不能认为谁先上船谁就可以任意占位。

(2) 注意安全。一般情况下,上下船时会通过舷梯,但有时也会走跳板或用小船摆渡。不管何种情况，一定要注意安全，不能乱蹦乱跳。上船后，不要到不该去的地方，如轮机舱、桅杆上和没有扶手的甲板上散步。另外，未经允许不能下水游泳，以免发生溺水事故。

(3) 预防疾病。乘船时一些人会出现晕船或生病现象，所以乘船之前一定要预备一些应急和治疗的药物。如发生晕船，应及时服用防晕船的药物，并躺下休息；如果发生呕吐虚脱，应请随船医生进行救治。当船上有人突发急病如心脏病等，周围人员应及时为其求援，并给予力所能及的帮助。

(4) 讲究卫生。在乘船的整个过程中，应注意保持船内环境的整洁。做到不在狭小的空间内吸烟，不把果皮纸屑或吃剩的食物随船乱丢或随手扔到水中，避免造成水污染。发生晕船想要呕吐时，应到洗手间或呕吐到塑料袋中，不要随处乱吐。如果控制不住呕吐到甲板上或船舱内，自己或随行人员一定要及时清除呕吐物，把地面清洗干净。

(5) 应对突发事件。在乘船过程中，如遇突发事件，如火灾、触礁、撞船、翻船、劫船、台风、海浪等灾祸，应当镇定和冷静，听从船长和船员指挥，做好自救和救人的心理准备和物质准备，需乘救生艇离开时，应照顾好老人、妇女和儿童，同舟共济，一起渡过难关。

2) 乘船礼仪

(1) 上下船时，应注意按顺序排队上下船，遇到前后有老人、孩子、女士时应及时礼让并提供帮助，协助其安全上下船。

(2) 上船后，对待船员和其他乘客应热情友好。对船员提供的帮助和服务应及时表示感谢。与同舱的乘客交往应注意团结和礼让，与人交谈时尽量压低音量，不要影响到其他人的休息。

(3) 在船上与其他乘客聊天时，应选择轻松愉悦、大家喜闻乐见的话题，如旅游目的地的情况、影视、体育等，切忌谈论翻船、沉船等事件。用餐吃鱼时，也不要有翻鱼的动作，特别是不要说出"翻""沉"等字，因为这是乘船时船员和乘客都忌讳的事。

2. 乘机礼仪

1) 乘机须知

乘机之前，一定要了解乘机前的准备工作以及相关手续办理流程，以便于顺利登机。

(1) 乘机的准备须知。乘机的准备工作主要包括选择合适的航班、及时购买机票、准备行李等。

① 选择合适的航班。要选择合适的航班，应考虑以下几个方面。

第一，选择直达的航班。为了节省时间和费用，最好选择直达目的地的航班，避免选择经某地中转的航班，以免耽误时间，带来不必要的麻烦。

第二，查清抵达的时间。大多数城市的机场都设在比较远的郊区，从机场到市区一般还需要一段时间，所以选择夜晚到达的航班，会给自己带来诸多不便。

② 及时购买机票。购买机票前，一定要了解自己要乘坐的航班所属的航空公司和机型。一般应选择信誉好、服务好的航空公司，同时考虑要乘坐的航班的机型，大型或先进机型的客机乘坐时较安全舒适，会使旅途顺利、心情愉悦。

③ 准备行李。乘坐飞机出差或旅行，乘客携带行李物品时，应遵守航空公司的相关规定。

一是禁运物品须知。按照规定，国家明令禁运的物品、限制运输的物品、危险物品以及具有异味或容易污损飞机的其他物品，如易燃、易爆、腐蚀、有毒等物品，不准托运或随身携带。枪支、弹药、刀具、利器等，不准随身携带登机。除此之外还有动物、磁性物质、可聚合物质、放射性物质等。另外，机密文件、资料、外交信袋、证券、货币、汇票等贵重物品，以及其他需要专人照管的物品，也不得在交运行李内夹带和交付托运。承运人对交运行李内夹带上述物品的遗失或损坏不承担赔偿责任。

二是随身携带行李须知。乘坐头等舱的乘客，每人可随身携带两件物品；乘坐公务舱或经济舱的乘客，每人只能随身携带一件物品。每件物品的总重量不得超过5公斤，其大小应限制在长55厘米、宽40厘米、高20厘米之内，否则不准带入机舱。

三是免费托运行李须知。每位乘客可免费托运一定重量的行李物品，其免费的重量为：头等舱40公斤，公务舱30公斤，经济舱20公斤。超重的行李应付费托运。持婴儿票的旅客无免费行李托运额。

四是托运行李规格须知。付费托运的行李，应包装完好，捆扎牢固，密封严实，能承受一定压力，而且每件不得超过50公斤，其大小应限制在长100厘米、宽60厘米、高40厘米以内。

五是行李赔偿须知。托运行李如发生损坏或丢失，由承运人负责赔偿。赔偿限额每公斤不超过人民币40元，按实际交运重量计算。

(2) 办理手续须知。中国民航规定：乘客必须在机票上明示的航班起飞时间前90分钟到达指定机场，提前办理登机手续。在航班规定的起飞时间前30分钟，将停止办理登机手续。所以，乘坐飞机必须提前到达机场，留出充裕时间办理登机手续。除托运行李之外，需要办理的登机手续还有换取登机牌、接受安全检查等。

① 换取登机牌。乘客在进行安全检查前，必须在候机大厅内的指定处换取登机牌，然后持登机牌登机，直接手持机票是不能登机的。换取登机牌时，需要注意以下几点。

第一，出示证件和票据。换取登机牌时，应向机场工作人员出示机票、身份证、护照(出境航班)。换取登机牌后，应和其他证件一起妥善保管。如若丢失，将不能登机。

第二，提出调位申请。换取登机牌的意义有三：确认乘客的身份，严防冒名顶替；清点最终登机的实际人数；确定乘客的具体座位。

乘客在换取登机牌时，可提出调换座位的申请，并阐述原因。如想看云海可提出调换到临窗的座位；身体不适可调换至过道处，以便于服务人员的救助。一般情况下，工作人员会满足乘客的要求，但如果所提要求未被解决，也应理解体谅，不能胡搅蛮缠。

第三，办理托运手续。在换取登机牌的同时，可办理免费托运和付费托运的手续。托运行李物品的票据一定要保管好，以便提取行李时作为凭证。

② 接受安全检查。乘客在登机之前，必须接受例行的安全检查，检查对象是所有的乘客及其随身携带的行李物品。这是为了确保飞机飞行安全，每位乘客应主动配合。乘客在接受安全检查时，一般有两种形式。

第一，仪器检测。机场在安检口设置的安检仪器有两种：其一是安全门。乘客应把随身携带的手表、钢笔、手机等金属制品取下，然后通过安全门检测。其二是手提式金属探测器。乘客在通过安全门后，为进一步检测，工作人员会使用手提式金属探测器对乘客进行身体检测。

第二，手工检测。乘客随身携带的物品通过传送带进行仪器检测后，工作人员必要时会进一步打开行李进行检查，有时也会对乘客进行身体触摸检查。进行身体触摸检查时，通常由同性别的工作人员实施。

2) 乘机礼仪

乘坐飞机时，应注意安全和礼貌，做到严于律己和尊重他人。

(1) 严于律己。由于飞机高空飞行的特殊性，每位乘客应特别注意以下几个方面。

一是不使用违禁物品。为了飞行安全，飞机上严禁使用移动电话(手机)、激光唱机、手提电脑、调频收音机、电子游戏机以及电子玩具等有可能干扰无线电信号的物品，每位乘客登机后应按要求关闭手机和手提电脑等电子物品，以保证自己和他人的生命安全。

二是对号入座。乘客登机后应按登机牌上指定的座位就座，不要抢占他人的座位。

三是服从乘务员管理。乘坐飞机时，乘务员会根据情况及时提醒，诸如请系好安全带、收起小桌板等，乘客一定要听从管理，不要发生争吵，以便于顺利飞行。

四是做到文明卫生。乘机时应讲究文明卫生，不露背脱鞋，不乱吐乱扔。用餐完毕应把吃剩的食物放入餐盒交由乘务员收走，晕机发生呕吐时，应使用机上备用的呕吐袋。

(2) 尊重他人。在乘坐飞机的旅途中，应尊重乘务员和其他乘客，以体现自己的良好修养。上下飞机时，机舱门口会有乘务员迎送问好，乘客应用微笑回应。对乘务员应尊重，称呼可用"乘务员、乘务员小姐、乘务员先生、小姐、先生"等。需要服务时，可在乘务员走近时提出，如果乘务员在远处要招手示意，不能大喊大叫。在飞机上可以和邻座进行交谈，但忌谈私人问题以及劫机、坠机等空难事故之类的话题。飞行中，乘务员会送上报纸和画册，乘客看完后可互相交换，但下机时不能带走。飞机停稳后，应做好下机的准备，与邻座的乘客道别。拿取行李时尽量礼让，不要冲撞他人，如果碰到他人，一定要道歉。

实战演练

训练项目1：各种场合座次安排礼仪

训练要求：

(1) 掌握各种场合座次安排礼仪；

(2) 5人一组，进行分组；

(3) 分小组自编、自导、自演座次安排礼仪情景剧；

(4) 其他各小组为该小组的表演进行评议并打分。

训练项目2：各种场合引领服务礼仪

训练要求：

(1) 掌握各种场合的引领服务礼仪；

(2) 4人一组，进行分组；

(3) 分小组自编、自导、自演引领礼仪情景剧；

(4) 其他各小组为该小组的表演进行评议并打分。

习题与练习

一、选择题

1. 乘轿车时，最安全的位置是(　　)。

　A. 后排右座　　　B. 司机后面的座位　　C. 副驾驶座　　　D. 无所谓

2. 一般而言，上楼下楼宜(　　)行进。

　A. 并排　　　　　B. 单行　　　　　　　C. 无所谓

3. 大型会议发言席的位置最好是在主席台的(　　)。

　A. 中间或左侧　　B. 左侧或右侧　　　　C. 中间或右侧　　D. 都行

二、判断题

1. 乘有司机驾驶的小轿车，首座一般是后排右侧座位。(　　)

2. 乘主人自驾的小轿车，较尊的座位是前座。(　　)

3. 到车站迎接客人，见到客人后应主动帮助客人提取行李，帮客人拿公文包或者手提包。(　　)

4. 在接待中，对于来访者的伞、包等物品，要指明挂放处，有时可以帮助放置。(　　)

5. 送客时，不论是送至电梯、门口或者车站，都要挥手道别，而且要等客人走远时再回接待室。(　　)

6. 签字仪式上助签人的主要工作是协助翻揭文本以及指明签字处。(　　)

7. 在大型商场、地铁、火车站、飞机场等公共场所乘滚动电梯时，乘客一律靠右站立，上下排成一列纵队，空出左边的小道给有急事的人通行。(　　)

8. 在歌剧、芭蕾舞蹈剧院，节目开始演出后，迟到者要等到幕间休息时才能进场。(　　)

学习项目7
旅游涉外接待礼仪

知识目标

1. 掌握涉外礼仪的原则；
2. 掌握涉外礼仪的内容；
3. 了解涉外接待工作的注意事项。

技能与德育目标

1. 学会规范接待外宾，在涉外交往中懂得有关国花和国旗的礼仪知识；
2. 掌握在涉外会见和会谈中的有关礼仪；
3. 组织和接待我国主要客源国游客时，能针对其国家的礼节和习俗给予特殊照顾，以避免游客的抱怨和不满。

实战目标

1. 通过演练，让学生认识到礼仪在涉外接待中的作用；
2. 通过演练，让学生初步接触外宾接待次序、国外习俗等方面的实例；
3. 通过演练，让学生在真实的情境中了解涉外会见和会谈的礼仪规范。

学习任务7.1 涉外服务与迎送礼仪

参考案例

小李被派到英国专家家中做家政服务员。因为她热情负责，精明强干，专家夫妇对她印象很好，她也把自己当成家庭成员。一个假日的傍晚，专家夫妇外出归来，小李打过招呼后，又随口问道："你们去哪玩了？"专家迟疑一下说："我们去建国门外大街了。"小李又接着问："你们逛了什么商店？"对方答道："友谊商店。"小李热情地建议说：

"你们怎么不去国贸大厦和赛特购物中心看看,那儿的商品质量让人放心。秀水街的东西也挺不错的。"话音未落,专家夫妇已转身进房了。几天后,小李被辞退,公司转述专家的辞退理由是:"李小姐令人讨厌,她对主人的私生活太感兴趣。"

讨论:小李的做法有何不妥?

特别提示

作为旅游从业人员,一方面要继承和发扬中华民族的优良礼仪传统,以及具有时代特色的社会主义礼仪规范;另一方面要在一个新的高度上与国际礼仪接轨,使我们对外的旅游交往与服务更符合国际通行的礼仪规范,使我国旅游业的整体礼仪水平更上一层楼。旅游从业人员在涉外"窗口"行业工作时,更要认真学习和实践旅游服务礼仪。

7.1.1 涉外服务礼仪的原则

随着改革开放的不断深化和中国加入世贸组织,中国人同外国人打交道的机会越来越多。不论是旅游接待,还是友好往来,我们都要尊重对方,既要对外宾彬彬有礼,又要维护国家尊严。这就要求旅游从业人员掌握一定的涉外礼仪原则,它是中国人在接触外国人时,必须遵守的基本原则。

涉外礼仪是对涉外交际礼仪的简称,它是指在对外交往中,旅游从业人员以良好的形象,向交往对象表示尊敬与友好的约定俗成的做法。涉外礼仪的基本内容就是国际交往的惯例,它是参与国际交往时必须认真了解并予以遵守的通行做法。涉外礼仪原则主要包括以下几方面内容。

1. 维护形象

维护形象首先是维护个人形象。一个人的外在形象体现了个人的教养和品质。比如,一名男子身穿深色西服套装时,上衣左袖口上的商标必须拆掉,穿黑皮鞋不能穿白色袜子。

首先,个人形象也可以表示对他交往对象的重视程度,尤其是服务行业,顾客很重视服务提供者的形象。其次,维护个人形象也是维护所在单位的整体形象。最后,在国际交往中,个人形象往往还代表其所属国家、所属民族的形象。所以我们在涉外交往中必须时时刻刻注意维护个人形象,特别是在正式场合留给外国友人的第一印象。

在维护个人形象时,应该注意的6个要素有仪容、表情、举止、服饰、谈吐、待人接物。

2. 不卑不亢

不卑不亢,要求我们在涉外交往中既要维护本国的利益和尊严,又要尊重他国的利益和尊严。国家不分贫富与大小,人不分种族与信仰、不分宗教与习俗,应一律平等以礼相待，不能厚此薄彼，不能做任何有损人格、国格的事。在与外宾交往中，还要做到自尊自爱。既要热情坦诚、落落大方、彼此尊重，又不能低声下气、卑躬屈膝、失去人格。每一个人在参与国际交往时，都必须意识到，自己在外国人的眼里，代表自己的公司，代表自己的民族，代表自己的国家。

3. 入乡随俗

不同民族的文化背景对礼仪有很大影响，因此，在异国他乡就要入乡随俗，避免交往中唯我独尊的失礼行为，否则会使自己或对方尴尬。同时，入乡随俗也表示尊重对方的风俗习惯，做到真正尊重交往对象。

要做到"入乡随俗"，应注意两个问题：一是充分了解对方的风俗习惯，知己知彼，可以拉近彼此间的距离；二是充分尊重交往对象所特有的习俗，切记做客时要"客随主便"，做东道主时要"主随客便"。

4. 信守时约

遵守时间，信守约定，是建立良好人际关系的基本前提，也是取信于人的基本要求。交往中必须遵守时间，不能无故迟到，否则是极不礼貌的。严格遵守自己的承诺，说话一定要算数，许诺别人的事要千方百计地兑现。在人际关系中，失信、失约等违背礼仪的行为，既不尊重对方，又会严重损害自己的形象。不守约的人，永远都是不值得信赖的。

要做到信守时约的原则，重要的是要做好以下两点：一是在与他人交往时，许诺必须谨慎，承诺一旦做出，就应认真遵守，不宜随便变动或取消；二是如发生特殊情况，致使自己单方面失约，务必要尽早通知对方，诚恳地向对方致歉并说明原因。

在约会方面，与西方人交往时可遵守以下惯例。

(1) 集会、约会按时到达。西方国家的会议和演出都是准时开始的，在活动开始前就座才符合礼节。

(2) 参加宴会应提前10分钟到达。西方人的宴会也是准时开始的，可在宴会开始前10分钟到达，提前太多会打乱主人的计划，而迟到则显得对其他人很不礼貌。

(3) 沙龙、舞会可迟到几分钟。这是被西方人公认的"守时行为"，因为到了预定时间，一切工作已准备就绪，主人这时可以专门恭候客人。

5. 热情适度

交往中的热情适度主要体现在4个方面：关心适度、批评适度、距离适度、举止适度。

(1) 关心适度。中国人比较热情，认为"关心他人比关心自己重要"；而西方人大多个性独立，反对他人对自己过分关心。在涉外交往中关心过度，人家不仅不领情，弄不好还会嫌我方人员多管闲事。比如，你向外国人建议"今天天气很冷，你要多穿几件衣服"，对方可能会认为你在干涉他的个人自由。如果非提醒不可，也应当尽量采用商量、建议的口气，不用祈使句，免得对方听起来有"下命令"之嫌。比如说"如果我是你，我今天一定会多穿几件衣服",来代替"你为什么不多穿几件衣服呢"或"你应该多穿几件衣服"。

(2) 批评适度。按国际交往原则,只要不触犯我国法律,不违背伦理道德,没有辱没我方的国格、人格,不危及人身安全,就没有必要去评判是非对错,尤其不宜对对方当面批评指正,或是加以干预。

(3) 距离适度。按不同场合,适度距离分以下几种:私人距离在0.5米内,社交距离为0.5～1.5米,礼仪距离为1.5～3米,公共距离为3米开外。

(4) 举止适度,要注意两方面:一是不要随便做出某些显示热情的动作。例如,在国内,朋友见面彼此拍肩膀;长辈遇孩子,抚摸其头顶或脸蛋等。西方人接受不了这些举动。二是不要做不文明、不礼貌动作。例如,当众挖鼻、抠耳、抓痒,或交谈时用手指指点点,高跷着"二郎腿"乱抖不止等。这些都是公认的不文明、不礼貌行为。

6. 尊重隐私

个人隐私,泛指一个人不想告知于人或不愿对外公开的个人情况。在许多国家里,它受法律保护。按尊重隐私的原则,我们在跟外国友人交往时,千万不要探究别人的隐私,对人家不愿意回答的问题绝不要刨根问底。一旦发现无意提出的问题引起对方反感,应立即表示歉意或转移话题。

在国际交往中,下列八个方面的私人问题被外国人尤其是西方人视为个人隐私问题:年龄大小、工资收入、恋爱婚姻、健康状况、家庭住址、个人经历、信仰政见、所忙何事。此即"个人隐私八不问"。

(1) 年龄大小。西方人视年龄为个人的核心机密,往往对"老"字讳莫如深。中国人听到"老人家、老先生、老专家、老夫人"十分顺耳,认为是尊称;外国人尤其是女性听之如同受诅咒谩骂一样,在一线服务的员工必须注意这一点。

(2) 工资收入。国际社会普遍认为,个人收入、个人能力和地位直接联系,故收入多少被看作脸面,十分忌讳他人直接或间接打听。此外,一些可以反映个人经济状况的问题也不宜问,如纳税额、银行存款、股票收益、私宅面积、汽车型号、服饰品牌、娱乐方式、度假地点等。

(3) 恋爱婚姻。中国人对亲友、晚辈、年轻伙伴的婚恋家庭生活时时牵挂,一段时间不见必问。对身边到婚嫁年龄而独身的人一定"热情帮忙",甚至成为单位尤其是工会的工作之一。对他人的婚后家庭也关心不已,诸如"夫妻关系、婆媳关系如何""有无孩子,为什么还不要,要不要上医院看看"。与外国人谈论这些话题,会令其反感。

(4) 健康状况。中国人见面打招呼常问:"最近身体好吗?"如果对方曾生病,要问:"病好了吗?吃什么药?上哪家医院看的?"有的还要推荐名医偏方。西方人交谈时反感别人对自己的健康状况过多关注,因为在生存竞争条件下,身体健康是每个人的工作资本,向他人坦言身体不好是不安全的。

(5) 家庭地址。中国人对家庭住址通常不保密,有问必答,也常主动请人到家中做客；西方人则视私宅为私生活领地，忌讳他人无端打扰，除非至交，一般不邀请外人到家中做客，也不喜欢将个人住址、宅电等印在常用名片上。

(6) 个人经历。中国人比较热情，更关心他人，初次见面喜欢打听"哪里人""哪个学校毕业的""以前在什么单位工作"；西方人视个人经历为个人隐私，不会盘问别人的出身和家庭。

(7) 信仰及政见。在国际交往中，人们所处国家的社会制度、意识形态多有不同。要真正实现交往顺利、合作成功，就必须抛弃政治见解和社会制度的界限，超越意识形态差异，处处以友谊为重，以信任为重。千万不要对此品头论足，甚至横加指责干涉，将自己的意志强加于人，最明智的做法是避而不谈。

(8) 所忙何事。中国人见面常问"好久不见，最近忙什么呢""上哪去了""又要上哪去"；西方人认为这些属于个人私事，没有必要曝光，被问时通常会"顾左右而言他"，甚至缄口不语。

7. 女士优先

女士优先是国际礼仪的重要原则，是指在社交场合中，成年男子有义务尊重、照顾、关心、保护女士，尽可能地为女士排忧解难。在国际交往的各种场合，不遵守这一原则会被看作失礼。"女士优先"的原则已逐步演化成为一系列具体的、操作性很强的准则，例如行走规则，在室内行走时，让女士走在右边；在人行道上，男士走在靠车道的一边以保护女士；在上下电梯、楼梯或进房间时，应请女士先行；在进入剧场或电影院时，女士在先，男士在后；男士陪女士上车，应先为女士开车门，并且为女士护顶，协助其上车后自己再上车；下雨时，男士要主动撑伞；男女同行，男士要帮助女士拿手包以外的物品；凡重要会见，也都是夫人走在前面，丈夫跟在后面。只有当需要男士去排除故障或有利于照顾女士时，男士才走在前面。

此外，在宴会上，应先给女士上菜。西方宴会上一般不雇佣妇女充当服务员。在家宴上，女主人是"法定"的第一排位；在舞会上，男士不能拒绝女士邀请；就座时，男士要为身边的女士拉椅子；到私宅拜访时，应先向女主人致意，告别时先向女主人道谢；到衣帽间存放衣物，男士要帮女士……做不到这些的男士会被视为失礼。

> **特别提示**
>
> 女士优先原来主要在西方社会盛行，现在成为国际礼仪通则，但也只适用于社交场合，在公务场合强调"男女平等"或忽略性别。如果办公室的男同事主动为女同事脱大衣，是让人无法接受的行为。另外，在阿拉伯国家、东南亚地区以及日、韩、蒙、印等东方国家，还依然讲究"男尊女卑"。

8. 以右为尊

以右为尊，即在涉外交往中，一旦涉及位置的排列，原则上都讲究右尊左卑，右高左低。也就是说，右侧的位置在礼仪上总要比左侧的位置尊贵。在各类国际交往中，大到外交活动、商务往来，小到私人交往、社会应酬，凡是需要确定和排列位次时，都要坚持"以右为尊"的原则。在并排站立、行走和就座时，为了对客人表示尊重和友好，主人应主动居左，而请客人居右。会见场所并排悬挂的两国国旗，也是东道主国旗居左，客方国旗居右。这与中国"以左为尊"的礼仪传统完全相反，运用时不可混淆。

7.1.2 外事迎送礼仪

迎送外宾是外事交往中最常见的礼仪活动，它既是东道主给予客人的礼遇，体现东道主的热情、友好之情，同时又是给予客人的第一印象和最后印象。迎送活动的安排必须严格按照国际惯例和外事特有的礼仪规范进行。

1. 确定迎送规格的一般原则

1) 对等原则

对于应邀来访，安排什么身份的人出面迎送，应有一定的礼仪规格，具体由东道主依据来访者的身份及来访的性质、目的，并适当考虑双方关系，同时注意社交惯例等因素，综合平衡来确定。一般来说，应遵循对等原则，其基本要求是主方的主要迎送人员应与来宾的身份大致相当，迎送的主方人员人数应与客方人数相近。在社交实践中，根据对等原则，迎送的具体安排方法有如下几种。

(1) 由与来宾身份相同或级别相当的人员作为主迎送人，亲自到车站、码头或机场迎送客人。

(2) 由比来宾身份或级别略低的人员到车站、码头或机场迎送，而与来宾身份相同或略高的人员则在来宾下榻处的门前迎接或送行。

(3) 若因种种原因，如国家体制不同，当事人年高不便出面、临时身体不适或不在当地等情况，可以灵活变通，由职务相当的人士或副职出面作为代表迎送来宾。

> **特别提示**
>
> 人选应尽量对等、对口，在当事人不能亲自出面时，从礼节出发，应向对方作出解释。
> 对等原则同样适用国家机关、企事业单位及民间组织对国内宾客的迎送接待。

2) 惯例原则

根据惯例，迎送规格的确定要因人而异，对不同身份、不同国籍、不同单位的不同人应有相应的迎送规格。接待来访的外国国家元首、政府首脑，往往都要举行隆重的迎送仪式，但对军方领导人的访问一般不举行欢迎仪式。对一般来访者，无论是官方人士、专业代表团，还是民间团体、知名人士，在他们抵离时，均安排身份相应的人员前往机场、码头、车站进行一般迎送；对在本国工作的外国人、外交使节、专家等，在他们到任或离任时，各国的有关方面亦安排相应人员前往迎送。迎送一般不宜破格，但有时从发展双边关系或当前政治需要出发，破格组织迎送仪式、安排较大的迎送场面也是可以的。

> **特别提示**
>
> 为了避免给他国造成厚此薄彼的不佳印象，除非有特殊情况，一般情况应按惯例安排迎送规格。

2. 迎送礼仪要求

1）官方迎送

(1) 接待准备。迎来送往，是国际交往中最常见的礼仪。接待准备工作主要由外事部门负责主持、联系和安排。为了做好接待工作，需要通过外交途径事先了解对方的来访目的与要求、前来的路线与交通工具、抵离的具体时间与地点及来访人员的姓名、身份、性别、年龄、生活习惯、宗教信仰、饮食爱好与禁忌等，据此制定具体详尽的接待方案，确定接待规格和日程安排。接待规格的高低，通常是根据来访者的身份、愿望、两国关系等因素来决定的。根据外事工作的特点和要求，接待准备工作必须注意以下几点。

① 对参加接待服务的人员进行严格的挑选和必要的培训。

② 根据确定的来宾规格，备齐接待物品，安排布置好会见及会谈场所。

③ 确定会见、会谈和宴请的地点、时间、人员、座次、程序、菜单等。宴会上使用的食品、饮料等要专人把关、化验，以确保安全、卫生，防止意外事故发生。

④ 落实安全保卫工作，制定周密的警卫方案。严格按照有关规定控制通信设备和出入人员。对使用的车辆、途经路线和道路，及会见、会谈和宴请场所要认真仔细地进行安全检查，不能有任何疏忽或差错。

⑤ 安排好来访者的下榻处和迎送车辆。外国国家元首或政府首脑通常是在国宾馆下榻，整个代表团的住房分配可先由东道国根据来访者的身份、地位一一安排，待征求对方意见后实施。有时也可把下榻处的建筑平面图交给对方，由其自行安排。对于外国国家元首或政府首脑，通常安排开道车和摩托车队护送，并在所乘车辆的右前方插上该国国旗。随行人员的座次要按礼宾顺序来安排。对于大型代表团的随行人员，也可安排其乘坐大轿车。对有些重要的外国代表团，也可派车开道，以示重视和尊敬。

(2) 我国迎送仪式的惯例。外国国家元首或政府首脑抵达北京首都国际机场或车站时，由国家指定的陪同团长或外交部的部级领导人及级别相当的官员赴机场或车站迎接，并陪同来访国宾乘车前往宾馆下榻。

国宾抵达北京的当日或次日,在人民大会堂东门外广场举行隆重的欢迎仪式。如天气不适于举行此项仪式,则在人民大会堂东门内的中央大厅举行。欢迎仪式为双边活动,不邀请各国驻华使节出席,中方出席地位、职位相当的国家领导人和有关部门负责人等。

广场悬挂两国国旗,组织首都少年儿童列队欢迎,少年儿童代表献花,奏两国国歌,检阅三军仪仗队,鸣放礼炮。

国宾离京返国或到外地访问时,我方出面接待的国家领导人到宾馆话别,由陪同团团长或外交部部级领导人陪同国宾前往机场、车站送行或陪同赴外地访问。

国宾到外地访问时,由省长或市长迎送;如省长、市长不在,则由副省长或副市长代表。外国议长率领的议会代表团到地方访问时,应由省人大常委会主任迎送;如主任不在,则由副主任代表。另外,有些外宾虽无明确职务,但其身份特殊,如有些是王室成员(相当于政府首脑),也应参照上述原则安排。

2) 民间团体、一般客人的迎送

(1) 对民间团体的迎送。迎送民间团体时,不举行官方正式仪式,但需根据客人的身份、地位,安排对口部门、对等身份的人员前往接待。对身份、地位高的客人,应事先在机场(车站、码头)安排贵宾休息室,准备茶水饮料,并在客人到达前尽可能将住房和乘车号码提前通知客人,也可印好住房、乘车表,或制作成卡片,在客人到达时,及时发到每个人手中,或通过对方的联络秘书转达,以便使客人做到心中有数、主动配合。

(2) 对一般客人的迎送。迎送一般客人时,主要是做好各项安排。如果客人是熟人,则不必介绍,直接上前握手,互相问候即可;如果客人是首次前来,相互又不认识,接待人员应主动打听,主动自我介绍;如果是大批客人,也可事先准备特定的标志,如小旗或牌子等,让客人从远处就能看到,以便客人主动前来接洽。

机场迎接程序和主车乘坐安排如图7-1、图7-2所示。

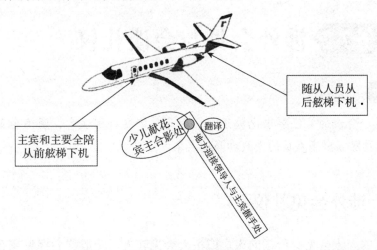

图7-1　机场迎接程序

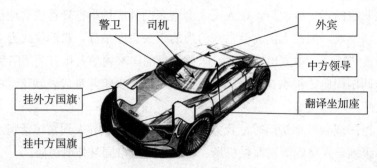

图7-2 主车乘坐安排

> **特别提示**
>
> 迎送工作中的注意事项：主人陪同乘车时，应请来宾坐在主人右侧。如是三排座的轿车，翻译员坐在主人前面的加座上；如是双排座，翻译员坐在司机旁边。上车时，要请客人从右侧先上车，主人从左侧上车。如客人先上车，坐在主人位置上，则不必请客人挪动位置。

> **特别提示**
>
> 外宾抵达后，如有需要，应指派专人协助办理入(出)境手续及机票(车、船票)、行李提取或托运手续等事宜。客人抵达住处后，一般不要马上安排活动，应稍作休息，起码给客人留出更衣、简单盥洗的时间。

学习任务7.2 涉外会见与会谈礼仪

> **特别提示**
>
> 涉外会见、会谈的礼仪要求比较正规，因此一定要特别注意，明确会见与会谈的时间、地点，以及双方出席人员的人数和具体名单。

7.2.1 涉外会见礼仪

凡身份高的人士会见身份低的人，或主人会见客人，一般称为接见或召见；凡身份低的人士会见身份高的人，或客人会见主人，一般称为拜会或拜见。我国一般不作上述区分，统称会见。接见或拜会后的回访，称回拜。

知识储备

会见就其内容来说，分礼节性、政治性和事务性三种形式。礼节性的会见，时间较短，话题较为广泛。政治性会见一般涉及双边关系、国际局势等重大问题。事务性会见则指一般外交事务安排、业务商谈等，外交交涉一般称为召见。会见形式根据对象不同又分为个别约见和大型接见。个别约见是指国家领导人或某部门负责人就其一方面的外交事务或业务问题，与个别人士或使馆人员进行会面商谈的一种礼宾活动。它的特点是会见的范围小、保密性强。大型接见是指国家领导人会见一国或几国群众团体、国际会议代表。它的特点是参加会见的人数多，首长比较集中，场面隆重。

1. 会见的座次安排

按国际惯例，会见通常安排在会客厅或办公室。有时宾主各坐一边，有时穿插坐在一起，某些国家元首会见还有其独特的礼仪形式。在布置形式上，各国也不一样。有的国家主宾的座位是特制的，有的则是主宾同坐一个三人长沙发。外国领导人来我国访问，会见安排比较简单，无特殊仪式。会见地点安排在人民大会堂或中南海。如图7-3所示，会见的座次安排一般为客人坐在主人的右边(个别情况例外)，译员、记录员安排在主人和主宾的后面，其他客人按礼宾顺序在主宾一侧就座，主方陪同人在主人一侧就座，座位不够可在后排加座。座位多采用单人沙发、扶手椅进行布置，如会见人数在十几至几十人，里圈用沙发，外围用扶手椅或靠背椅围置。会见室布置如图7-4所示。

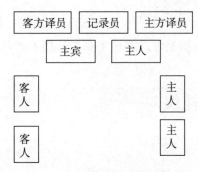

图7-3 会见的座次安排

2. 会见的服务规程

当宾客到达时，服务员要利用主人到门口迎接的间隙，迅速整理好茶几上的物品和沙发上的花垫。然后用茶杯上茶，杯把一律朝向客人的右手一侧。

宾主入座后，一般由两名服务员从主要的外宾和主人处开始递毛巾。递毛巾时要热情地道一声"请"。如果是一名服务员递毛巾，要先从外宾处开始，然后再递给主人。如果有两名服务员，则递给外宾的服务员动作要先于另一名服务员。宾客用完毛巾后要及时收回，以保持台面整洁。如果会见中招待冷饮，上完毛巾后，接着上冷饮，其礼宾程序与上毛巾相同。上冷饮时，托盘中的冷饮品种要齐全，摆放要整齐，请宾客自选。

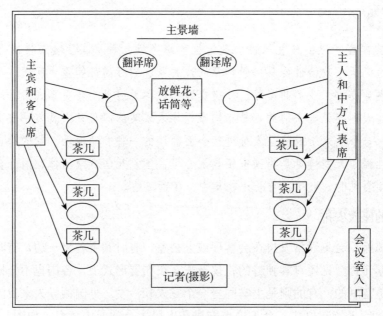

图7-4　会见室布置

会见期间的续水一般为30分钟左右间隔一次。续水用小暖瓶，并带块小毛巾，续水的礼宾程序与上毛巾相同。

会见厅内的光线和温度应根据实际情况和主要宾客的要求而定，一般夏季为24℃～25℃，冬季为20℃～22℃。

会见结束后，要及时把厅室门打开，并对活动现场进行检查。在主人送走客人返回时，应及时给主要首长上一块热毛巾，并送主要首长和年老及行动不便的首长上车。

7.2.2　涉外会谈礼仪

特别提示

参加会谈的双方或多方主要领导人的级别、身份原则上是对等的，所负责的事务和业务也是对口的。如外国由总统、总理率领的代表团参加会谈，我方则由国家主席、总理出面接见；如外方是外交部长出席，则我方也应是外交部长出席。

会谈一般来说内容较为正式，政治性和业务性都较强，要特别注意保密。代表团身份和规格很高的国事会谈还要悬挂双方国旗。

1. 会谈的座次安排

会谈，一般来说内容较为正式，政治性或专业性较强。双边会谈通常用长方形或椭圆形桌子，宾主相对而坐，以正门为准，主人在背门一侧，客人面向正门，主谈人居中。我国习惯把译员安排在主谈人右侧，但有的国家也让译员坐在后面，一般应尊重主人的安排。其他人按礼宾顺序左右排列。记录员可安排在后面，如参加会谈人数少，也可安排在会谈桌就座。具体的座次安排分为以下几种情况。

1) 横桌式

面门为上，居中为上，以右为上(静态的右)，如图7-5所示。

2) 竖桌式

以右为上(动态的右)，居中为上，如图7-6所示。

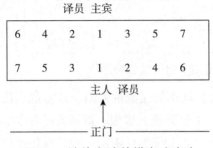 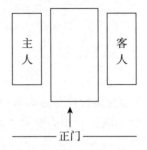

图7-5　涉外会谈的横桌式座次　　　　图7-6　涉外会谈的竖桌式座次

3) 小范围会谈

可不用长桌只设沙发，双方座位按会见座位安排，如图7-7所示。

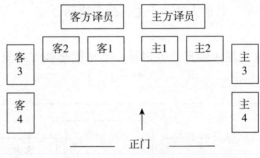

图7-7　涉外小范围会谈座次

4) 双边会谈

(1) 双边会谈长桌横放时座次安排。宾主相对而坐，以正门为准，主方人员在背门一侧就座，客方人员面向正门就座，如图7-8所示，具体位次如图7-9所示。

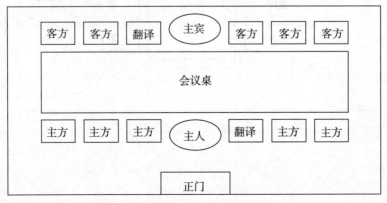

图7-8　双边会谈长桌横放时座次安排

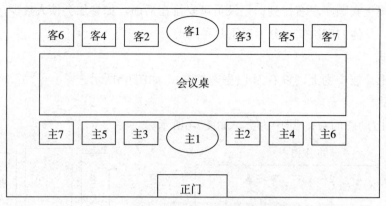

图7-9 双边会谈长桌横放时的具体位次

(2) 双边会谈长桌竖放时座次安排。如果会议桌的摆放位置与会议室的正门平行，则以入门方向为准，右侧为客方，左侧为主方，主要会谈人居中，翻译安排在主要会谈人右侧，记录员安排在后面，如图7-10所示，具体位次如图7-11所示。最好设计座位卡放在桌上，以便与会人员清楚自己应该坐在哪个位置。涉外会谈中，座位卡要用中文、外文两种文字双面书写，以便与会人员相互认识对方。

在非正式场合或条件不具备时，只要遵循"以右为尊"这个基本原则就可以了。一般是等主人或主宾就座后，其他人就座于主人或主宾两旁。

5) 多边会谈

多边会谈的座位可摆成圆形、方形等。小范围会谈有时只设沙发，座位按会见座次安排。

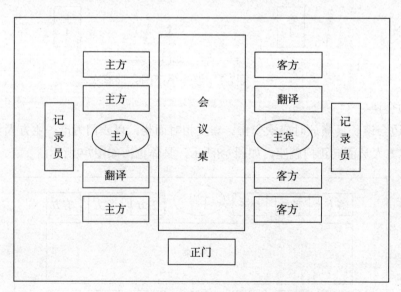

图7-10 双边会谈长桌竖放时座次安排

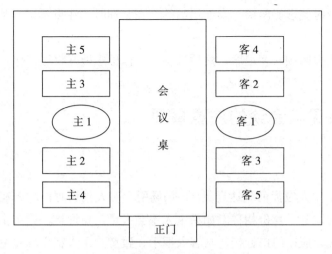

图7-11　双边会谈长桌竖放时具体位次

🔔 特别提示

会谈场所应安排足够的座位,若客厅面积大,应安装扩音器,还应事先安排好座位图,现场放置中外文对应的座位卡。如有合影,要事先安排好合影位置。重要的会谈是智慧、策略的较量,会谈过程中有时谈笑风生、气氛怡然,有时"硝烟弥漫"、一触即发,有时对峙僵局、不分伯仲……因此,要根据会谈进展情况,穿插安排一些游览或娱乐活动,以便缓和气氛、增进理解。

2. 会谈的服务规程

1) 会谈用品的摆放

在每个座位前的桌面正中摆放一本供记事的便笺,便笺的下端距桌面的边沿约5厘米。紧靠便笺的右侧摆红、黑铅笔各一支,便笺的右上角摆一个茶杯垫盘,盘内垫小方巾。主要宾客处每人放一个烟缸和烟盘,其他每两人放一套(摆在两个座位之间)。

2) 会谈的服务程序

当主人提前到达活动现场时,要迎至厅内周围的沙发上就座,用小茶杯上茶。在主办单位通知外宾从住地出发时,服务员在工作间内将茶杯沏上茶。当主人到门口迎接外宾时,服务员把茶杯端上,放在每人的茶杯垫盘上。宾主来到会谈桌前,服务员要上前拉椅引座。当记者采访和摄影完毕,服务员分别从两边为宾主双方递上毛巾。宾主用完后,应立即将毛巾收回。

会谈中间如果上牛奶、咖啡、干果等,应先上牙签、小毛巾(叠成长方形,每盘两块)、奶罐垫盘、咖啡杯垫盘,然后依次上已装好的糖罐、奶罐(加勺)、咖啡(加勺)、干果盘。

会谈活动一般时间较长,可视宾客的具体情况及时续水、续换铅笔等。如会谈中间休息，服务员要及时整理好座椅、桌面用品等。在整理时，注意不要弄乱和翻阅桌上的文件、便笺等。

会谈结束时，要照顾宾客退席，然后按善后工作程序做好收尾工作。

7.2.3 会见与会谈的注意事项

1. 迎接客人

客人到达前，主人应提前到达会见(会谈)场所。客人到达时，主人在门口迎候。主人的穿着要和自己的职务、身份相称。如果主人不到大楼门口迎接，则可由工作人员迎接并引入会客厅。迎接者应在门口迎接，与客人握手、致意。主人在主宾左侧，陪伴客人步入会见厅。

2. 会见、会谈期间的饮食安排

会见时招待客人的饮料，各国不一。我国一般只备茶水，夏天加冷饮。如会见时间过长，可适当加上咖啡(红茶)和点心。

3. 会见、会谈涉及的人员

重要的会见、会谈，除陪见人和必要的译员、记录员，其他工作人员安排就绪后均应退出。如允许记者采访，也只能在正式谈话开始前短暂采访，然后全部离开。谈话过程中，旁人不要随意进出。

4. 会见、会谈合影留念位次安排

会见、会谈过程中，一般都安排合影留念，因此主方要事先安排好椅凳(人数不多时可站立拍照)。位次的安排，按礼宾常规，宾主双方的领导居中间位置，主人右方为上，主客双方穿插排列。如果是多边会见，应注意各方代表的人员比例和其代表性。代表人数众多时，要分成多排，注意每排人数应大体相等，主方人员一般尽量居边站立，如图7-12所示。

| 主方人员……来宾……来宾……来宾……主方人员 |

| 主方人员　来宾　副来宾　副主人　主宾　主人　副主宾　副主人　来宾　主方人员 |

图7-12　会见、会谈留影位次安排

5. 会见、会谈结束

主人应将客人送至门前或车前，握手话别。客人应当表示感谢，同时礼貌性发出邀请。主人目送客人离去后方可转身离开，整个会见、会谈程序及接待工作宣告结束。

学习任务7.3 礼宾次序与国旗悬挂礼仪

参考案例

以"礼"赢天下

礼宾次序最终由活动组织方本身的政治需要决定。无论采取哪种方式排列，东道主应有站得住脚的理由，以"礼"赢天下。

1971年4月，美国、加拿大、哥伦比亚、英国、尼日利亚乒乓球代表团访华，周总理决定同时会见他们。邀请美国乒乓球代表团来访是中美关系打开大门前，毛泽东和周恩来做出的重大举措。周恩来亲自设计了一个新颖独特的安排：第一，按英文字母顺序排五个团座次，即加拿大、哥伦比亚、尼日利亚、英国、美国。每团代表入座一组沙发，各团呈椭圆形相围而坐，以体现各国平等思想和运动员之间相互无拘束的友好关系，也便于谈话时各团都能听到。第二，每团第一座位为中方陪同，周总理步入会见厅后，首先与加拿大代表团谈话(中方陪同起立让位)，然后他依次移动位置同每团谈话10余分钟，现场同声传译，最后同美国代表团谈话，作为这次会见的高潮。

这个安排既体现我国一贯奉行的大小国家一律平等的外交政策，又重点突出了周总理向美国人民的友好讲话。这是礼宾安排中经深思熟虑的完美做法，取得了异乎寻常的好效果。

(资料来源：世界博览. https://www.cdstm.cn/gallery/media/mkjx/sjbl/201708/t20170817_556183.html.)

知识储备

礼宾次序排列中应注意的问题

在实际操作时，礼宾次序是一个政策性较强、较敏感的问题，若礼宾次序不符合国际惯例及安排不当，就会引起不必要的误解，甚至损害到两国之间的关系。

(1) 席位安排的忌讳。安排宴会的席位时，有些国家忌讳以背向人，特别是安排长桌席位时，主宾席背向群众的一边和正面第一排桌背后主宾的座位，均不宜安排坐人。在许多国家，陪同、译员一般不上席，为便于交谈，译员坐在主人和主宾的背后。

(2) 外事、礼宾部门的指导。为了做到礼宾次序排列准确无误，重大的涉外礼宾次序排列一定要在外事、礼宾部门的指导下，慎重地、细致地加以安排。

(3) 选择礼宾次序的最佳方案。礼宾次序的安排应慎之又慎，我们在安排时应尽量避免因礼宾次序安排不周而产生矛盾，这就要求多拟出几种方案，从中选择最佳或最满意的方案。

(4) 努力做好善后工作。如果由于安排、考虑不周或其他原因而引起礼宾次序上的风波，组织单位、部门和主管人员要努力做好善后工作，主人应出面解释，尽量缓解"一人向隅，举座不欢"的气氛，并使这种情形的影响缩小到最小范围和降低到最低程度。

7.3.1 礼宾次序

> **特别提示**
>
> **影响礼宾次序的某些因素**
>
> （1）政治因素。在多边活动中，礼宾次序的排列需要尽可能考虑客人之间的政治关系。若双方政见分歧大，两国关系紧张，就要尽量避免安排在一起。
>
> （2）身份、语言、专业的因素。席位主要依据礼宾次序来安排，在排席位前，要将经落实能出席的主宾双方名单分别按礼宾次序列出来，并考虑语言习惯、专业对口等因素，以便于主宾双方在宴席上交谈与沟通。

所谓礼宾次序礼仪，指的是在国际交往中，为了体现出席活动者的身份、地位、年龄等的差别，给予其必要的尊重，或者为了体现所有参与者一律平等，而将出席活动的国家、团体、各国人士的位次按一定的惯例和规则进行排列的礼仪规范。

一般来说，礼宾次序虽然在形式上只是一个先后问题，但在内容上是既关系到各方人员素质、社会组织修养及形象的问题，又体现了东道主对各国礼宾的礼遇。如安排不当或不符合国际惯例，则会引起不必要的争执与交涉，甚至影响国家关系。因此在组织涉外活动时，商务人员对礼宾次序应给予高度重视。礼宾次序的排列在国际上已有一定惯例，但各国做法不尽相同，常用的排列方法有以下三种。

1. 按身份与职务高低排列

这是礼宾次序排列的主要根据。在官方活动中，通常是按身份与职务的高低安排礼宾次序，如按国家元首、副元首、政府首脑、副首脑、部长、副部长等顺序排列。各国出具的正式名单或正式通知是确定职务高低的依据，由于各国的国家体制不同，部门之间的职务高低也不尽一致，要根据各国的规定，按相应的级别和官衔进行安排。在多边活动中，有时可按其他方法排列。无论按何种方法排列，都应考虑身份与职务高低的问题。

2. 按国家名称的首字母顺序排列

多边活动中的礼宾次序也常采用按参加国国名首字母顺序排列的方式，一般以英文字母排列居多，如国际会议、体育比赛等。对于第一个字母相同的国家则按第二个字母排列，依此类推。联合国大会的席位次序也按英文字母顺序排列。但是，为了避免一些国家总是占据前排席位，每年抽签一次，决定本年度大会席位以哪一个字母打头，以便让各国都有排在前列的机会。在国际体育比赛中，体育代表团(队)名称的排列和开幕式出场的顺序一般也按国名首字母顺序排列，东道国一般排列在最后。体育代表团观礼或召开理事会、委员会等，则按出席代表团团长的身份高低排列。

3. 按通知代表团组成的日期先后排列

在一些国家举行的多边活动中，按通知代表团组成的日期先后排列礼宾次序，这也是国际上经常采用的一种方法。东道国对同等身份的外国代表团，按派遣国通知代表团组成的日期排列，或按代表团抵达活动地点的时间先后排列，或按派遣国决定应邀派遣代表团参加该活动的答复时间先后排列。究竟采用何种方法，东道国在致各国的邀请书中都应加以说明。

在实际工作中，礼宾次序的排列常常不能按一种方法进行，而是几种方法交叉使用，并考虑其他因素，包括国家间的关系、地区所在地、活动的性质与内容和对于活动的贡献大小以及参加活动者在国际事务中的威望、资历等。例如，通常把同一国家集团的、同一地区的、同一宗教信仰的或关系特殊的国家的代表团排在前面或排在一起。对同一级别的人员，常把威望高、资历深、年龄大者排在前面。有时还考虑业务性质、相互关系、语言交流等因素。例如，在观礼、观看演出或比赛，特别是在大型宴请时，除考虑身份、职务，还应将业务性质对口的、语言相通的、宗教信仰一致的、风俗习惯相近的人员安排在一起。

总之，在礼宾次序安排工作中，要做到全面、周到、细致、耐心、慎重，设想多种方案，以避免因礼宾次序的问题引起不必要的外交误解或麻烦。

相关链接

礼宾次序的排列要求

1. 社交场合的一般要求

在一般社交场合，约定俗成的做法是：凡涉及位次顺序时，国际上都讲究"右尊左卑"，即一般以右为大、为长、为尊，以左为小、为次、为卑。行走时，应请外宾走在内侧即右侧，而我方人士则走在外侧即左侧；进餐时，主人应请客人坐在自己的右边。

2. 不同场合的特殊要求

同行时，两人同行，以前者、右者为尊；三人行，并行以中者为尊，前后行以前者为尊。

进门、上车时，应让尊者先行。下车时，低位者应让尊者由右边下车，然后再从车后绕到左边上车。坐轿车时，以后排中间为高位，右边次之，左边又次之，前排最低。

迎宾引路时，主人走在前；送客时，主人走在后。

上楼时，尊者、妇女在前；下楼时则相反，位低者在前，尊者、妇女在后。

在室内，以朝南或对门的座位为尊位。

重大宴会上的礼宾次序规则，主要体现在桌次、席位的安排上。国际上的一般习惯是桌次高低以离主桌位置远近而定，主宾或主宾夫人坐在主人右侧。我国习惯按客人职务、社会地位来排次序；外国习惯男女穿插安排，以女主人为准，主宾在女主人右上方，主宾夫人在男主人右上方。如果是两桌以上的宴会，其他各桌第一主人的位置可以跟主桌主人的位置同向，亦可将面对主桌的位置作为主位。

(资料来源：http://www.360doc.com.)

7.3.2 国旗悬挂礼仪

国旗,是一个国家的标志和象征。在正式活动中,人们往往通过升挂本国国旗来表达自己的民族自尊心、自豪感以及对本国的热爱。在对外交往中,恰如其分地升挂本国国旗或外国国旗,不但有助于维护本国的尊严和荣誉,而且有助于对别国表示应有的尊重与友好。

特别提示

侮辱国旗,如污损、撕毁或其他类似行为,在世界各个国家都被认为是一种严重的犯罪行为。

悬挂国旗不可随意而行,在国际交往中形成了悬挂国旗的一些惯例,为各国所公认并执行。

按照国际法规定和国际惯例,在某块领土上悬挂某国国旗,就是确认该国在此领土上行使权力的标志之一,无权悬挂而悬挂他国国旗的责任者要受到惩罚。

在实际操作中,国旗排序指的是我国国旗与其他旗帜或外国国旗同时升挂时的具体顺序的排列,排列的总原则是居前为上、以右为上、居中为上、以大为上、以高为上。具体而言,应分为中国国旗与其他旗帜的排序,以及中国国旗与外国国旗的排序这两个问题。

1. 国内排序

国旗与其他旗帜的排序,具体是指国旗与其他组织、单位的专用旗帜或彩旗同时升挂时的顺序排列。在国内活动中,这种情景比较常见。《中华人民共和国国旗法》专门规定,升挂国旗,应当将国旗置于显著的位置。在一般情况下,我国国旗与其他旗帜的排序有下列三种方法。

1) 前后排列

当我国国旗与其他旗帜呈前后列队排列时,必须使我国国旗排于前列。

2) 并排排列

国旗与其他旗帜并排升挂,存在两种具体情况。

(1) 一面国旗与另外一面其他旗帜并列。在此情况下,标准做法是使国旗位居右侧(以国旗朝向为准,下同),如图7-13所示。

图7-13 我国国旗与另一旗帜并排升挂位次

(2) 一面国旗与另外多面其他旗帜并列。在此情况下,必须令国旗居于中心的位置,如图7-14所示。

图7-14 我国国旗与多面其他旗帜并列升挂位次

3) 高低排列

国旗与其他旗帜呈高低不同状态排列时,按惯例应当使国旗处于较高的位置,如图7-15所示。

图7-15 我国国旗与其他旗帜并排升挂位次(高低不同)

2. 涉外排序

在某些特殊情况下,我国境内有可能升挂外国国旗。正式场合升挂国旗时,应以其正面面向观众,即旗套应居于国旗的右方。悬挂双方国旗时,按国际惯例,以旗身面向为准,右高左低。汽车上挂旗则以汽车前进方向为准,驾驶员左手为主方,右手为客方。所谓主客,不以活动举行所在国为依据,而以举办活动的主人为依据。然而,也有个别例外国家,总把本国国旗挂在上手方向。

具体处理中外国旗的排序问题时,一定要遵守有关的国际惯例与外交部的明文规定。

1) 升挂外国国旗的规定

只有在下述情况下,外国国旗才有可能在中华人民共和国境内升挂使用。

(1) 外国驻我国的使领馆和其他外交代表机构,及其主要负责人的寓邸与乘用的交通工具。

(2) 外国的国家元首、政府首脑、副首脑、议长、副议长、外交部长、国防部长、总司令或总参谋长,率领政府代表团的正部长,国家元首或政府首脑派遣的特使,以其公职身份正式来华访问之际所举行的重要活动。

(3) 国际条约和重要协定的签字仪式。

(4) 国际会议、文化及体育活动、展览会、博览会等的举行场所。

(5) 民间团体所举行的双边和多边交往中的重大庆祝活动。

(6) 外国政府经援项目以及大型三资企业的重要仪式,重大庆祝活动。

(7) 外商投资企业,外国其他的常驻中国机构。

此外,在一般情况下,只有与我国正式建立外交关系的国家的国旗,方能在我国境内的室外或公共场所按规定升挂。若有特殊原因需要升挂未建交国国旗,必须事先经过省、市、自治区人民政府外事办公室批准。

2) 升挂外国国旗的限制

为维护我国的国家主权,外国国旗即使在我国境内合法升挂,也应受到一定的限制。

(1) 在我国升挂的外国国旗,必须规格标准、图案正确、色彩鲜艳、完好无损,为正确而合法的外国国旗。

(2) 除外国驻华的使领馆和其他外交代表机构,在我国境内凡升挂外国国旗时,一律应同时升挂中国国旗。

(3) 在中国境内,凡同时升挂多国国旗时,必须同时升挂中国国旗。

(4) 外国公民在中国境内平日不得在室外和公共场所升挂其国籍国的国旗,唯有其国籍国国庆日可以例外,但届时必须同时升挂中国国旗。

(5) 在中国境内,中国国旗与多国国旗并列升挂时,中国国旗应处于荣誉地位。外国驻华机构、外商投资企业、外国公民在同时升挂中国和外国国旗时,必须将中国国旗置于上首或中心位置。外商投资企业同时升挂中国国旗和企业旗时,必须把中国国旗置于中心、较高或者突出的位置。

(6) 中国国旗与外国国旗并挂时,各国国旗均应按本国规定的比例制作,尽量做到面积大体相等。

(7) 多国国旗并列升挂时,旗杆高度应该统一。在同一旗杆上,不能升挂两国的国旗。

3) 中外国旗并列时的排序

中国国旗与外国国旗并列时的排序,主要分为双边排列与多边排列这两种具体情况。

(1) 双边排列。我国规定,在中国境内举行双边活动需要悬挂中外国旗时,凡中方所主办的活动,外国国旗应置于上首;凡外方所主办的活动,则中方国旗应置于上首。下面,以中方主办活动为例,说明三种常用的排列方式。

① 并列升挂。中外两国国旗不论是在地上升挂,还是在墙上悬挂,皆应以国旗自身面向为准,以右侧为上位,如图7-16所示。

| 客方国旗 | 中国国旗 |

图7-16　并列升挂中外两国国旗

② 交叉悬挂。在正式场合,中外两国国旗既可以交叉摆放于桌面上,又可以悬空交叉升挂。此时,仍应以国旗自身面向为准,以右侧为上位,如图7-17所示。

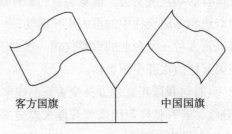

图7-17　交叉摆放中外两国国旗

③ 竖式悬挂。有时,中外两国国旗还可以采用竖式悬挂。这时也应以国旗自身面向为准,以右侧为上位。竖挂中外两国国旗又有两种具体方式,即两者皆以正面朝外,或以

客方国旗反面朝外而以主方国旗正面朝外。应当指出,某些国家的国旗因图案、文字等原因,既不能竖挂,也不能反挂。有的国家则规定,其国旗若竖挂需另外制旗。

(2) 多边排列。当中国国旗在中国境内与其他两个或两个以上国家的国旗并列升挂时,按规定应使我国国旗处于以下荣誉位置。

① 一列并排时,以旗面面向观众为准,中国国旗应处于最右方。

② 单行排列时,中国国旗应处于最前面。

③ 弧形或从中间往两旁排列时,中国国旗应处于中心。

④ 圆形排列时,中国国旗应处于主席台(或主入口)对面的中心位置。

3. 升降旗仪式

1) 升旗的程序

举行正式的升旗仪式时,通常应包括以下基本程序。

(1) 全场肃立。

(2) 宣布仪式正式开始。

(3) 出旗。出旗,是指国旗正式出场。出旗应由专人负责,其负责操作者通常由一名旗手和双数的护旗手组成,出旗时通常为旗手居中,护旗手在其身后分列两侧随行,大家一起齐步走向旗杆。

(4) 正式升挂国旗。升旗者可以是旗手,亦可由事先正式指定的各界代表担任。

(5) 奏国歌或唱国歌。升旗时,若演奏国歌,宜与升旗同步进行,一般讲究旗升乐起,旗停乐止。若演唱国歌,则也可以升旗之后进行。

2) 降旗的要求

作为升旗仪式最重要的后续环节之一,降旗也需重视。此处的降旗,特指降下升旗仪式中所升挂的国旗。做好此环节,升旗仪式才谈得上有始有终。正式的降旗活动,往往称为降旗仪式。

一般而言,降旗的具体形式不限,无须组织专门仪式,但仍需由训练有素的旗手、护旗手负责操作。届时,所有在场者均应肃立。无论有无他人在场,降旗时具体操作者均应态度认真,对国旗毕恭毕敬。降旗完毕,旗手、护旗手应手捧国旗,列队齐步退场,然后将国旗交由专人保管,切不可将其乱折、乱叠、乱揉、乱拿、乱塞、乱放。

3) 升降旗时在场人员表现

出席升旗仪式时,所有在场人员均应有意识地对个人表现严加约束。以下几点,尤应重视。

(1) 肃立致敬。当国旗升降之时,任何在场者均应停止走动、交谈,并且停下手中的一切事情,然后面向国旗立正,向其行注目礼。戴帽者通常应脱下自己的帽子,唯有身着制服者可例外。

(2) 神情庄严。参加升旗仪式时,每一名在场人员均应以自己庄重、严肃的态度与表情,来认真表达对国旗的敬意。此时此刻,绝对不应当态度漠然或者嬉皮笑脸。

🔍 特别提示

在建筑物上，或在室外悬挂国旗，一般应日出升旗，日落降旗。如需悬旗志哀，通常的做法是降半旗，即先将旗升至杆顶，再下降至离杆顶相当于杆长三分之一的地方。也有的国家不降半旗，而是在国旗上方挂黑纱志哀。升降国旗时，服装要整齐，要立正脱帽行注目礼，不能使用破损和污损的国旗。国旗一定要升至杆顶。

(3) 保持安静。在升旗仪式上，在场人员应自觉保持绝对安静。不许在此过程中交头接耳、打打闹闹，更不许接打手机或者令自己的手机鸣叫不止。

🔍 特别提示

各国国旗图案、式样、颜色、比例均由本国宪法规定。不同国家的国旗，如果比例不同，用同样尺寸制作，两面旗帜放在一起，就会显得大小不一。例如，同样六尺宽的旗，三比二的比例就显得比二比一的比例大。因此，并排悬挂不同比例的国旗，应将其中一面略放大或缩小，以使两面旗的大小看上去大致相同。

🔍 相关链接

国旗之通用尺度定为如下5种，各国酌情选用。

1. 长288厘米，高192厘米。
2. 长240厘米，高160厘米。
3. 长192厘米，高128厘米。
4. 长144厘米，高96厘米。
5. 长96厘米，高64厘米。

(资料来源：http://news.sina.com.cn/c/2009-12-03/174816712974s.shtml。)

🔍 实战演练

训练项目1：模拟迎送外宾

训练要求：

(1) 掌握迎送外宾的基本礼仪；

(2) 5人一组，进行分组；

(3) 分小组自编、自导、自演迎送外宾情景剧；

(4) 其他各小组为该小组的表演进行评议并打分。

训练项目2：模拟悬挂国旗

训练要求：

(1) 掌握悬挂国旗的几种方法以及悬挂国旗的注意事项；

(2) 5人一组，进行分组；

(3) 分小组模拟；

(4) 其他各小组为该小组的表演进行评议并打分。

习题与练习

一、判断题

1. 签字时，双方人员的身份应该对等。（   ）
2. 迎送中，乘车时应请客人坐在主人的右侧，翻译人员坐在司机旁边。（   ）
3. 在涉外交往中，首先要坚持相互尊重的原则。（   ）
4. 与外国人初次见面交谈时，可以唠家常。（   ）
5. 在交往中，礼宾次序排列的总原则是"以右为尊"。（   ）
6. 在室内不得戴墨镜，在室外的隆重仪式及其他礼节性场合可以戴墨镜。（   ）
7. "女士优先"原则任何场合都适用。（   ）
8. 我国迎送仪式的惯例是广场悬挂两国国旗，组织首都少年儿童列队欢迎，少年儿童代表献花，奏两国国歌，检阅三军仪仗队，鸣放礼炮。（   ）
9. 根据惯例，迎送规格的确定要因人而异，对不同身份、不同国籍、不同单位的不同人应有相应的迎送规格。（   ）

二、选择题

1. 在国际交往中，下列选项中，（   ）不属于私人问题。

    A. 工作单位　　　　　　B. 工资收入　　C. 健康状况　　　　　　D. 所忙何事

2. 下列选项中，不属于在交往中热情适度主要体现的是（   ）。

    A. 关心适度　　　　　　B. 批评适度　　C. 说话适度　　　　　　D. 举止适度

3. "入乡随俗"是指（   ）。

    A. 按自己的习惯行事　　B. 自由发挥　　C. 主随客便　　　　　　D. 客随主便

学习项目 8
中国主要客源国和地区的礼仪及习俗

知识目标

1. 了解主要客源国和地区的基本概况；
2. 熟悉主要客源国和地区的饮食特点和主要禁忌；
3. 掌握主要客源国和地区的礼俗禁忌。

技能目标

1. 能运用不同客源国的礼仪及习俗；
2. 能在旅游服务工作中更好地为接待对象服务，使旅游接待与交际达到更高层次。

实战目标

1. 学生能将不同国家礼仪及习俗应用于工作实践中；
2. 通过训练发现问题，在反复训练中培养良好的礼仪素养，在旅游服务工作中树立良好形象。

学习任务8.1 亚洲主要国家的礼仪及习俗

8.1.1 日本

1. 简介

日本是亚洲东部的一个群岛国家，是世界上人口密度最大的国家之一。日本人主要信仰佛教、神道教和基督教。首都为东京，国花为樱花，通用语言为日语。

2. 社交礼仪

日本人在日常交往、待人接物等方面彬彬有礼、举止大方，十分讲究礼仪。日本人善用礼貌用语，在语言上分敬体和简体两种。凡对长者、上司、客人都用敬语；对平辈、平级、下级一般用简语。日本人常用的敬语有"拜托您了""请多多关照""打扰您了"等。

在外人面前不论自己是否开心，日本人总是满脸笑容，他们认为这是做人的一种礼貌。日本人拜访他人时一般避开清晨、深夜及用餐等时间。

鞠躬礼是日本的传统礼节。在日本家庭、社交场合，不论是对亲人，还是熟人和同事，每天第一次见面总是行鞠躬礼。日本人在鞠躬的度数、鞠躬的时间长短、鞠躬的次数等方面特别讲究。日本的鞠躬礼分15°、45°和90°三种。一般说"早上好、晚上好"时行15°鞠躬礼；表示感谢或说"欢迎光临"时行45°鞠躬礼；初次见面或对对方表示十分尊敬时行90°鞠躬礼；妻子送丈夫出门上班，也要行90°的鞠躬礼。在日常和国际交往中，则一般是互相握手问好。

日本人与他人初次见面时，通常要互换名片。递交时，用双手托名片，把名字朝向对方。如在接对方的名片后再去找自己的名片，则会被认为是失礼。若错把别人的名片递还给对方，则为严重失礼。

日本人的姓名组合顺序同样是前姓后名，常见的由四字组成，如小坂正雄、吉田正一、福田英夫等。日本妇女婚前姓父姓，婚后姓夫姓。日本人在书写姓名时，姓和名之间有空格。称呼日本人可称"先生""小姐"或"夫人"，也可在男上姓氏之后加一个"君"字，但在正式场合称呼日本人必须使用全称。

3. 饮食特点

现代日本人的日常饮食有三种料理：一是传统的日本料理；二是从中国传过去的"中华料理"；三是从欧洲传过去的"西洋料理"，即西餐。日本人以米、面为主食，早餐喜欢喝粥，由于受外来文化影响，也喝牛奶、吃面包；副食以各种鱼类和其他海产品为主。日本料理以鱼、虾、贝类等海鲜品为烹饪主料，并有冷、热、生、熟各种做法。较著名的料理有怀石料理、本善料理、会席料理等。

日本人喜欢吃鱼时去掉骨刺烹制。吃生鱼时，一定要蘸酱油，配上辣椒，以解腥杀菌。海鲜以及各种野生禽类、蔬菜、豆腐、紫菜都是日本人爱吃的食品，但日本人不喜欢吃羊肉、肥肉与内脏。日本人喜欢吃我国广东菜、北京菜和上海菜等，喜欢喝清酒、低度白酒和啤酒。

日本人有一种文明的进餐习惯，进餐时先说一句"那就不客气了"或"那我就先吃了"，然后才能拿筷子。吃完饭后还需礼貌地说"我吃好了"或"我吃饱了"。日本人习惯分食用餐，即每人一份饭菜，各吃各的。在外面请客吃饭很注意吃多少装多少，盘子里不可以残留剩菜剩饭，在朋友家做客更是如此。

4. 主要禁忌

(1) 数字方面，日本人忌讳"4、14、19、42"等数字，因为"42"与"死"谐音；"9"和"6"也是不受欢迎的数字，与"苦"同音；日本商人忌2月和8月，因为这两个月是营业淡季；"13"也是回避的数字。日本人喜欢给人送小礼品，梳子不能单独送，因为日语"梳子"和"苦死"谐音，表示极其辛苦。日本人有敬重"7"这一数字的习俗。

(2) 颜色方面，日本人讨厌代表悲哀和不祥的绿色和紫色。忌讳荷花图案，因为荷花为祭奠用花；一般人不能使用菊花图案，因为菊花是日本皇室的专用标志。日本人大多喜爱白色和黄色。

> **特别提示**
>
> 日本人用餐通常使用筷子，饭碗在左边，筷子平放在前。日本人教育孩子在吃饭时用右手拿筷子，用左手端饭碗或汤碗，并直接用碗喝汤。一般饭后要说"感谢今天美味的菜肴"，用来表示对该餐的感谢。

8.1.2 韩国

1. 简介

韩国(大韩民国)位于东北亚朝鲜半岛南部，与我国山东半岛隔海相望。韩国人主要信仰佛教、基督教。首都为首尔，国花为无穷花(木槿花)，通用语言为韩语。

2. 社交礼仪

韩国是一个礼仪之邦，在日常生活和社会交往中，对长辈非常敬重，对长者有必须严守的规矩。例如，在与长辈同坐时，要保持姿势端正、挺胸；若想抽烟，需征得在场的长辈的同意；用餐时，不可先于长辈动筷。在社交场合，男女分开活动。在正规社交场合，一般都采取握手作为见面礼节。但韩国妇女一般不与男子行握手礼，而行鞠躬礼或点头致意。韩国男子在有些场合也采用先鞠躬后握手的方式。韩国人见面时有的人习惯说一次话就施礼一次，往往在分手之前要敬礼5~6次，以示亲切。韩国人喜欢相互斟酒，喝交杯酒，妇女要给男性斟酒，而不给其他女性斟酒。如果应邀去韩国人家里做客，按照习惯要带礼物，用双手奉上，而受赠者不会当面把礼物打开。

3. 饮食特点

韩国人以米饭为主，早餐习惯吃米饭，不吃稀饭。菜肴以炖、煮、烤为主。韩国人口味偏清淡，不喜油腻，特别喜欢吃辣味菜肴，但不爱吃带甜酸味的热炒菜肴。喜欢吃各种鱼类、牛肉、鸡肉，尤其狗肉，而不太喜欢羊肉。韩国人最喜欢吃汤饭，如排骨汤饭、牛肉汤饭等。汤也是韩国人每餐必不可少的，尤其爱喝炖汤和酱汤，有时汤中要放猪肉、牛肉等。韩国男人以好喝酒而著称，通常酒量都不错。

4. 主要禁忌

(1) 韩国人忌讳数字"4"，因为韩语中"4"与"死"同音，被认为是不吉利的，许多楼房编号严禁出现"4"，医院、军队绝对不用"4"字编号。

(2) 在颜色方面，韩国人大多珍爱白色。他们不准有人对国花、国树、国鸟、国兽等妄加非议，当着韩国人的面对其不恭不敬是失礼的行为。

相关链接

韩国商务礼仪

前往韩国进行商务访问最适宜的时间是每年2月到6月、9月、11月，应尽量避开节日较多的10月、7月到8月中旬、12月中下旬。

韩国商务人士与不了解的人来往，要有一位双方都尊敬的第三者介绍和委托，否则不容易得到对方的信赖。为介绍方便，要准备好名片，中英文和韩文均可，但要避免在名片上使用日文。到公司拜会，必须事先约好。会谈时间最好安排在上午10点到11点，下午2点到3点也可。

8.1.3 缅甸

1. 简介

缅甸(缅甸联邦共和国)位于亚洲东南部，中南半岛西部。缅甸人主要信奉佛教。首都为内比都，国花为东亚兰花，国树为柚木，通用语言为缅甸语。

2. 社交礼仪

缅甸人在人际交往中待人十分谦恭、友好，他们所采用的见面礼节主要有合十礼、鞠躬礼。在行合十礼时不仅要问候对方，而且戴帽子的人必须先将其摘下来，夹在腋下。缅甸人在见到长辈或学者时，都要向对方行鞠躬礼。跪拜礼一般只是在参拜父母、师长或僧侣时使用，讲究"五体投地"，行礼者使自己双手、双脚、双肘、双膝、额头同时接触地面，并且在此前后双手合十举至头顶。在社交场合，男女见面通常不握手，不接触对方身体；在公共场合，男女举止不能过分亲密，如果携手而行、相拥相抱、热烈亲吻都会令人侧目而视。

在日常生活中，晚辈在向长辈递送东西时，必须使用双手；在长辈面前通过时，晚辈应当躬身低首，轻轻走过，不允许昂首阔步或奔跑；长辈来到室内时，晚辈必须迅速起身迎候；向长辈告辞时，晚辈先要躬身施礼，后退两步，方可离去。

3. 饮食特点

缅甸人以大米为主食，喜食鸡、鱼和蔬菜，不爱吃猪肉、狗肉和动物内脏，佛家人可食肉但不得杀生。缅甸人的口味偏好酸、辣、甜，中西餐皆可食，尤爱中国的川菜。他们习惯一日两餐，即上午9点与下午5点，中间吃些点心。缅甸人进餐时不用筷子，主要以手抓食，有时也用勺子和盘子，但不用碗，只有待客时才预备刀叉。缅甸人在用餐时，通常男左女右围绕矮桌而坐，每人面前都会放上一碗清水，用于餐前涮洗手指。在抓食饭菜时，仅可使用右手，忌用左手。

4. 主要禁忌

(1) 在数字方面，缅甸人忌讳"9、13"和尾数是零的"补"数(10、20、30、40、50、60、70、80、90)等数字，尤其缅甸商人最忌讳补数，因为补数是带有零的数字，零即为输，故视补数不吉利。忌讳"9"人同行，认为9人同行必有灾祸，若是9人同行则需带一块石头，以破9的数位。

(2) 缅甸人有"右为贵，左为贱""右为大，左为小"的观念，因此，缅甸人有"男右女左"的习俗。

(3) 在缅甸，女人不能枕着男人的胳膊睡觉，否则男人就会失去"神力"，整日萎靡不振。

> **特别提示**
>
> 缅甸人一般都爱喝汽水、咖啡和热茶。他们所喝的热茶，其实是一种"怪味茶"，它是以茶叶拌入黄豆粉、虾、洋葱末、热辣椒籽冲兑而成的。

8.1.4 新加坡

1. 简介

新加坡位于东南亚，是马来半岛最南端的一个热带岛国。新加坡人主要信仰佛教、道教、伊斯兰教、基督教和印度教。首都为新加坡城，国花为卓锦万代兰(兰花)，通用语言为马来语。

2. 社交礼仪

新加坡人十分讲究礼貌礼节。在社交场合，新加坡人与他人所行的见面礼节多为握手礼，但华人仍保留中国的传统礼节，新加坡华人在相互打招呼致意时，还是两手抱拳、躬身作揖，有时也相互握手以示友好。新加坡是以华人为主的多民族国家，崇尚尊老敬贤，父母或长辈讲话时晚辈不能插话。

3. 饮食特点

由于新加坡人多为华人，祖籍多为广东、福建、海南、上海等地，他们基本保留了中国传统的饮食习惯。主食主要为米饭、面包，也爱吃花卷、银丝卷，但不吃馒头。新加坡人口味清淡，偏爱甜味，讲究营养，中餐是他们的最佳选择。副食主要为鱼、虾等海鲜。此外，当地新加坡人喜欢吃烤肉串，喜食桃子、荔枝、梨等水果。下午爱吃点心，早点喜用西餐，偏爱中国广东菜。

4. 主要禁忌

(1) 在颜色方面，绝大多数新加坡人都喜欢红色和白色，他们认为红色是庄严、热烈、喜庆和幸福的象征，白色是纯洁与美德的象征。新加坡人视紫色、黑色为不吉利。

(2) 在数字方面，新加坡人认为，"3"表示"升"，"6"表示"顺"，"8"表示"发"，"9"表示"久"，都是吉祥的数字，而对"4"和"7"这两个数字没有好感。

特别提示

新加坡人非常讨厌男子留长发，对留胡子者也不喜欢。在一些公共场所，常常竖有一个标语牌：长发男子不受欢迎。新加坡对嬉皮型留长发的男性管制相当严格，留着长发、穿着牛仔装、脚穿拖鞋的男士，可能会被禁止入境，尤其是年轻人，出国时必须穿得清清爽爽，不可把头发留得长可及肩。

8.1.5 泰国

1. 简介

泰国位于中南半岛东部。泰国是佛教之邦，多数泰国人信奉上座部佛教(小乘佛教)。首都为曼谷，国花为金莲花，通用语言为泰语。

2. 社交礼仪

泰国人热情好客，举止文雅，讲究礼仪，总是以微笑迎客。泰国人见面时行合十礼。如晚辈向长辈行礼时，双手合十要举过前额。双手合十于鼻尖处，适用于平辈、同事、朋友间。双手举过头顶，适用于平民拜见泰王时。握手礼只在政府官员、学者和知识分子中盛行，男女之间不行握手礼。若有尊者或长者在座，晚辈只能坐在地上，或者蹲跪，以免高于长辈头部，否则是极大失礼。

3. 饮食特点

泰国人以大米为主食，主要副食是各类蔬菜和鱼、虾等。早餐以西餐为主，午餐和晚餐爱吃中国的广东菜和四川菜。泰国人喜食辛辣之物，不喜欢酱油、牛肉和红烧的菜肴，也不吃海参。泰国"竹筒饭"远近闻名，是把糯米和椰酱放在竹筒里，在火上烧烤。泰国人在餐前有先喝一大杯冰水的习惯，用餐时习惯用叉子和勺子。泰国人饭后喜欢吃鸭梨、苹果等水果，一般不太爱吃香蕉。泰国人特别喜欢喝啤酒，也爱喝白兰地和苏打水。

4. 主要禁忌

(1) 在颜色方面，泰国人喜欢红色、黄色和蓝色，最忌讳褐色，并忌用红笔签名或刻字，因为人死后的姓名是用红笔写在棺木上的。

(2) 泰国人最忌讳触摸别人头部，认为头颅是智慧所在，神圣不可侵犯。孕妇不能参加火葬仪式，不能探望病人。在泰国，男女仍要遵守授受不亲的戒律，在泰国人面前男女不能过分亲热。与泰国人接触，忌动手拍拍打打或用左手接触对方，忌讳用左手传递东西。讲话时不允许用手指指点点。

(3) 在泰国，官方举行活动时，参加者通常为双数；私人举行活动，参加者一般为单数；在民间活动中，多讲究请9人。

> **特别提示**
>
> 泰国人非常重视人的头部，而轻视两脚，认为头是灵魂所在，是神圣不可侵犯的，切记勿触摸别人的头——即使是摸小孩的头也不行(中国人常常因为喜爱孩子才去摸他们的头)，泰国人认为头部被他人触摸是奇耻大辱。

8.1.6 菲律宾

1. 简介

菲律宾(菲律宾共和国)位于亚洲东南部，西濒中国南海，东临太平洋，是一个群岛国家。菲律宾大多数人信奉天主教，少数人信奉伊斯兰教。首都为马尼拉，国花为"桑巴吉塔"(茉莉花)，通用语言为菲律宾语。

2. 社交礼仪

在社交场合，菲律宾人日常见面采用最多的见面礼节是握手，男人之间有时也拍肩膀，以示亲切和打招呼。晚辈见到长辈时，会上前亲吻对方的手背，或拿起长者右手碰自己的前额，以示敬重之意。年轻姑娘见到长辈时，往往会上前亲吻对方的两颊。在菲律宾的上流社会中，"女士优先"十分流行。不论是问候、行礼还是迎来送往，人们都注意对女士照顾有加。菲律宾人热情好客，常把茉莉花串成花环，套在宾客脖子上，以示尊敬。拜访菲律宾人家时，进门要脱鞋，不能窥视主人卧室和厨房。

3. 饮食特点

在饮食习惯上，仅少数上层人士平时爱吃西式菜肴，绝大多数的菲律宾人还是喜欢具有本国风味的饭菜。

菲律宾人一般以大米、玉米为主食，喜欢吃椰子汁煮木薯、椰子汁煮饭、肉类、蛋禽、海鲜、蔬菜等都深受菲律宾人的喜爱。菲律宾人的口味特点趋向于清淡，炒番木瓜、洋葱、蔬菜片加胡椒等是菲律宾的名菜，常用香醋、糖、辣椒等调味。在进餐时，菲律宾人一般左手执叉，右手握勺。

4. 主要禁忌

(1) 在菲律宾不能轻蔑他们的国花、国树、国果和国石。
(2) 在数字方面，菲律宾人忌讳"13"，认为"13"是厄运和灾难的象征。
(3) 在颜色方面，菲律宾人珍爱白色，他们忌红色与茶色。
(4) 在菲律宾忌谈政治、宗教、腐败等敏感话题。

特别提示

菲律宾人一般较随和。无论何时何地，他们都显得愉快乐观，好像从不知忧愁为何物。跟这些人打交道，不能"面无表情"或是"三缄其口"。你若是面无表情或一言不发，他们会认为你不怀好意或是不愿意跟他们打交道。

8.1.7 马来西亚

1. 简介

马来西亚位于东南亚。截至2019年，人口约3260万人，马来人及原住民占61.98%，华人占22.8%。伊斯兰教为国教，首都为吉隆坡，国花为朱槿花，通用语言为马来语。

2. 社交礼仪

马来西亚人主要行鞠躬礼。男子行礼时，右手抚于胸前，身体前弯呈鞠躬状，以示敬意。马来西亚的华人与印度人同外人见面时，则大多以握手作为见面礼节。马来西亚人传统服装宽大舒适，遮手盖脚。若赴马来西亚从事商务活动，夏天适宜穿白衬衫、打领带、着长西裤，冬天适宜着西装。马来西亚人对平辈称呼时，在男性名字前要加"兄"，在女性名字前要加"姐"，而自己一律称"儿"。

3. 饮食特点

大多数马来西亚人喜食羊肉、牛肉，极爱吃咖喱牛肉饭、烤鸡肉串和羊肉串，爱吃的其他副食有鱼、虾等海鲜及新鲜蔬菜。除此之外，还喜欢吃槟榔和嚼烟叶。马来西亚人饮食口味清淡，怕油腻，喜欢中国的广东菜、四川菜。用餐时，马来西亚人多习惯于将食物置于毯子或席子上，然后围绕其而坐。在正规的宴请中，以刀、叉、匙进餐，平时习惯以右手抓食，千万不可使用左手，免得被人讥笑。

4. 主要禁忌

(1) 在马来西亚首都吉隆坡，严禁男女在公开场合拥抱亲吻，忌触摸对方的头部与肩部，忌在他人面前跷腿、露出鞋底或用脚去挪动物品。

(2) 在颜色方面，马来西亚人忌用黄色，不穿黄色衣服，忌用白色包装纸。

(3) 在数字方面，马来西亚人忌讳数字"0""4""13"。

特别提示

马来西亚政府规定的全国性节日只有10个，除少数有固定日期外，其余的具体日期由政府在前一年统一公布。主要节日有元旦、开斋节(穆斯林)、春节(华人)、哈芝节(穆斯林)、屠妖节(印度人)、"五一"节、圣诞节、卫塞节、现任最高元首诞辰以及国庆节。8月31日为马来西亚国庆日，又称独立日。

学习任务8.2 美洲主要国家的礼仪及习俗

8.2.1 美国

1. 简介

美国(美利坚合众国)位于北美洲中部。截至2019年12月，人口约3.3亿人。美国居民主要信奉基督教、天主教。首都为华盛顿，国花为玫瑰花，通用语言为英语。美国是世界经济第一大国，又是世界第一贸易大国。

2. 社交礼仪

美国人讲究文明礼貌，举止大方。在日常生活中，美国人不拘于正统礼节，没有过多的客套，与人相见一般只是点头、微笑或向对方说声"Hi"或"Hello"。初次见面时，常直呼对方的名字，不一定以握手为礼，分手时他们也习惯地挥挥手，说声"Goodbye"。如果别人向他们行礼，他们也会用相应的礼节回应。在美国，行接吻礼只限于特别亲近的人，而且只吻额头。男性之间忌讳相互攀肩搭臂，谈话时不喜欢双方离得太近，一般应保持120～150厘米的距离，不得小于50厘米。美国人接待宾客时，一般场合也不太讲究礼节程序，不会要求贵宾坐特定的座位。但吃饭时，可能会让宾客坐在男主人或女主人的右面。在美国人家中做客，最好带上一些礼物，但不要太贵重。如果礼物太贵重，对方就会很难为情，场面十分尴尬。美国人与人交往，时间观念强，很少迟到。美国人一般不送名片给别人，只是在想保持联系时才送。

美国人习惯于晚睡晚起，个人卧室、办公室一般不允许别人随便进入，倘若要进入，一定要问一声"我可以进去吗"。在美国崇尚"女士优先"。美国人喜欢写信，他们在接到礼物、应邀参加宴会、得到朋友帮助时，都喜欢写信致谢，很有礼貌。美国人穿衣一般比较随意，年轻人常穿牛仔裤，但是仍遵守不同场合穿不同衣服的规范和要求。

3. 饮食特点

美国人在饮食上不注重形式，只注重饮食结构。美国人的主食是鱼、肉、菜类，副食是粮食。在一般情况下，美国人以食用肉类为主，牛肉是他们的最爱，鸡肉、鱼肉也很受美国人欢迎。美国人不喜欢厨师在烹调中多用调料，而习惯在餐桌上备有调料自行调味，其口味喜欢咸中带甜。美国人多数吃西餐，也爱吃中国的川菜和粤菜。汉堡包是美国人的日常食品，汉堡中牛肉脂肪含量不超过30%。他们平时自己做菜时喜欢用水果作配料，做冷菜以色拉油调和，不用色泽较深的酱油。美国人一般不爱喝茶，爱喝冰水和矿泉水、啤酒、咖啡等，喜欢把威士忌、白兰地等酒类当作饮料，喜欢在饮料中放冰块。

4. 主要禁忌

(1) 美国人忌送厚礼，忌给女士送香水、化妆品或衣物。

(2) 美国人最喜欢的颜色是白色。他们忌讳黑色，因为黑色在美国主要用于丧葬活动。

(3) 美国人最忌讳的数字是"13"和"3"，不喜欢的日期是"星期五"。

(4) 美国人忌讳在别人面前脱鞋赤脚，忌讳与穿着睡衣的人见面。他们认为这是严重失礼的行为。

(5) 与美国黑人打交道忌讳提"黑"这个字，也不能打听对方的祖居之地。与美国人聊天时，不能谈及政党之争、投票意向与生育计划，否则会导致"话不投机"的结果。在美国的信教人面前，不可流露出对上帝的不恭，不可使用"混蛋""该死"等语言，不可轻慢地谈论上帝，否则会被认为是亵渎上帝。

特别提示

美国人穿衣较随和、休闲，但在上班、赴宴会的场合仍是很正规的，且规矩极多。如参加婚礼、丧事，应着黑色或素色的衣服；女士在办公室应着裙装，避免穿牛仔裤。

8.2.2 加拿大

1. 简介

加拿大位于北美洲北部。截至2018年末，人口约3707万人。居民主要信奉基督教和天主教。首都为渥太华，国花为枫叶，通用语言为英语和法语。

2. 社交礼仪

加拿大人性格开朗热情，对人朴实而友善，自由观念较强，行动上比较随性。在人际应酬中，既讲礼貌又喜欢无拘无束，十分容易接近。在加拿大，即便是互不相识时，他们也会主动向对方打招呼、问好，相见和分别时通常采用握手礼节。加拿大人热情好客，如被邀到别人家中做客，习惯上要晚到一会儿，不可提前，同时最好带一瓶酒或一盒糖。如果去亲朋家度周末或小住，事后要给主人家写封信表示感谢。加拿大人特别注意在公共场所的文明礼让，如坐汽车自觉给老年人和小孩子、妇女让座位。去剧院看戏或听音乐，必须在开演前入场，迟到被认为是不礼貌的行为。与加拿大人交往不必过于自谦，不然会被误认为虚伪和无能。在交往中，加拿大人的衣着、待人接物都比较正统。公务时间内，加拿大人很注意个人仪表与卫生，因此他们希望所遇到的客人也是如此。

3. 饮食特点

在饮食口味上，加拿大人喜食酸甜、清淡、不辣的食品。烹调中不用调料，上桌后由用餐者自由选择调味品。加拿大人早餐吃土司、麦片粥、煎或煮鸡蛋、果汁、牛奶；午餐比较简单，一般在公司、学校里吃快餐；晚餐是加拿大人最重要的一餐，并有邀请亲朋好友到家里共进晚餐的习惯。加拿大人特别爱吃烤牛排、羊排、鸡排、土豆等。在饮料种类方面，与美国人的选择相仿，只是不像美国人那样强调"一定要冰镇"，他们爱喝咖啡、红茶、牛奶、果汁、矿泉水等。加拿大人用餐一般使用刀叉，他们对在餐桌上吸烟、吐痰、剔牙的行为非常看不惯。此外，他们在吃饭时，习惯饮用矿泉水、果汁等饮料。

4. 主要禁忌

(1) 在数字方面，加拿大人忌讳数字"13"，认为这是厄运之数。

(2) 加拿大人忌讳以白色的百合花送人。在加拿大，白色的百合花主要用于悼念死者。加拿大人一般也不喜欢黑色和紫色。

(3) 在日常生活中，一些加拿大人忌讳从梯子下面行走，忌讳把玻璃打碎和把盐撒在地上。

> **特别提示**
>
> 加拿大人常用耸肩、两手手指交叉置于桌上等姿态来缓和紧张气氛或掩饰窘态。如有人遇到不幸或心情不好的时候，他们一般会采用这种姿势，说明他们对人的处境表示理解和同情。

8.2.3 巴西

1. 简介

巴西(巴西联邦共和国)位于南美洲东南部，东濒大西洋。截至2019年，人口约2.1亿人。居民信奉天主教。首都为巴西利亚，国花为毛蟹爪莲，通用语言为葡萄牙语。

2. 社交礼仪

巴西人热情好客，善良朴实，时间观念强。在社交场合通常都以拥抱礼或亲吻礼表示问好致敬。行礼时，先要握紧拳头，然后向着上空伸出拇指。只有在十分正式的活动中，才采用握手礼节。"贴面礼"是巴西妇女之间采用的见面礼，行"贴面礼"时，双方要互贴面颊，同时口中发出表示亲热的亲吻声。但是，不能真正用嘴唇去触碰对方的面颊。巴西人的姓名一般都是葡萄牙式，通常由三部分组成，前面是本人的名字，中间是母亲姓氏，最后是父亲姓氏。巴西的印第安人的生活重要内容之一就是洗澡，他们对宾客最尊敬的礼节是请宾客同主人一起洗澡，洗澡次数越多，表示越客气。

3. 饮食特点

巴西人以欧式西餐为主，也吃中餐。巴西人最爱吃牛肉，尤其爱吃烤牛肉，特别喜欢吃切开带血丝的牛肉。巴西人的口味一般以清淡、麻辣为适口。巴西人以黑豆为主食，也爱吃蛋糕、煎饼之类的甜点心。他们通常吃的蔬菜有西红柿、白菜、黄瓜、辣椒和土豆。巴西人喜欢咖啡、红茶、葡萄酒、香槟酒、桂花陈酒等，但一般酒量不大。巴西人通常早上喝红茶，午、晚餐要喝咖啡，平时爱喝葡萄酒。巴西人无论在什么场合都离不开咖啡，特别是在款待客人时，通常以饮咖啡来表达主人的深情厚谊。

4. 主要禁忌

(1) 在数字方面，巴西人忌讳"13"这个数字。

(2) 在颜色方面，巴西人忌讳紫色，认为紫色是悲伤的色调；忌讳棕色，他们视棕色为凶丧之色，会招致不幸。

(3) 巴西人送礼不送手帕，认为会引起吵嘴；也不能送刀子，因为刀子是伤人器械。

> **特别提示**
>
> 在巴西人家里做客后的第二天，应托人给女主人送一束鲜花或一张致谢便条。鲜花千万不能送紫色的，紫色在巴西是死亡的象征。

学习任务8.3 欧洲主要国家的礼仪及习俗

> **知识储备**

欧洲人比较注重礼节，各国人民的生活特点和风俗习惯各异，这些都与历史传统、社会制度和宗教信仰有关。在公开场合，欧洲人讲究风度，绝不随随便便。见面的称呼，一般是称姓，再加上"先生""女士"。南欧、东欧之外的国家，见面时行握手礼。欧洲人对着装也比较讲究，从不马虎。北欧人十分注意约会准时到达。到西欧人家做客，可送女主人鲜花(忌讳"13"束)、巧克力或酒，注意送礼时间最好不要拖到饭后，以免给人的感觉是为了报答主人请的这顿饭。

8.3.1 英国

1. 简介

英国位于欧洲西部、大西洋的大不列颠群岛上。截至2018年，人口约6649万人，多数为英格兰人，其余为苏格兰人、威尔士人、北爱尔兰人等。居民多信奉基督教，只有少部分人信奉天主教。首都为伦敦，通用语言为英语。

2. 社交礼仪

长期以来，英国人比较矜持庄重，不少人追求绅士和淑女风度，重视礼节和自我修养，衣着比较讲究。英国人对待任何新鲜事物，往往都会持观望的态度，他们事事循规蹈矩，不但保守而且守旧。在人际交往中，英国人是比较难打交道的，他们不善于夸夸其谈，感情不太外露，也不喜欢在公共场合引人注目。在交往中，英国人通常显得非常自信，并喜欢孤芳自赏，不愿与别人过于亲热。在英国，"女士优先"是社交场合必须遵循的原则。英国人与人初次相识，一般都行握手礼，而平时则很少握手，有时只是举一下帽子略示致意。在大庭广众之下，他们一般不行拥抱礼或亲吻礼。访问客人要先敲门，直到主人应声说"请进"时才能进去。进屋后，要脱帽向主人致意、问好，主人允许坐，才可以坐下并表示谢意。他们安排时间讲究准确，而且照章办事。不打听别人隐私，不干涉别人私生活。在英国，人们相见时应酬话很少，交情一般的人之间从不询问对方生活中的私事，尤其是不随便询问妇女的年龄。

英国人时间观念很强，到英国人家里赴宴，不能早到。若请英国人吃饭，必须提前通知，不可临时匆匆邀请。与英国人谈话，不要涉及政治、宗教和有关皇室的话题。

3. 饮食特点

英国人一日四餐，即早餐、午餐、午后茶点和晚餐。早餐丰盛，一般吃麦片、三明治、奶油点心、煮鸡蛋，饮果汁或牛奶；午餐较简单；午后茶点通常喝午茶，吃面包、点心；晚餐最讲究，吃煮鸡肉、煮牛肉等食物，也吃猪肉、羊肉。英国人日常餐除了面包、甜点心、火腿、牛肉，较常吃的有土豆、炸鱼和煮菜，口味一般以清淡、甜酸、鲜嫩、微辣、焦香居多，对菜的量不要求多，但重视质量，讲究花样，注重菜肴的色、香、味、形。

英国人进餐时习惯先喝酒，喜喝香槟酒和葡萄酒。他们夏天爱吃各种果冻和冰淇淋，冬天则爱吃各种热布丁。英国人吃东西比较节制，狼吞虎咽或打饱嗝等都被视为是失礼行为。

4. 主要禁忌

(1) 英国人忌讳"13"和"星期五"。

(2) 英国人坐着交谈时忌讳两膝张得太宽,更忌跷腿;忌讳当众打喷嚏;忌讳从梯子下面走过;忌讳问别人私事。

(3) 在颜色方面,英国人偏爱蓝色、红色与白色,对墨绿色很反感。

(4) 英国人忌讳大象、孔雀图案,他们认为大象是笨拙的象征;孔雀是祸鸟,连孔雀开屏,英国人也认为是自我炫耀的表现。另外,英国人忌讳用人头像做商品装饰。

8.3.2 法国

1. 简介

法国(法兰西共和国)位于欧洲大陆北部。截至2019年,人口约6706万人。居民主要信奉天主教。首都为巴黎,国花为鸢尾花,通用语言为法语。

2. 社交礼仪

法国人性格开朗乐观,十分重视服饰,认为是个人身份的象征。法国人爱好社交,善于社交,渴望自由,但纪律性差。与他们约会需约定时间,但迟到较为常见。在人际交往中,法国人常用的见面礼节主要有握手礼、拥抱礼、接吻礼和吻面礼。其中,吻面礼使用最多,也最广泛。行礼时,彼此在对方的双颊上吻三次,并要连续发出声音。法国人行接吻礼时,朋友、亲戚、同事之间只能贴脸或颊,长辈对晚辈亲额头,只有夫妇和情侣间才真正接吻。在公共场所,他们不随便指手画脚、剔牙、掏耳朵;男人不能提裤子,女子不能隔着裙子提袜子;女子坐时双膝要靠拢,不能跷起二郎腿。法国人喜欢有文化价值和美学价值的礼品,送鲜花给法国人是很好的选择。

3. 饮食特点

法国是世界三大烹饪王国之一,他们重视烹调技艺,被誉为"烹调之国"。法国人早餐一般吃面包、黄油,喝牛奶、浓咖啡;午餐喜欢吃炖牛肉、炖鸡肉、炖火腿、焖龙虾、炖鱼等;晚餐很讲究也很丰盛,多吃肥嫩的猪、牛、羊、鸡肉和鱼、虾等海鲜。法国人各种蔬菜都喜欢吃,但要新鲜;他们不喜辣味,爱吃冷盘。法国人尤其爱吃奶酪,而且每天都离不开奶酪。法国的干奶酪世界闻名,有"奶酪之国"的美誉。法国人用餐时,两手允许放在桌上,但不许将两肘放在桌上;在放下刀叉时,习惯将刀叉上半部放在盘子里,刀叉柄尾放在餐桌上。

4. 主要禁忌

(1) 法国人忌讳数字"13"和"星期五"。

(2) 法国人忌黄色的花,认为黄色花象征不忠诚;忌送人白菊花、杜鹃花,因为这两种花都用于葬礼；忌黑桃图案，忌吃核桃或将核桃当作礼物送人；忌仙鹤图案，认为仙鹤是蠢汉和淫妇的代称；忌墨绿色，因为纳粹军服是墨绿色。

(3) 法国人忌食狗肉，因为狗是他们的"好友"和"英雄"。

(4) 法国人忌送香水和化妆品给女人，因为它有过分亲热或图谋不轨之嫌。

8.3.3 德国

1. 简介

德国(德意志联邦共和国)位于中欧西部，是欧洲邻国最多的国家。截至2018年，人口约8293万人，主要是德意志人。居民主要信奉基督教、天主教。首都为柏林，国花为矢车菊，通用语言为德语。

2. 社交礼仪

德国人讲究信誉，时间观念很强，相约见面，总是准时到达。他们认为，太早或太迟都是失礼行为。在经济往来中，他们严格遵守合同，依约而行。在交谈中，喜欢少说闲话，直奔主题。德国人非常尊重传统，他们极为珍惜本国的传统文化。德国人待人接物严肃拘谨，即使是亲朋好友见面时也行握手礼或拥抱礼。有些上了年纪的德国人，在离开告别时、见面问候时，往往都习惯脱帽点头致意。在公共场所，人们礼貌谦让，不大声笑、大声喧哗、动手动脚等，否则会被认为没有教养。德国人宴会席位安排原则是"以右为上"，一般男子要坐在女士和职位高的男人的左侧；当女士离开座位或回来时，男人一定要站起来，以示礼貌。应邀到德国人家中做客，千万别带葡萄酒，因为此举在德国表示你认为主人的选酒品位不够好。

3. 饮食特点

德国是一个具有悠久历史及丰富饮食文化的国家，对食品的制作及就餐程序十分讲究。德国人的主食为黑麦、小麦及土豆，最喜欢的食品是面包。德国人的早餐比较简单，一般吃面包，喝咖啡、牛奶或茶；午餐主食是面包、蛋糕，也吃面条和米饭；晚餐一般吃冷餐，用餐时喜欢关掉电灯，点几支蜡烛，在淡淡的光线下边吃边谈心。在饮料方面，德国人以啤酒为主，也爱喝葡萄酒。德国人在外就餐，在不讲明的情况下要各自付钱。

4. 主要禁忌

(1) 德国人忌讳"13"这个数字，尤其忌讳"黑色星期五"。

(2) 德国人对颜色禁忌较多，如茶色、黑色、红色、深蓝色他们都忌讳。

(3) 德国人忌吃核桃，忌送玫瑰花。

8.3.4 意大利

1. 简介

意大利(意大利共和国)大部分国土位于欧洲南部亚平宁半岛上。截至2018年，人口约6080万人，居民主要是意大利人，少数民族有法兰西人、拉丁人、罗马人等。大部分居民信奉天主教。首都为罗马，国花为雏菊，通用语言为意大利语。

2. 社交礼仪

意大利人热情、爽快，同事见面常行握手礼，熟人、友人之间见面还行拥抱礼，男女之间见面通常行贴面礼。谈话时习惯保持礼节性距离40厘米左右。对长者、有地位和不太熟悉的人，需称呼其姓，并冠以"先生""太太""小姐"之类的称呼和荣誉职称。

3. 饮食特点

意大利的面食种类繁多，不但可以当主食，而且可以当菜肴。意大利人喜欢吃炒米，但是每次用餐时，面食和炒米只能选择其中之一。意大利人在口感上注重浓、香、烂，口味偏爱酸、甜、辣，他们一般喜肥浓、鲜嫩，特别爱吃辣椒，尤其是干辣椒。意大利人喜食海鲜，喜欢吃生的牡蛎及蜗牛。酒是意大利人离不开的饮料，在所有的酒类中，他们最爱喝葡萄酒。此外，他们还爱喝咖啡。

4. 主要禁忌

(1) 意大利人忌讳"13"和"星期五"。除此之外，他们对"3"这个数字也没有好感。

(2) 在颜色方面，意大利人喜欢绿色、灰色，对于蓝色和黄色也给予好评，对紫色较为忌讳。

(3) 意大利人普遍忌讳菊花，他们视菊花为墓地之花。

(4) 意大利人忌讳将手帕作为礼物送人，他们认为手帕属令人悲伤之物。

学习任务8.4 大洋洲主要国家的礼仪及习俗

相关链接

大洋洲种族和民族构成十分复杂，其生活方式和风土人情也极为多样。尽管从总体上讲，澳大利亚已成为世界经济比较发达的现代化国家，但在澳大利亚内陆地区和大洋洲一些孤立岛屿上，土著居民的生活方式至今仍处于较为原始的状态，他们以用简陋的工具打鱼、狩猎为生。大洋洲少数民族的风土人情具有鲜明的特点。斐济的土著居民通常留着长达1.5米的长发，而酋长则头戴"萨拉"(一块特殊的头巾)，象征权力在握。文身也与权力相联系，文身者可以下河摸珍珠，半文身者只可以站立一旁观看，而未文身者连看的资格都没有。澳大利亚土著人也有文身的习惯，平时在胸部涂白黄色，参战时涂红色，死后则涂白色。妇女不装饰和梳理头发，男子却相反，他们用红土涂在头发上，并在头发上点缀鼠牙、狗尾、羽毛或贝壳。新西兰的土著毛利人以挥舞手中长剑和长矛向客人表示敬意，妇女跳"哈卡舞"向客人表示欢迎，而部落中的长者向客人行"碰鼻礼"。大洋洲的土著居民还经常举行盛大的具有民族风格的狂欢节。

(资料来源：http://wenku.baidu.com.)

8.4.1 澳大利亚

1. 简介

澳大利亚(澳大利亚联邦)位于太平洋南部和印度洋之间。截至2019年，人口约2544万人，74%的居民是英国及爱尔兰后裔，华裔占5.6%，土著居民占2.8%，是典型的移民国家。居民主要信奉基督教，少数信奉天主教、犹太教、伊斯兰教和佛教。首都为堪培拉，国花为金合欢，通用语言为英语。

2. 社交礼仪

澳大利亚人谦恭随和，乐于同他人交往，并表现得朴实、开朗、热情。见面时习惯于握手问好，彼此称呼名字，表示亲热。关系亲密的男子相见时，可亲热地拍拍对方的后背；女性密友相逢时，通常行亲吻礼。除此之外，见面时的礼节还有拥抱礼、合十礼、鞠躬礼、拱手礼。土著居民见面的礼节是行勾手礼。澳大利亚人特别重视事后还礼，如到别人家去做客，事后一定会打个电话或写封信表示感谢。澳大利亚人注意遵守时间并珍惜时间，崇尚自信、自强。女性略保守，接触时应谨慎。

3. 饮食特点

澳大利亚的英国移民后裔的饮食习惯与英国相差不多，口味喜清淡，不喜油腻，忌食辣味。他们大部分人爱吃牛、羊肉，并喜爱吃新鲜蔬菜和水果、煎蛋、炒蛋、火腿、鱼、虾等。澳大利亚人对中餐也很感兴趣，不论吃西餐还是中餐，他们都习惯用很多调味品。澳大利亚人爱喝的饮料有牛奶、咖啡、啤酒和矿泉水等。

4. 主要禁忌

(1) 澳大利亚人，忌讳数字"13"和"星期五"。
(2) 澳大利亚人忌讳兔子，认为兔子是不吉祥的动物。

(3) 澳大利亚人忌送菊花、杜鹃花、石竹花和黄颜色的花。

(4) 澳大利亚人忌讳有人向他们(尤其对妇女)眨眼。

(5) 澳大利亚人对自谦的客套话很反感。

8.4.2 新西兰

1. 简介

新西兰位于太平洋西南部,介于南极洲和赤道之间。截至2019年12月,人口约495万人,70%为欧洲移民后裔,毛利人占17%,亚裔占15%。居民主要信奉基督教和天主教。首都为惠灵顿,国花为银蕨,通用语言为英语。

2. 社交礼仪

新西兰人的见面礼节主要有三种:一是最多采用的握手礼;二是对尊者、长者所行的鞠躬礼;三是路遇他们(包括陌生者)向对方所行的注目礼。新西兰的毛利人是土著居民,淳朴、好客、待人真诚,善歌舞。当远方客人来访时,致以"碰鼻礼",碰鼻次数越多、时间越长,说明礼遇就越高。

3. 饮食特点

新西兰人习惯吃英国西餐,惯以刀叉取食。他们的口味比较清淡,爱吃牛、羊、猪、鸡、鸭等肉类及蛋品、野味、鱼、虾等;蔬菜方面爱吃西红柿、芋头、南瓜、土豆、青菜、辣椒、菜花等;调料方面爱用咖喱、番茄酱、味精、胡椒粉等;烹调方法方面比较喜欢炒、煎、烤、炸等。新西兰人喜爱喝酒,如威士忌、啤酒或葡萄酒。新西兰人嗜好喝茶,一般每天喝7次茶,很多公司都有喝茶的专用时间,茶店和茶馆几乎遍布新西兰各地。

4. 主要禁忌

(1) 新西兰人讨厌"13"和"星期五"。

(2) 新西兰人很讲绅士风度,他们将当众闲聊、剔牙、吃东西、喝饮料、嚼口香糖、抓头皮、紧腰带等均看作不文明的行为。

(3) 新西兰奉行"不干涉主义",即反对干涉他人的自由。他们对于交往对象的政治立场、宗教信仰、职务级别等,一律主张不闻不问。

(4) 新西兰禁止男女同场活动,即便是看电影也要分场,男士不准观看女士专场,女士也不准观看男士专场。

学习任务8.5 非洲主要国家的礼仪及习俗

8.5.1 埃及

1. 简介

埃及(阿拉伯埃及共和国)跨亚、非两洲,大部分位于非洲东北部,小部分领土位于亚洲西南部。截至2020年2月,人口约1亿人,主要居民为阿拉伯人。埃及人主要信奉伊斯兰教。首都为开罗,国花为睡莲,通用语言为阿拉伯语。

2. 社交礼仪

在人际交往中,埃及人采用的见面礼主要是握手礼,且一定使用右手,有时也会使用拥抱礼和亲吻礼。在社交场合,他们与交往对象不论采用何种礼节,往往都要双方互致问候,如"祝你平安""真主保佑你""早上好""晚上好"等。拜访埃及人之前要预约,并以主人方便为宜。大多数埃及妇女戴面纱,不愿被人轻易窥见。

3. 饮食特点

埃及人的主食是一种被称为"耶素"的不用酵母的平圆形面包,副食主要为豌豆、洋葱、萝卜等蔬菜。他们的口味喜清淡,不喜油腻。爱吃又甜又香的食物,尤其是甜点。在饮料方面,埃及人酷爱酸奶、茶和咖啡。埃及人热情好客,往往在客人登门时,便送上茶水,并要挽留客人用餐。对于主人送上的茶水,客人必须喝完,否则就触犯了埃及人的禁忌。埃及人用餐,除在正式场合使用刀、叉、勺,一般多用手取食,但忌用左手取食。用餐时忌过多交谈。用餐之后,一定要洗手。

4. 主要禁忌

(1) 在数字方面,"5"和"7"深得埃及人的青睐。他们认为"5"会带来吉祥,"7"则意味着完美。信仰基督教的埃及人,将"13"看成最令人晦气的数字。

(2) 埃及人喜欢被称为"吉祥之色"的绿色与被称为"快乐之色"的白色,讨厌黑色和蓝色,他们认为这两种颜色均是不祥之色。

(3) 在埃及民间,人们对葱很是看重,认为它代表着真理。

(4) 埃及人忌熊猫,因为在埃及人眼里它的形体近似猪。

8.5.2 南非

1. 简介

南非(南非共和国)位于非洲大陆最南部。截至2017年,人口约5652万人,有黑人、白人、有色人和亚洲人四大种族。主要宗教为天主教。南非是世界上唯一同时存在三个首都的国家，行政首都为茨瓦内，立法首都为开普敦，司法首都为布隆方丹。国花为菩提花，通用语言为英语、阿非利卡语。

2. 社交礼仪

南非人在社交场合所采用的见面礼节主要是握手礼，他们对交往对象的称呼主要是"先生""小姐"或"夫人"。他们遵从的是绅士风度、女士优先、遵时守约等西方基本礼仪。尽管南非黑人的姓名已经西化，但他们还是喜欢在具体的称呼上保留自己的传统，即在称呼对方的姓氏之后，加上相应的辈分，如称"乔治爷爷""海伦大婶"等来表明双方关系的亲密。

3. 饮食特点

在饮食习惯上，南非的白人与黑人截然不同。当地白人以吃西餐为主，即吃牛肉、鸡肉、鸡蛋和面包，喜爱喝咖啡和红茶；南非黑人则以玉米、薯类、豆类为主食，喜欢吃牛肉和羊肉，但一般不吃猪肉、鱼肉。与其他国家黑人不同，南非的黑人不吃生食，爱吃熟食。

在南非黑人家中做客，主人一般都要送上刚挤出来的新鲜牛奶或羊奶，请客人品尝，有时候他们还会献上以高粱自制而成的啤酒。

4. 主要禁忌

(1) 信仰基督教的南非人，最忌讳"13"这个数字和"星期五"。

(2) 南非的黑人，特别是乡村中的黑人，大多信仰本部族传承久远的原始宗教，特别忌讳外人对其祖先在言行上的冒犯。

(3) 在许多黑人部族里，妇女地位低下，凡视为神圣宝地的地方，如火堆、牲口棚等处，是禁止妇女接近的。

(4) 与南非人交谈忌讳的话题：一是忌评论不同部族或派别间的关系和矛盾；二是忌非议黑人的古老习俗；三是不要为对方生了男孩而表示祝贺。

实战演练

训练项目1：亚洲各国礼仪习俗演练

训练要求：

(1) 学生自由组合，分成小组，每个小组分别代表亚洲不同国家；

(2) 本组对所代表的国家有针对性地进行部分礼仪习俗演练。

训练项目2：饮食习惯实地考察

走访比较正规的韩式、日式等餐馆，品尝异国风味，了解他国的饮食特点。

习题与练习

一、选择题

1. 日本人见面都行鞠躬礼,通常是(　　)礼。
 A. 30°　　　　B. 45°　　　　C. 60°　　　　D. 90°

2. 英国人禁忌的动物是(　　)。
 A. 仙鹤　　　B. 蝙蝠　　　C. 孔雀和大象　　　D. 猫

3. 新加坡的国花是(　　)。
 A. 向日葵　　B. 卓锦万代兰　　C. 矢车菊　　　D. 睡莲

二、判断题

1. 在英国,人们姓名一般是名字在前、姓氏在后。(　　)
2. 英国式刀叉的使用要求是在进餐时始终右手持刀、左手持叉。(　　)
3. 向法国人赠送礼品,不宜送刀、剑、剪、餐具等。(　　)
4. 德国人忌吃核桃,忌送玫瑰花。(　　)

三、问答题

1. 美洲一些主要国家礼仪习俗的特点是什么?
2. 欧洲一些主要国家礼仪习俗的特点是什么?

学习项目9
我国主要少数民族的礼仪及习俗

知识目标

1. 了解我国少数民族在长期历史发展过程中所形成的独特的民族特点；
2. 了解我国少数民族特有的民族习惯、宗教风俗；
3. 熟悉我国少数民族的礼节和节庆日；
4. 掌握与少数民族同胞相处时的主要禁忌。

技能目标

1. 熟悉我国主要少数民族的礼仪习俗；
2. 提高旅游工作人员在接待过程中的服务水平。

实战目标

1. 学生能将不同民族礼仪及习俗应用于工作实践中，通过训练发现问题并改进；
2. 培养良好的礼仪素养，在旅游服务工作中树立良好形象。

学习任务9.1 维吾尔族

参考案例

焦雪梅是一名白领丽人，机敏漂亮，待人热情，工作出色。一次，焦雪梅所在公司派她和几名同事前往新疆洽谈业务。可是，平时向来处事稳重、举止大方的焦雪梅，竟然由于行为不慎，招惹了一场麻烦。事情经过是这样的：焦雪梅和她的同事抵达目的地后，受到了东道主的热烈欢迎，在随之为他们特意举行的欢迎宴会上，主人亲自为每一位嘉宾递上一杯当地特产饮料，以示敬意。轮到主人向焦雪梅递送饮料时，一直是"左撇子"的焦雪梅不假思索，自然而然地抬起自己的左手去接饮料。见此情景，主人神色骤变，重重将饮料放回桌上，扬长而去。焦雪梅一直不明白，主人为何如此动怒？

（资料来源：王明景.旅游服务礼仪[M].北京：科学出版社，2011.）

9.1.1 简介

维吾尔族主要分布在新疆维吾尔自治区，大多聚居在天山以南的各个绿洲，也有少数分布在湖南省桃源、常德等县。根据2010年第六次全国人口普查，人口约1007万人。维吾尔族人多数信仰伊斯兰教，多属于逊尼派。

9.1.2 交往礼仪

维吾尔族人热情好客，讲究礼貌，在各种社交场合都尊敬礼让。在家中请客时，主人首先给客人敬献一碗热茶，将热气腾腾、香气四溢的茯砖茶斟在小瓷碗里，双手用托盘敬献给客人；还会把馕饼、冰糖、新鲜瓜果等食品装盘，端出来摆在客人面前。吃饭时，主人总是请客人坐在靠大墙的一边，以表示尊敬，要请客人动手先吃。出于礼貌，客人应跪坐，并请主人先吃。在外面请客时，维吾尔族人喜欢送一些食品给服务员。如果服务员坚决拒绝，他们会不高兴，因此服务员可以道谢后用双手接受。

9.1.3 饮食特点

维吾尔族人一日食三餐，早饭吃馕和各种瓜果酱、甜酱，喝奶茶、油茶等；午饭是各类主食，主食的种类有数十种，常吃的有馕、羊肉抓饭、包子、面条等；晚饭多是馕、茶或汤面等，喜食牛、羊肉。

新疆盛产绵羊，由此维吾尔族便有了烤羊肉串的饮食习俗。与羊肉串相媲美的手抓饭，也是维吾尔族的传统风味美食。维吾尔族人多爱喝葡萄酒，且酒量都很大。

9.1.4 传统节日

维吾尔族传统节日有肉孜节、古尔邦节、诺鲁孜节等。维吾尔族十分重视传统节日，尤其以过"古尔邦"节最为隆重。届时家家户户都要宰羊、煮肉、赶制各种糕点等。肉孜节又称"开斋节"，过肉孜节时，成年的教徒要封斋一个月。封斋期间，只在日出前和日落后进餐，白天绝对禁止任何饮食。

维吾尔族传统节日期间，人人都穿新衣服、戴新帽，相互拜节祝贺，并举行赛马、刁羊和摔跤等活动。

9.1.5 主要禁忌

维吾尔族具有信奉伊斯兰教民族所共有的饮食方面的禁忌，禁吃猪肉、驴肉、狗肉、骡马肉。

在维吾尔族人家中做客，接收物品忌用单手，更不能用左手。吃饭时，不可随便拨弄盘中的食物，不要把食物剩在碗中，不要将自己抓过的肉食再放进盘中。吃饭时或与人交谈时，不要擤鼻涕、吐痰、放屁，否则会被认为是很大的失礼。

此外，平时忌穿短小衣服，最忌讳在户外穿短裤。晚上睡觉时，忌头东脚西或四肢平伸仰卧等。

学习任务9.2 藏族

参考案例

藏族的哈达

献哈达是藏族最普遍的一种礼节，适用于婚丧节庆、拜会尊长、送别远行等场合。哈达是一种生丝织品，长短不一，长者一二丈，短者三五尺。

献哈达是对人表示纯洁、诚心、忠诚的意思。自古以来，藏族人认为白色象征纯洁、吉利，所以哈达一般都是白色的；也有五彩哈达，颜色为蓝、白、黄、绿、红。蓝色象征蓝天，白色象征白云，绿色象征江河水，红色象征空间护法神，黄色象征大地。五彩哈达是献给菩萨和近亲时做彩箭用的，是最隆重的礼物。佛教教义解释五彩哈达是菩萨的服装，所以五彩哈达只在特定的时候用。

哈达是在元朝时传入西藏自治区的，萨迦法王八思巴会见元世祖忽必烈回西藏自治区时，带了第一条哈达回来。当时的哈达，两边是万里长城的图案，上面还有"吉祥如意"字样，故可以说哈达是从内地传入西藏自治区的。后来，人们对哈达又附会上宗教解释，说它是仙女的飘带。

(资料来源：http://www.chinaculture.org/gb/cn_zgwh/2004-06/28/content_52637.htm.)

9.2.1 简介

藏族主要聚居在西藏自治区以及青海、甘肃、四川、云南等省。人种属于蒙古人种。藏族人普遍信奉藏传佛教。

9.2.2 交往礼仪

藏族人民具有热情好客的风尚，客人越多越荣耀。藏族人彼此见面时，习惯伸出双手，掌心向上，弯腰躬身施礼，有些藏民还有点头吐舌头的习惯，对方应点头微笑答礼。

献哈达是藏族人民最普遍的一种礼节。婚丧节庆、拜见尊长、觐见佛像、送别远行等，都有献哈达的习惯。献哈达是表示纯洁、诚心、忠诚的意思。

喝茶则是日常的礼节。客人进屋坐定后，主妇或子女来倒酥油茶，但客人不必自行端喝，等到主人捧到你面前时再接过去喝。

9.2.3　饮食特点

藏族日食三餐，但在农忙或劳动强度较大时有日食四餐、五餐、六餐的习惯。绝大部分藏族人以糌粑为主食，即把青稞炒熟磨成细粉，特别是在牧区，除糌粑外，很少食用其他粮食制品。食用糌粑时，要拌上浓茶或奶茶、酥油、奶渣、糖等。糌粑既便于储藏又便于携带，食用时也很方便。在藏族地区，随时可见身上带有羊皮糌粑口袋的人，饿了随时即可食用。

藏族同胞都喜欢喝青稞酒、酥油茶，这是独具特色的藏族传统饮料。茶和酒在藏族人民的生活中占据很重要的地位，是藏民一年四季，早、中、晚都离不开的饮料。青稞酒是用青稞酿成的一种度数很低的酒，它是节日佳期的必备饮料。藏族人不但自己爱喝青稞酒，也喜欢用青稞酒招待客人。酥油茶也是藏族传统饮料，是把砖茶用水熬成浓汁后，加上酥油和食盐加工而成，其味清香可口，营养丰富，既可解渴，又可滋润肺腑。

9.2.4　传统节日

藏族的传统节日主要有藏族民俗节日(如藏历年、沐浴节等)和藏族宗教节日(如酥油花灯节、雪顿节等)。

藏历年是流行于西藏自治区拉萨市的传统民俗活动，国家级非物质文化遗产之一，节日时间是藏历元月一日到十五日。从藏历十二月起，人们着手准备供过年吃、穿、玩、用的东西。常见的节日活动有制作卡赛、撒亚色等。

沐浴节是藏族人民特有的节日，在西藏自治区至少有七百年的历史。在藏历七月六日至十二日举行，历时7天。按佛教说法，青藏高原的水具有八大优点，即一甘、二凉、三软、四轻、五清、六不臭、七饮不损喉、八喝不伤腹。因此，七月份被人们称为沐浴的最佳时间。

酥油花灯节是西藏自治区、青海、甘肃等地藏族人民的传统节日，于每年藏历元月十五举行。酥油花是用白色酥油配以彩色颜料而塑成的彩像。拉萨的酥油花灯节非常热闹，藏族人民身着艳丽的民族服装，云集拉萨，晚上汇集于大昭寺周围的八角街，共度佳节良宵。

雪顿节于每年藏历七月一日举行，为期5～7天。"雪顿"是藏语音译，"雪"意为喝酸奶子，"顿"为宴会。按藏语解释，雪顿节是喝酸奶子的节日，因为雪顿节期间，有隆重热烈的藏戏演出和规模盛大的晒佛仪式，所以有人也称之为"藏戏节"。

9.2.5 主要禁忌

藏族同胞忌别人用手抚摸佛像、经书、念珠和护身符等圣物；禁忌在别人后背吐唾沫，拍手掌；行路遇到寺院、佛塔等宗教场所，必须从左往右绕行；不得跨越法器、火盆；饮食方面，藏民忌食驴、骡、狗等肉类。

学习任务9.3 蒙古族

参考案例

那达慕

那达慕是中国蒙古族人民喜爱的一种传统体育活动。每年农历六月初四开始的为期5天的那达慕大会，是蒙古族人民的盛会。那达慕是蒙古语的译音，意为"娱乐"或"游戏"。

13世纪初，成吉思汗统一了蒙古82个部落，他为检阅自己的部队，维护和分配草场，于每年七至八月间举行大"忽力革台"(大聚会)，将各个部落的首领召集在一起，为表示团结友谊和祈庆丰收，都要举行那达慕。起初只举行射箭、赛马或摔跤中的某一项比赛；到元、明时，射箭、赛马、摔跤比赛结合在一起，成为固定形式，后来蒙古族人亦简称此三项运动为那达慕；到了清代，"那达慕"逐步变成了由官方定期召集的有组织、有目的的游艺活动，以苏木(相当于乡)、旗、盟为单位，半年、一年或三年举行一次。此俗沿袭至今，每年蒙古族人民都举行那达慕大会。

举行那达慕大会时，牧区方圆数百里的牧民穿上节日的盛装，骑着骏马或乘坐汽车、勒勒车络绎不绝地前来参观。那达慕大会期间帐篷林立，组织广泛的物资交流会，以促进生产，晚上还举行各种形式的文艺活动。那达慕大会深受牧区人民喜爱，有力地促进了群众体育活动的开展。

(资料来源：http://www.chinaculture.org/gb/cn_zgwh/2004-06/28/content_53303.htm.)

9.3.1 简介

蒙古族是中国北方主要民族之一，人种属于纯蒙古人种，是黄色人种的代表民族。除蒙古国外，蒙古族人口主要分布在中国的内蒙古自治区、辽宁、吉林、黑龙江、新疆、河北、青海、河南、甘肃等省区以及俄罗斯。截至2019年末，内蒙古自治区常住人口为2539.6万人。蒙古族主要信奉喇嘛教，也有少数信仰天主教、伊斯兰教和道教。

9.3.2 交往礼仪

蒙古族把热情待客看作一种美德。他们的待客礼包括问候、饮食招待等。无论是专程来访的贵客还是路过歇脚的行人，客人一到，首先是互相问候，待客人坐定，女主人端上一碗馨香的奶茶，并摆上各种奶食品、炒米、手把羊肉等，期间敬酒是必不可少的。奶茶用银质的碗盛着，与哈达一起献上。敬酒时，要右手举杯、左手托肘，恭敬地把酒杯交到客人手中。

蒙古族很尊重长者，接受长者赠予的东西时，必须屈身去接或跪下一条腿伸右手接。问候请安是蒙古族必不可少的见面礼，同辈相遇都要问好，遇到长辈则首先请安。如果骑在马上，要先下马，坐在车上，要先下车，以示尊敬。男子请安，单屈右膝，女子请安则屈双膝。无论何人，对比自己年龄大的都称"您"，无论是走路、入座，还是吃饭、喝茶，一定让老人或长辈在先。在老人或长辈面前，年轻人说话要十分客气、恭恭敬敬。

9.3.3 饮食特点

蒙古族饮食具有丰富的民族特色。茶食是必不可少的饮品，在夏、秋两季，很多人习惯多饮茶、少吃饭。茶食分为淡茶、奶茶、酥油茶和油茶。炒米，也叫蒙古米，是蒙古族的主要食品之一，即用糜子米经蒸、炒、碾等工序加工而成。蒙古族的奶食分食品和饮料。食品主要有白油、黄油、奶皮子、奶豆腐、奶酪、奶果子等；饮料除奶茶外，还有酸奶和奶酒。

羊肉是蒙古族最爱吃的食品，久负盛名的有手扒羊肉、全羊大席等。除羊肉外，牛肉、鹿肉、兔肉、野羊肉等也很受蒙古族喜爱。蒙古族同胞热情好客，尤其是接待远道而来的尊贵客人时，都要以全羊大席或八珍肴宴请。

9.3.4 传统节日

蒙古族的传统节日主要有旧历新年，蒙古语为"查干萨日阿"，意为白色的月。其他节日有由生产活动、宗教祭祀仪式演变成的祭敖包、马奶节、剪羊毛节等。

蒙古族以春节为上节。节前，家家户户要打扫房屋，贴门联、年画，缝制新衣；买糖，打酒，制作各种奶食，许多人家还杀牛宰羊。大年三十，居住在草原上的牧民，全家围坐在一起，吃"手抓肉"；晚上"守岁"时，全家老小围坐在桌旁，桌上摆满香喷喷的肉、奶食品及糖果；饭后有的去亲友家拜年做客，互赠哈达、礼品。

马奶节是蒙古族传统节日，以赞颂骏马和喝马奶酒为主要内容，主要流行于内蒙古锡林郭勒草原和鄂尔多斯牧区，通常在农历八月下旬举行，日期不固定，为期一至两天。

9.3.5 主要禁忌

蒙古族人忌讳别人当面赞美他们的孩子和牲畜，认为这会给孩子和牲畜带来不幸；忌讳用手或棍棒指着清点人数，因为这意味着清点牲畜。

学习任务9.4 其他少数民族

参考案例

有家酒店入住了一个少数民族团体，团体中美丽的少女都戴着一顶很漂亮的鸡冠帽。有个酒店男员工与这个团体混熟了以后，出于好奇，用手摸了一下其中一位少女的帽子，结果这事传到族长那里，族长以为男员工爱上了那位少女，向她求婚。后经酒店领导出面调解，两者以兄妹相称方解决此事。为什么会发生这样的误会呢？原来是那位酒店男员工不了解对方民族的习俗和风情。关于鸡冠帽有这样一个传说，在历史上这个少数民族曾在一夜之间受到外族的入侵，恰巧一只公鸡鸣叫，唤醒了人们，才免去了这场灭族之灾。此后，为了纪念这只公鸡，村里美丽的少女都戴上鸡冠帽，男子一触摸就表示求婚。

由此可见，在与少数民族的交往中，应了解并尊重少数民族的礼仪习俗，不做他们忌讳的事，这样才有利于各民族之间平等友好地交往。

（资料来源：http://wenku.baidu.com.）

9.4.1 满族

1. 简介

满族又称满洲族。根据2019年人口普查，人口约1041万人，主要分布在东北三省，以辽宁省为最多，在辽宁省已建立岫岩、新宾、本溪、宽甸、桓仁、清原6个满族自治县，其余散居在河北、内蒙古、北京、天津、上海等地。满族人信仰佛教和萨满教，由于受汉族、蒙古族影响，宗教信仰呈现多元化。

2. 交往礼仪

满族人有敬老之俗。平常，一家之中的晚辈每天早晚都要给老人请安。对父母及其他长辈的教诲要垂手恭听，不得顶撞。家庭中的老主妇最有权威，媳妇们都敬畏她，特别是刚过门的新媳妇,由外面归来,首先要拜见老人,特别是公婆。在家对老人有三天请小安、五天请大安的礼俗。

满族人重客,待客礼节十分隆重。每逢年节或喜庆吉日,必宴请宾客。首先是主人向客人送烟,然后给客人献上奶子茶,并将酒斟在酒杯中,用盘托着,由主人向客人敬酒,由长及幼。如果客人辈分或年纪远高于主人,则主人需长跪以一手进献。客人饮毕,主人方起。妇女所敬之酒,客人不沾唇则已,沾唇就必须一饮而尽。客人告别时,主人全家送至门外。

3. 饮食特点

满族人以面食为主食,较常见的是蒸煮食品,即把高粱、谷子、糜子、荞麦等磨成面粉,制成各种饽饽。其中,豆面卷子(俗称"驴打滚")和"萨其玛"较为有名,是满族独特的名吃。

满族的主食还有饭和粥。饭有高粱米饭、黄米饭等;粥有高粱米粥、小米粥、杏仁粥、腊八粥等。副食包括肉食类和蔬菜类。肉食中主要原料是猪肉和羊肉。满族爱吃猪肉,每逢年节及喜庆日子总要杀猪,全家或亲朋好友聚集共享。祭祀祖先也用猪,祭毕便食之。满族人喜欢吃大白菜及大白菜发酵而成的酸菜,以酸菜、猪肉、粉条为主要原料的火锅是满族人喜爱的菜肴。豆腐是常用的副食,几乎家家会做,一年四季都有。满族人还喜欢饮酒。酒有白酒、黄酒和米儿酒,黄酒以黄米酿成,米儿酒以谷、麦等粮食酿制而成。满族人还喜欢以蜂蜜制作的甜食,包括糕点和果脯蜜饯等。

4. 传统节日

满族许多节日与汉族相同,主要有春节、元宵节、二月二、端午节和中秋节。节日期间一般都要举行珍珠球、跳马、跳骆驼和滑冰等传统体育活动。此外,还有许多传统习俗,如正月初五包饺子"捏破五";正月初一至十五,闺房不做针线活;正月十六,满族妇女结伴出游;正月二十五,满族农村家家煮黏高粱米饭,放在仓库,用秫秸棍编织一只小马插在饭盆上,意思是马向家驮粮食,寓意丰衣足食。

5. 主要禁忌

满族居住的西屋有蔓子炕,因西墙上有神龛,为尊重祖宗,在西炕上不准放空盘和空簸箕,因为祭祀时方盘装肉、簸箕装黄米面和炒黄豆面,空放是对祖宗大不敬。同时,西炕也不准家人和客人坐。忌讳随便批评祖先,满族对家族祖上的态度很郑重,开玩笑时绝对不可以长辈为话题。满族忌食狗肉,这是其非常重要的习俗。

9.4.2 朝鲜族

1. 简介

朝鲜族历史悠久,根据2010年第六次人口普查,人口约183万人,主要居住在东北的吉林、辽宁、黑龙江三省。其中以延边朝鲜族自治州和长白朝鲜族自治县最为集中，其余散居在内蒙古自治区、河北和北京等地。朝鲜族信仰多种宗教，有萨满教、佛教、儒教、基督教等。

2. 交往礼仪

朝鲜族人民热情好客，非常讲究礼貌礼节，尊老爱幼是其最具民族特色的风尚。长辈外出，全家躬身礼送，归来则晚辈迎接。讲话时，晚辈对长辈必须用敬语，平辈之间初次见面也用敬语。路遇长辈亲戚时要恭候请安并让路。吃饭时，给老人设单人席桌，媳妇或儿女恭敬地把饭菜端到老人面前，老人、长辈动筷后其他人才能开始吃。

3. 饮食特点

朝鲜族人民以大米为主食，也特别喜欢吃打糕、冷面。传统食品有五谷饭、松饼、"药食同源"食品等。蔬菜一般爱吃黄豆芽、卷心菜、粉丝、萝卜、桔梗、蕨菜、菠菜和洋葱等。凉拌菜多，炒菜少，泡菜和汤几乎一日三餐不可缺少。口味喜辣，爱用辣椒、芝麻油、胡椒粉、葱、姜、蒜等调味，爱吃狗肉、瘦猪肉、牛肉、鸡肉和各种海味等。狗肉被认为是上等佳肴，且有"三伏天喝狗肉汤可大补"的说法。朝鲜族人民爱喝花茶、豆浆，还有饭前、饭后喝凉开水的习惯。朝鲜族男子多喜欢饮酒，家里来了客人，一般都要以酒席款待。

4. 传统节日

朝鲜族的五大传统节日有春节、上元节、清明节、端午节、秋夕节。此外有三个家庭节日，即婴儿诞生一周年、"回甲节"(六十大寿)、"回婚节"(结婚六十周年纪念日)。在节日里，除做节日饮食外，还根据节日的季节特点，组织各种游戏和体育活动。春节是盛大的传统节日，家家户户贴对联和年画，吃猪肉饺子，还爱吃用枣粉、松子、糯米拌蜂蜜煮成的甜饭。破晓前祭祀祖先，然后向老人叩首拜年，早饭后再向全屯老人拜年。白天按自然屯，分组进行拔河比赛。青少年打"石战"，姑娘和妇女们跳板，儿童们放风筝。节日里，朝鲜族亲友团聚，经常是翩翩起舞，歌声荡漾，并以筷击碗伴奏。

5. 主要禁忌

朝鲜族在饮食方面的禁忌较多。例如，在婚丧与佳节，忌食狗肉；忌晚辈在长辈面前喝酒、吸烟；忌讳被人称"鲜族"，这是日本侵略时留下的蔑称。

9.4.3 回族

1. 简介

回族人口较多，是中国分布最广的民族。根据2010年第六次人口普查，人口约1058.6

万人，主要集中在宁夏回族自治区。云南的回族人口也较为集中，其余散居在甘肃、青海、河南、河北、山东等地。回族主要信仰伊斯兰教。

2. 交往礼仪

回族的交往礼仪和风俗习惯等大都与伊斯兰教义有关。如孩子出生时，要请阿訇起名字，结婚时要请阿訇证婚，亡故后要请阿訇主持殡葬等。

3. 饮食特点

回族人的饮食习惯有明显的民族特色。回族的主食为蒸馍、包子、饺子、馄饨、汤面、拌面、牛羊肉泡馍和油炸馓子。肉类为牛肉、羊肉、鸡鸭和有鳞鱼类；蔬菜大部分都爱食用。回族人喜欢喝茶。华北地区回族人喜欢喝茉莉花茶，西北地区回族人喜欢喝砖茶(蒸压茶)，西南地区回族人以饮用红茶和花茶为主，东南地区回族人多饮清茶，不善饮酒。

回族人的正宗宴席十分讲究。宴席名"九碗三行"，指宴席上的菜全部用九只大小一样的碗来盛，并要把碗摆成每边三只的正方形。宴席不仅讲究摆法，上菜程序、菜肴配置也有约定俗成的规矩，且烹饪方法只用蒸、煮、拌三种形式。由于所有菜肴都不用油炸，所以十分清淡、爽口，别有风味。

4. 传统节日

回族主要有三大节日，即圣纪节、开斋节和宰牲节。

圣纪节又称圣忌节，相传这一天是创始人穆罕默德的诞辰日。

开斋节是回族穆斯林最为崇尚的节日，每年回历九月为穆斯林斋月，凡成年穆斯林，从破晓到日落，整个白天不吃不喝，但照常工作、学习，直到晚霞消失、开斋的钟声响起时，人们才能自由吃喝。待斋月期满后，即回历十月一日，为开斋节，宣告斋月结束。清晨，清真寺的钟声响过之后，回族男子要穿上新衣服、戴洁白的小帽，妇女要换上节日的盛装，到清真寺参加礼拜，开茶话会、联欢会，进行扫墓、赛马、刁羊等活动，一般要持续三天。

宰牲节即古尔邦节，也称忠孝节。古尔邦、阿祖哈尔含有"牺牲、献身"之意。回族隆重庆祝这个节日，有提倡牺牲自我、献身人类之精神的意思。宰牲节这一天，穆斯林沐浴馨香，着节日盛装，到清真寺参加会礼。回族群众根据自己的条件宰鸡、宰羊、宰牛，然后分成"份肉"(一份一份的肉)接待宾客或分送亲友。

5. 主要禁忌

回族人忌食猪肉、狗肉、马肉、驴肉和骡肉；忌讳别人在自己家里吸烟、喝酒；禁用食物开玩笑；禁止在人面前袒胸露臂。凡供人饮用的水井、泉眼，一律不许牲畜饮水，也不许任何人在附近洗脸或洗衣服。取水前一定要洗手，盛水容器中的剩水不能倒回井里。

回族的日常饮食很注意卫生。凡有条件的地方，饭前、饭后都要用流动的水洗手，多数回族人不抽烟、不饮酒。就餐时，长辈要坐正席，晚辈不能同长辈同坐在炕上，需坐在炕沿或地上的凳子上。

> **特别提示**
>
> 回族人民戴戒指的讲究与土耳其、巴基斯坦、埃及等中东阿拉伯国家的穆斯林和中国汉族的讲究相同：戴无名指上表示已婚，戴中指上表示没有对象，戴小拇指上表示已有对象还未结婚。

9.4.4 壮族

1. 简介

壮族是中国少数民族中人口最多的民族，根据2010年第六次人口普查，人口约1692.6万人，主要分布在广西、云南、广东和贵州等省区。壮族主要信奉佛教和道教。

2. 交往礼仪

壮族人在与其他人谈话时，从不在对方面前使用第一人称"我"，而是把自己的名字说出来，他们认为直截了当讲"我"字是不尊重别人的表现。另外，在路遇老人时，男人要称"公公"，女人则称"奶奶"或"老太太"。

壮族人婚后子女随母姓，继承母亲的财产。在广西龙州、防城、上思、宁明等地，好客的壮族人盛行"客至小设茶，唯以槟榔为礼"的习俗。他们嚼槟榔像喝茶抽烟一样，不限次数。每当客人来，就一边咀嚼一边聊天。广西偏远山区的壮族有"入赘"的婚姻习俗，即男子出嫁到女方。男方不备嫁妆，一切均由女方准备。结婚当天按女方的姓氏给女婿更换姓名，并与女方的兄弟和平辈男子称兄道弟。

村中有红白喜事时，妇女不能坐在高桌上吃饭。小辈在给老人送茶送饭时，要双手奉上，且不能从客人面前递，也不能从背后递给长辈。用餐时要等最年长的老人入席后才能开饭；长辈未沾动的菜，晚辈不得先吃；先吃完的要逐个对长辈、客人说"慢吃"再离席，晚辈不能最后下桌。

3. 饮食特点

多数地区的壮族人习惯于日食三餐，有少数地区的壮族人也吃四餐，即在中、晚餐之间加一小餐。早、中餐比较简单，一般吃稀饭；晚餐为正餐，多吃干饭，菜肴也较为丰富。大米、玉米是壮族地区盛产的粮食，自然成为他们的主食。

日常蔬菜有瓜苗、瓜叶、京白菜(大白菜)、小白菜、油菜、芥菜、生菜、芹菜、菠菜、芥蓝、萝卜、苦麻菜，甚至豆叶、红薯叶、南瓜苗、南瓜花、豌豆苗也可以食用。做法以水煮较为常见，快出锅时加入猪油、食盐、葱花。也有腌菜的习惯，腌成酸菜、酸笋、咸萝卜、大头菜等。

壮族对任何禽畜肉都不禁吃，如猪、牛、羊、鸡、鸭、鹅等，有些地区还酷爱吃狗肉。猪肉是先整块煮，后切成一手见方的肉块，回锅加调料即成。壮族人习惯将新鲜的鸡、鸭、鱼和蔬菜制成七八成熟，菜在热锅中稍煸炒后即出锅，认为这样可以保持菜的鲜味。

4. 传统节日

壮族比较盛大的节日有春节、陀螺节、陇端节等。壮族春节是从大年三十至正月初一、初二，共三天，但初四至初五仍算春节期。它是一年中最隆重的节日。一般从腊月二十三起就开始做准备，家家户户打扫卫生、缝制衣裤、购买年货、张贴对联、制作糕点、杀猪、包粽子。春节又是个团圆的日子，凡是在外面工作的人，一般都赶在年三十之前回家团聚，吃团圆饭。春节期间，除了走亲访友，男女青年多去参加对歌、打陀螺、跳舞、赛球、演戏等文娱体育活动。

在广西壮族聚居的地方，每年都举行一次体育盛会——陀螺节。时间是由旧历年除夕前两三天至新年正月十六日，历时半个多月。陀螺，壮语叫"勒江"，它有大有小、有轻有重，制作陀螺一定要选用质地优良的坚木，它的"头"要圆滑。"打"的时候，用两三尺长的麻绳一圈一圈往上缠，一直缠到自己认为适当的地方，再用右手的无名指和小指夹住麻绳的尾端，迅速往地面一旋，陀螺就"呼呼"地转动起来。

5. 主要禁忌

壮族人忌讳农历正月初一这天杀生，有的地区的青年妇女忌食牛肉和狗肉。妇女生孩子的头三天(有的是头七天)忌讳外人入内，忌讳生孩子尚未满月的妇女到家里串门。登上壮族人家的竹楼，一般都要脱鞋。壮族忌讳戴着斗笠和扛着锄头或其他农具的人进入自己家中，所以到了壮族人家门外要放下农具，脱掉斗笠、帽子。火塘、灶塘是壮族家庭中最神圣的地方，禁止用脚踩踏火塘上的三脚架以及灶台。壮族青年结婚，忌讳怀孕妇女参加，尤其怀孕妇女不能看新娘，不能进入产妇家。家有产妇，要在门上悬挂袖子、枝条或插一把刀，以示禁忌。不慎闯入产妇家者，必须给婴儿取一个名字，送婴儿一套衣服、一只鸡或相应的礼物，做孩子的干爹、干妈。

> **特别提示**
>
> 壮族人民十分爱护青蛙，有些地方的壮族有专门的"敬蛙仪"，所以到壮族地区，严禁捕杀青蛙，也不要吃蛙肉。每逢水灾或其他重大灾害时，壮族都要举行安龙祭祖活动，乞求神龙赈灾。仪式结束后，于寨口立碑，谢绝外人进寨。

9.4.5 苗族

1. 简介

苗族是中国历史悠久的民族之一，根据2010年第六次人口普查，人口约942万人，主要分布在黔东南和湘鄂川黔的交界地带(以湘西为主)。贵州、湖南、云南、四川、广西、湖北等地也有分布。云南、贵州、四川等地有少数苗族人信仰天主教、基督教。

2. 交往礼仪

苗族同胞热情好客。客人来访，必杀鸡宰鸭盛情款待。吃鸡时，鸡头要敬给客人中的长者，鸡腿要让给年纪最小的客人。有的地方还敬"牛角酒""梳子肉"，客人要是都接受，主人会很高兴。客人一定要吃饱喝足，否则会被视为瞧不起主人。

3. 饮食特点

苗族腌鱼，又称糟鱼。据民间传说，古代苗族要腌鱼，就把硬木大树截成段，挖空树心当作容器，密封贮存。古代腌鱼工艺较简单，佐料品种少，随着经验不断丰富，用具、调味品增多，使现代苗族腌鱼的色、香、味、形俱佳，素有"一家吃腌鱼，香遍一条街"的赞美之词。每年的祭龙节、清明节等节日，家家户户都要选用当地的优质糯米，采来紫蕃藤、黄花、枫叶、红蓝草，浸泡出液，分别拌着糯米，然后合而蒸之，不仅色彩斑斓，且味道香醇。

烤香猪也是壮族很独特的民族佳肴。当地饲养的土种猪因水土及原生态食料的影响，身短、脚矮、皮薄，肉质特别鲜嫩。

4. 传统节日

苗族节日很多，主要有芦笙节、龙船节、"四月八"、赶秋节、赶歌节等。

苗年是苗族人民最隆重、民族色彩最浓郁的传统节日。由于苗族居住地区很广，苗年没有统一固定的日期，一般选择在稻谷进仓、麦种落地后的农历十月至十二月之间，过节的时间不一致，但日子必须是逢单，最长的超过13天。届时，各家各户要在清晨到田间以青草、草粪等物祭田，意在祈求来年风调雨顺；还要将酒洒在牛鼻上，以示对牛的敬谢之意。节日里，人们身着盛装，举行传统的游年活动，如跳芦笙、踩鼓、游方等。

芦笙节主要流行于贵州东南部苗族聚居区。在每年农历正月十六至二十日和九月二十七日至二十九日分别举行规模盛大的芦笙节。节日里苗族人民聚集在广场上跳芦笙舞，举行斗牛、赛马、文艺表演、球类比赛。青年男女在一起对歌，互相表达爱情。

"四月八"是贵阳市附近苗族人民纪念古代英雄亚努的传统节日。每逢四月初八，身穿节日盛装的苗族人民，从四面八方汇集到贵阳市喷水池旁聚会。人们吹奏笙笛，对歌传情，耍狮子、舞龙灯、打球、比武，热闹非凡。

5. 主要禁忌

苗家人最忌外人以"苗子"相称，认为这是对苗族人的最大侮辱。忌坐在苗家祖先神位的地方，火炕上的三脚架不能用脚踩，不许在家或夜间吹口哨。路遇新婚夫妇，不要从中间穿过。父母或同村的人去世，一个月内忌食辣椒。人死入葬后一个月内，家里人不能婚嫁，也不能唱歌或吹芦笙。父母健在忌戴白帕。婚嫁时，忌讳参加送亲的人在路上扭伤腿脚，会被认为不吉利。禁止在村寨周围挖土和砍古树。同辈男女都以兄弟姐妹相称，忌讳姐夫、妹夫之称。发现苗族人家门上悬挂草帽或插青树枝，或遇苗家在举行婚丧祭祀等仪式时，客人不能进屋。

> **特别提示**
>
> 海南苗族特别喜爱吃酸食，这种饮食偏好是由传统习惯形成的。相传他们世居深山峻岭之中，山高路遥，交通不便，不易吃上鱼肉和蔬菜，也缺盐。所以，苗族人为适应日常生活需要，家家户户都设置酸坛，制作酸鱼、酸肉、酸菜及其他食物。

9.4.6 侗族

1. 简介

侗族居住区主要在贵州、湖南和广西的交界处，湖北恩施也有部分侗族。根据2010年第六次人口普查，侗族人口约287万人。侗族在老挝也有一个分支，叫"康族"。侗族的传统信仰主要是自然神崇拜和祖先崇拜。

2. 交往礼仪

侗族人热情好客。如果你去侗家做客，一定会有"宾至如归"的感觉。待客人坐定，主人斟酒，举杯致辞。主人首先干杯，客人才能饮酒，有"主不喝、客不饮"之说。整个宴饮过程要以喝酒助兴，除了敬酒，还要敬菜，侗族视敬酒敬菜为至尊至敬，以客人吃饱喝醉为荣。

侗族待客还有吃合拢饭的习俗，称为"腊也"，即一家来客，近族近邻纷纷提着自家的佳肴美酒前来会客，将各家的美食美味合拢到一块儿宴请客人。最常见的待客之道就是打油茶。侗族吃油茶的俗规是主客围坐火塘，主妇负责烹调、送茶。第一碗必须端给贵客或长辈，主人说"请"，客人方可饮用，连喝4碗是表示对主人最大的尊敬。侗族待客最隆重的礼仪要数"合拢宴"，廊桥里长桌摆了几十米长，近百人坐在长桌的两边。

在侗族，出嫁的姑娘若在路上相遇，要解下身上的花带或头帕互赠对方，以示相互尊重和祝福。赶路人若遇上天黑，可随意进村寨讨火把照明。若借宿，主人会热情相待，不取分文。寨中不管谁家孩子出门或上学，全寨的人都带着礼物前往祝贺。

3. 饮食特点

侗族人的主食是大米，以粳米、小米、苞谷、小麦、薯类为辅。蔬菜喜欢吃萝卜、油菜、瓜类、番茄和野菜等。肉食喜欢猪、牛、鸡、鸭、鹅肉，也喜欢吃鱼虾，有些侗族人还喜欢把田鼠捕来腌制而食。侗族人喜食酸味食品，如酸草鱼、酸猪肉、酸鸭肉、酸辣椒等。侗族人做油茶，饮用时加上自己喜欢的配料，有糯米粑、炒米花、黄豆、花生、核桃仁、蒜叶、肉末等。

4. 传统节日

侗族地区最热闹的传统节日就是花炮节，分别在农历正月初三、二月初三、三月初三举办。主要活动是抢花炮。随着指挥员一声令下，由体格健壮的小伙子点燃导火索，一声巨响，铁环冲上天空，自由落下，运动员争相抢夺，称为"抢花炮"。抢完头炮，抢第二炮、第三炮。三炮铁环分别赋予"团结、胜利、幸福"之意。抢花炮后，还要举行唱侗戏、听彩调、赛芦笙等丰富多彩的文娱活动。夜间，穿着节日盛装的青年男女在广场上纵情跳"多耶"集体舞。

除此之外，还有四月初八、六月初六侗族人祭牛神。当天让牛休息，以鸡、鸭等祭品摆在牛圈边敬祭。有的地区还特制黑糯米饭喂牛，以表示对牛终年为人耕作的酬谢。七月二十日举办赶歌会，是纪念忠于爱情的侗族女歌手肖玉娘的传统节日。侗族多数地区过春节，也有的地区在十月或十一月择日过侗节。

5. 主要禁忌

侗族人忌坐门槛，认为门槛是一家人的主要通道，希望保持畅通无阻、财运滚滚来；忌讳在山林、水塘等被认为"风水好"的地方乱挖土，禁止砍伐宅基周围的古树；忌在社坛、神龛上放凶器(如刀、枪、剑、矛等)，认为是对祖先和神灵的不敬。

> **特别提示**
>
> "饭养身，歌养心"，这是侗家人常说的一句话，他们把"歌"看成与"饭"同样重要的事。侗族人把歌当作精神食粮，用它来陶冶心灵和情操。

9.4.7 傣族

1. 简介

傣族散居于云南的大部分地方，通常喜欢聚居在大河流域、坝区和热带地区。根据2010年第六次全国人口普查，中国傣族人口约有126万人。

2. 交往礼仪

热情待客成为傣族村寨的风气。外地人到了傣家，主人会主动打招呼，端茶倒水，以饭菜款待。无论男女老少，对客人总是面带微笑，说话轻声细语，从不大喊大叫，不骂人，不讲脏话。妇女从客人面前走过，要拢裙躬腰轻走。客人在楼下，不从客人所在位置的楼上走过。有的傣族村寨，还在大路旁建有专用于接待客人的"萨拉房"。到傣家做客，还会受到主人"泼水"和"拴线"的礼遇。客人到来之时，门口有傣族姑娘用银钵端着浸有花瓣的水，用树枝叶轻轻泼洒到客人身上。走上竹楼入座后，给客人手腕上拴线，以祝客人吉祥如意、平安幸福。傣族人的亲属称谓具有特点，祖父与外祖父、祖母与外祖母、姑父与舅舅、表兄弟与妻兄弟的称呼是相同的，这表示父族与母族并重。

3. 饮食特点

傣族人日常肉食有猪、牛、鸡、鸭，不食或少食羊肉。居住在内地的傣族喜食狗肉，善制作烤鸡、烧鸡，极喜鱼、虾、蟹、螺蛳、青苔等水产品。

以青苔入菜，是傣族特有的风味菜肴。傣族人食用的青苔是选自春季江水里岩石上的苔藓，以深绿色为佳，捞取后撕成薄片，晒干，用竹篾穿起来待用。做菜时，厚的用油煎，薄的用火烤，酥脆后揉碎入碗，再将滚油倒上，然后加盐搅拌，用糯米团或腊肉蘸食，其味美无比。

苦瓜是傣族地区产量最高、食用最多的日常蔬菜。除苦瓜外，傣族风味中较有代表性的苦味菜肴是用牛胆汁等配料烹制的牛撒皮凉菜拼盘。

4. 传统节日

傣族节日多与宗教有关，主要有关门节、泼水节、开门节等。

关门节从七月中旬开始，大约要持续三个月，而开门节时间约在九月中旬。关门节期间，不嫁娶，不盖房，村寨内不举行大型娱乐活动。三个月后，关门节期满，傣族人就会举行开门节庆祝活动。

泼水节这天，人们要拜佛，姑娘们用漂浮着鲜花的清水为佛洗尘，然后彼此泼水嬉戏，互相祝福。起初用手和碗泼水，后来用盆和桶，越泼越激烈，鼓声、泼水声、欢呼声响成一片，期间还会举行赛龙船、放飞灯等传统娱乐活动。

开门节又称为"出洼"。节日当天，将关门节时摆在佛座后面的东西拿出烧掉，表示佛已"出洼"；节日第二天，全家男女老幼到寺庙拜佛；第三天，举行盛大的"赶朵"活动，就是集祭祀、集会、百艺、商贸于一体的庙会。

开门节期间，男女青年身着盛装去寺庙拜佛，以食物、鲜花、钱币敬献。祭拜完毕，举行盛大的文娱集会，庆祝从关门节以来的安居斋戒结束，主要内容有燃放烟花和点孔明灯等。

5. 主要禁忌

傣族忌骑马进寨。祭寨时忌外人进寨，寨里的人出来也必须等祭寨完毕。进入傣族住房时，到楼口要脱鞋，进门后忌用脚踩楼板，忌从火塘上跨过，忌别人移动或抬起火塘上的三脚架。忌客人进卧室，忌头朝向主人家内室睡觉。忌在傣族家中剪指甲，忌在室内吹口哨和玩响乐器，忌从妇女脚上跨过或触摸妇女头上的发髻。

媳妇不能与公公、叔伯直接传递东西，必须传递时，媳妇要把传递的物品放在桌上或适当的地方，再请公公、叔伯去取。男女相遇，女的让路于下方。路遇公婆，媳妇要把裙子拉紧躬身让路。祭龙时，外族人不能参加祭典，参加祭典者不能抽烟，不得讲外族话，不得做农活，不得带一枝一叶进村寨。

> **特别提示**

傣族有丰富的历史传说、宗教经典和文学史诗，有结构别致、造型优雅的佛寺和佛塔建筑，有工艺精美、图案丰富多彩的傣锦，有优美的孔雀舞，有欢乐的泼水节。所有这些都体现了傣族独特的民族风格和民族文化。

9.4.8 彝族

1. 简介

根据2010年第六次人口普查，彝族人口约为871万人，主要分布在云南、四川、贵州三省和广西壮族自治区的西北部，主要聚居区有四川凉山彝族自治州、云南楚雄彝族自治州、红河哈尼族彝族自治州等地区。

2. 交往礼仪

彝族有尊老爱幼的美德。年正月，当地人均给老人敬送酒饭、猪肝、腊肉。遇老人病灾，携鸡、酒及老人喜食的食品看望。平时吃饭，长辈坐上方。

彝族有好客的美德。客人进屋，起身让座，置酒款待；客人告别，举家起身，送至家门外。彝族对座次、进餐等有定规：火塘上方是男性长辈座位，下方为妇女座席，其余人多在侧面就座。每天进餐，全家的饭均由家庭主妇打理。

3. 饮食特点

彝族生活中的主要食物，大部分地区是玉米，其次为荞麦、大米、土豆、小麦和燕麦等。肉食主要有牛肉、猪肉、羊肉、鸡肉等，喜欢切成大块大块(拳头大小)煮食，汉族称之为"砣砣肉"。大部分彝族禁食狗肉，不食马肉及蛙蛇之类的肉。彝族人喜食酸、辣口味。酒为解决各类纠纷、结交朋友、婚丧嫁娶等各种场合中必不可少之物。

4. 传统节日

彝族的节日主要有"火把节""彝族年""拜本主会""密枝节""跳歌节"等。"火把节"是彝族地区最普遍、最隆重的传统节日，一般多在农历六月二十四或二十五举办。每到火把节，彝族男女老少身穿节日盛装，打牲畜祭献灵牌，尽情跳舞唱歌，举办赛马、摔跤等活动。夜晚时，彝族人手持火把，转绕住宅和田间，然后相聚一地烧起篝火，翩翩起舞。第二天，亲戚朋友互相拜访，一些妇女回娘家探亲，青年男女到野外会餐，成年人又准备晚上的火把。第三天是火把节的高潮，人们举行摔跤、斗牛、射箭等活动。到了晚上，大家汇集在村头、寨边或广场，燃起千百支火把，举行篝火晚会。

5. 主要禁忌

彝族的禁忌较多。忌用粮食在手中抛玩；忌打布谷鸟；家中有人出门远行，忌随后扫垃圾出门；到彝家做客，不能坐在堆放东西和睡铺的下方和左方；主人以酒肉款待，客人要品尝，以示谢意；禁食马、骡、狗、猫、猴、蛇、蛙等肉；忌食搅拌时筷子折断的食物；忌用镰刀割肉而食；禁孕妇吃獐肉、兔肉，禁小孩吃鸡胃、鸡尾、猪耳、羊耳。

> **特别提示**
>
> 彝族屋内大多设一个火塘，严禁向火塘内吐唾沫，严禁在火塘边裸露身体。

9.4.9 哈萨克族

1. 简介

哈萨克族在中国主要分布于新疆伊犁哈萨克自治州、阿勒泰。根据2010年第六次人口普查，人口约146万人。

2. 交往礼仪

哈萨克族人待客十分质朴、大方，其热情好客闻名于世。太阳落山后决不放走客人，对拜访和投宿的客人，不管相识与否，都会热情接待；而客人需入乡随俗，尊重主人的礼俗。哈萨克人往往会拿出最好的食品招待客人，通常要宰羊，进餐时把羊头献给客人。

哈萨克族家庭组织曾长期保留着一种幼子继承制，即如果一家有数子，年龄大的要分出去，另立门户，留下最小的儿子作为继承者。父母对子女有抚养、教育、命名的义务，子女对父母有养老送终的义务。

哈萨克族有尊老的优良传统，在日常生活中，不论吃饭喝茶、说话走路，都要对老人礼让。年轻人不得直呼长辈的名字，不准当着老人的面喝酒，不准乱丢食物。一般在住宿处，还有为老人特设的木床，其他人不得在床上坐卧。有时床上遮挂布幔，客人切忌牵动，否则就是失礼。

哈萨克族被誉为"没有乞丐的民族"，这与它的习俗有关。在长期的草原生活中，牧民们为了生存，与野兽和大自然搏斗，形成了互助的风俗。如谁家遭到风雪灾害、疾病、牲畜导致损失，附近的牧民都会送衣、送钱、送牲畜等。被援助者若不接受帮助，便被视为破坏礼俗。同样，不帮助别人的人，也就失去了被人帮助的权利。

3. 饮食特点

哈萨克族日常食品主要是面类食品、牛肉、羊肉、马肉、奶油、酥油、奶疙瘩、奶豆腐、酥奶酪等，平时喜欢把面粉做成"包尔沙克"(油果子)、烤饼、油饼、面片、汤面、那仁、杰恩特等，或将肉、酥油、牛奶、大米、面粉调制成各种食品。饮料主要有牛奶、羊奶、马奶子。哈萨克族特别喜欢马奶子，马奶子是用马奶经过发酵制成的高级饮料。茶在哈萨克族的饮食中有特殊的地位,主要喝砖茶,次为茯茶。如果在茶中加奶,则称奶茶。典型食品大部分来自畜牧业生产。

4. 传统节日

哈萨克族的传统节日主要有开斋节(肉孜节)、古尔邦节、诺吾鲁孜节等。哈萨克族人民过这些传统节日都要举行刁羊、赛马、姑娘追等传统游戏。在开斋节里,家家户户都要喝用肉、大米、小麦、大麦、奶疙瘩、盐、水等混合煮成的"库吉"(稀粥)。

5. 主要禁忌

哈萨克族的禁忌很多。客人不能当着主人的面,数他拥有牲畜的数目,不要跨过拴牲畜的绳子;与羊群相遇,要绕道而行,且不能乘马进入羊群;不准乱丢食物,不要用手背擦食物等;青年人禁忌当着老年人的面饮酒;忌讳别人说他们的小孩肥胖;忌讳晚辈坐卧长辈的床铺;忌讳客人从火炉右边入座和坐在火炉的右侧,因为右侧是主人的位置。

> **特别提示**
>
> "诺吾鲁孜"是哈萨克语"送旧迎新"之意,节期在民间历法的新年第一天,大致在农历春分日。这一天,各家都吃一种用小米、大米、小麦和肉混合做成的饭。人们穿上鲜艳的民族服装相互登门祝贺,主人要用亲手制作的节日食品招待客人,在冬不拉的伴奏下唱节日歌,翩翩起舞。

9.4.10 土家族

1. 简介

根据2010年第六次全国人口普查,土家族人口约有835万人,主要分布在湖南、湖北、四川等省的部分地区。如湖北省的长阳土家族自治县、五峰土家族自治县,贵州省的沿河土家族自治县。

2. 交往礼仪

土家族人热情好客,家有客人,必盛情款待。若是逢年过节到土家人家里做客,主人还会拿出雪白的糍粑去烤,待烤得两面金黄开花时,吹拍干净,往里灌白糖或蜂蜜,双手捧给客人。有的地方给客人吃糍粑还有些讲究,即把烤好的糍粑给客人后,客人不得吹拍火灰,接过就咬,这时主人再抢回去吹打拍净,蘸上糖再给客人。一般说请客人吃茶是指吃油茶、汤圆、荷包蛋等。湖南湘西的土家族待客喜用盖碗肉,即以一片特大的肥膘肉盖住碗口,下面装有精肉和排骨。为表示对客人的尊敬和真诚,待客的肉要切成大片,酒要用大碗来装。无论婚丧嫁娶、修房造屋等红白喜事都要置办酒席,一般习惯于每桌9碗菜、7碗菜或11碗菜，但无8碗桌、10碗桌。

在土家族人家中做客，若客人已坐定，主人要走动，则只准从客人身后走，不宜走在客人前面。如果地方狭窄，必须走客人前面时，要说一声"得罪了"。主客坐下后，年轻的客人不准在长者面前跷二郎腿，否则是对主人的不敬。

3. 饮食特点

土家族的主食为稻米，爱好喝酒，喜食辣椒、花椒、山胡椒，习惯做腊肉、甜酒、团馓和糍粑等。油茶汤和野味在土家人的饮食中也占有重要地位。

4. 传统节日

土家族的传统节日主要有赶年、调年会。赶年是土家族的传统节日，时间在旧历年的前一天，即大月的二十九，小月的二十八。

调年会，土家语叫"社巴"，它是与祭祀祖先、祈求丰收相联系的一种群众性歌舞活动，一般在农历十月初举行。张家界有土家族聚居的村寨，春节时有上万人参加"调年会"(又称"摆手舞")。届时，各村寨的调年坪和摆手场上锣鼓喧天，男女老少跳起摆手舞。用摆手动作反映一年四季的农事活动，既是一种绝妙的艺术，又是一种十分有趣的民间体育活动。大规模的调年会常常隔数年举行一次，单日开始单日结束，会期也是奇数，一般为7天左右。

5. 主要禁忌

主人待客忌用狗肉；忌用大海碗给客人盛饭；吃饭时忌脚踏旁边人的座椅。

> **特别提示**
>
> 土家族姑娘的结婚喜庆之日是用哭声迎来的。新娘在结婚前半个月就开始哭，有的要哭一月有余。土家族人还把能否唱哭嫁歌作为衡量女子才智和贤德的标志之一。

9.4.11 白族

1. 简介

白族是我国西南边疆一个少数民族。根据2010年第六次人口普查，人口约有193万人，主要分布在云南省大理白族自治州、丽江、碧江、保山、南华、元江、昆明、安宁等地，以及贵州毕节、四川凉山、湖南桑植县等地。

2. 交往礼仪

白族人民热情好客，先客后主是白族待客的礼节。家中来了客人，以酒、茶相待。著名的"三道茶"就是白族的待客礼。但白族人倒茶一般只倒半杯，倒酒则需满杯，他们认为"酒满敬人，茶满欺人"。在喝酒方面，白族人很文雅，通常是各自随意。客人受到白族人热情的款待，应说声"挪卫你"(谢谢)来表示感谢。

尊敬长辈是白族的传统美德，见到老人要主动打招呼、问候、让道、让座、端茶、递烟。起床后的第一杯早茶要敬给老人。吃饭时要让老人坐上席，由老人先动筷子。在老人面前不说脏话，不跷二郎腿。在一些山区的白族家庭，成员各有比较固定的座位。一般男性长辈坐左上方，女性长辈坐右上方，客人和晚辈坐下方和左方。白族人在对人的称谓前往往要加"阿"字，表示尊敬和亲切，如称父母为"阿爹、阿姆"，称祖父为"阿老"。在白族地区，逢重要场合，如生小孩、订婚，人们赠送礼品时必须要带"六"字，"六"在白族人心目中代表互相尊敬。

3. 饮食特点

白族饮食一般为一日三餐，农忙或节庆时则增加一次早点或午点。平坝地区多以大米、小麦为主食，山区常吃玉米、洋芋和荞麦。主食一般为蒸干饭，便于下地时携带，此外也喜爱粑粑、饵块、汤圆、米线、稀粥、糖饭(糯米与干麦芽粉制成)等。三餐都配新鲜蔬菜，也制成咸菜、腌菜、豆瓣酱，喜食用海菜花加工成的海菜炒火腿、海菜豆腐汤等。肉食以猪肉为主，兼有牛肉、羊肉、鸡肉、鸭肉、飞禽和鱼虾，善于腌制火腿、腊肉、香肠、弓鱼、油鸡棕、吹肝和饭肠等食品，妇女们大多掌握制作蜜饯、雕梅的手艺。白族人的基本口味嗜酸、辣、甜、微麻。

4. 传统节日

白族有一些具有浓郁民族特色的节日，如"绕三灵"(意即游逛园林)、三月街、火把节等。白族其他独特的节日还有"石宝山歌会""本主节"和白族人自己的"火把节"等。

绕三灵在每年农历四月二十三日至二十五日举行，这个节日是为了纪念白族的英雄段宗榜。"三灵"指"神都"圣源寺，"仙都"金奎寺，"佛都"崇圣寺。"绕三灵"主要是串游这三座寺庙。节日期间，人山人海，歌舞不断，人们晚上宿营田野，唱白族的大本曲，对歌到天亮，通宵达旦地狂欢。

三月街是云南大理白族的传统节日和物资交流大会。每年的农历三月十五日至三月二十日，大理的街上人山人海、商品聚集。汉、藏、傣、侗等各族人民都来参加这场节日盛会，购买自己需要的各种商品。节日期间还举行赛马、射箭、球赛、棋赛、唱歌、跳舞等各种文化娱乐和体育活动。三月街一般举办5~7天，现已成为物资交流和文体盛会。

5. 主要禁忌

白族人家的门槛忌讳坐人；家庭内忌讳戴孝的人进入，他们认为这样会给家庭带来不吉利；有些地方的白族忌怀孕妇女进入新郎、新娘的新房。

> **特别提示**
>
> 参加少数民族活动时，应注意如下事项。

(1) 要端正对少数民族的态度，自觉热爱少数民族同胞。

(2) 要尊重少数民族的风俗习惯。应做到不干涉少数民族群众正当的宗教活动，不品头论足，不议论少数民族的举止穿戴等。

(3) 要加强民族团结。

实战演练

训练项目：少数民族部分礼俗演练

(1) 大屏幕视频导入：展示不同民族的传统节日，让学生从视觉上感受不同民族的民俗特色。

(2) 学生自由组合，分成小组，各小组代表不同少数民族，每个小组各选一名同学作代表，介绍少数民族的礼仪习俗。

习题与练习

一、选择题

1. 我国除汉族以外，人口最多的一个民族是（　　）。
A. 彝族　　　　B. 壮族　　　　C. 藏族　　　　D. 回族

2. 上元节又称元宵节，是（　　）的传统节日。
A. 朝鲜族　　　B. 汉族　　　　C. 藏族　　　　D. 苗族

二、判断题

1. 火把节是四川凉山彝族最盛大的传统节日。（　　）

2. 鞠躬是中国、日本、韩国、朝鲜和澳大利亚等国家普遍采用的一种传统礼节。（　　）

三、综合分析题

某中学一位女老师在节假日邀请她的学生到家里做客，老师做了一桌菜肴款待学生，其中有一道是老师的拿手菜——红烧猪蹄，有一位回族学生坚决不吃，这是为什么？

参考文献

[1] 孙素，陈萍. 旅游服务礼仪[M]. 北京：北京理工大学出版社，2010.

[2] 李嘉珊，刘俊伟. 旅游接待礼仪[M]. 北京：中国人民大学出版社，2006.

[3] 鄢向荣. 旅游服务礼仪[M]. 北京：清华大学出版社，北京交通大学出版社，2008.

[4] 陈刚平，周晓梅. 旅游社交礼仪[M]. 2版. 北京：旅游教育出版社，2003.

[5] 李欣. 旅游礼仪教程[M]. 上海：上海交通大学出版社，2004.

[6] 陆永庆，王春林，郑旭华，斯惠文. 旅游交际礼仪[M]. 大连：东北财经大学出版社，2004.

[7] 黄海燕，王培英. 旅游服务礼仪[M]. 天津：南开大学出版社，2006.

[8] 国家旅游局人事劳动教育司. 旅游服务礼貌礼节[M]. 北京：旅游教育出版社，1999.

[9] 张晓梅. 晓梅说礼仪[M]. 北京：中国青年出版社，2008.

[10] 孙乐中. 导游实用礼仪[M]. 北京：中国旅游出版社，2005.

[11] 金正昆. 接待礼仪[M]. 北京：中国人民大学出版社，2009.

[12] 杨连学. 导游服务实训教程[M]. 北京：旅游教育出版社，2010.

[13] 杨梅，牟红. 旅游服务礼仪[M]. 上海：上海人民出版社，2011.

[14] 周裕新. 现代旅游礼仪[M]. 上海：同济大学出版社，2006.

[15] 王琦. 旅游礼仪服务实训教程[M]. 北京：机械工业出版社，2010.

[16] 陈丽荣. 旅游接待礼仪[M]. 北京：人民邮电出版社，2010.

[17] 王明景. 旅游服务礼仪[M]. 北京：科学出版社，2011.

[18] 吴新红. 实用礼仪教程[M]. 北京：化学工业出版社，2011.